文學叢刊之48

蕭蕭主編

詩儒的創造

·瘂弦詩作評論集·

文史哲出版社印行

國立中央圖書館出版品預行編目資料

詩儒的創造：瘂弦詩作評論集 / 蕭蕭主編. --
初版. -- 臺北市: 文史哲, 民８３
面； 公分. -- (文學叢刊；48)
ISBN 957-547-885-1(平裝)

1. 瘂弦 - 作品集 - 評論

851.486　　83007844

文學叢刊 ⑱

詩儒的創造·瘂弦詩作評論集·

主編者：蕭 蕭
出版者：文史哲出版社
登記證字號：行政院新聞局局版臺業字五三三七號
發行人：彭正雄
發行所：文史哲出版社
印刷者：文史哲出版社
台北市羅斯福路一段七十二巷四號
郵撥○五一二八八一二彭正雄帳戶
電話：三五一一○二八

實價新台幣五○○元

中華民國八十三年九月初版

ISBN 957-547-885-1

編者導言

蕭蕭

瘂弦，詩壇中的謙謙君子，有儒者之風，不論走到哪裡，站在何處，都是臨風的玉樹。開始寫詩發表，第一首是〈我是一勺靜美的小花朵〉，發表於一九五四年二月出版的《現代詩》第五期，最後一首是〈復活節〉（即〈德惠街〉），發表於《創世紀》二十二期，一九六五年六月出版。整整十二年發表了八十七首詩，以這八十七首詩，瘂弦風靡臺灣詩壇，歷數十年而不衰。距離他最後發表的詩作已三十年，這其間他整理三十年代的新詩史料，編輯新詩年表，主持刊物、報紙副刊的編輯工作，爲青年詩人詩集，寫序打氣，不曾一日離開詩，不曾一日不讀詩，一日詩人，一世詩人，他還會回到現代詩創作的園地，掀起另一個高潮，再創另一個新的傳奇嗎？其實，就以這八十七首詩也已足夠讓瘂弦二字留名詩史，抵得過數十年擾擾嚷嚷的許多詩集。

以一部詩集而聲名不墮於詩壇，這是什麼樣的一部傳奇？看看一百多篇對瘂弦作品的讚賞、論評，或許就可以知道瘂弦詩歌的魅力，在這些論文裡，有長輩詩人如覃子豪等人的提携，有同輩詩人如余光中、張默等人的喝采，有中文系的學者如黃慶萱、比較文學博士如葉維廉、戲劇理論專家如姚一葦、大陸新詩研究工作者如沈奇等人的深度分析，甚至於一個高中生如羅葉，以一萬多字的篇幅去蠡測瘂弦的深奧，無不令人讚嘆和敬佩！這樣的掌聲來自海內外，來自不同的階層，也來自不同的年代，瘂弦所獲得的肯定是全面性的、普遍性的、恒久性的。如果不將這些論文彙集成書，我認爲對不起臺灣詩史，對不起詩神。

張默說的好：

「瘂弦的詩有其戲劇性，也有其思想性，有其鄉土性，也有其世界性，有其生之爲生的詮釋，也有其死之爲死的哲學。甜是他的語言，苦是他的精神，他是既矛盾又和諧的統一體。」

因此，這本「瘂弦詩作評論集」也就極爲可觀了，可以看出瘂弦各種不同的橫峯側嶺，鳶飛魚躍。

一九九四年七月·臺北

詩儒的創造 目錄

第二輯　詩篇評賞

第三輯　詩作評論

第四輯 詩論評介

附錄

第一輯　詩人評述

瘂弦小傳

杜十三

詩人瘂弦，本名王慶麟，一九三二年生於河南省南陽縣，六歲入楊莊營小學，九歲入陸營中心小學，十五歲入南陽私立南都中學，一九四九年，十七歲，入國立豫衡聯合中學，隨即因內戰熾烈，當年八月在湖南零陵棄筆從戎，隨軍撤退來臺。

和大多數因爲烽火離亂，不及告別就離開中原父母鄉親的悲劇青年一樣，隻身來臺的瘂弦必須憑藉一己的毅力與智慧配合時代顚簸的脈動，在硝煙未靖的時空下咬緊牙關開展他結合國家與個人命運的人生新頁，於是，當他在一九五三年從臺北近郊北投復興崗學院畢業，分發至海軍陸戰隊服役的時候，便風雲際會般的結識了當今享譽文壇的同輩詩人洛夫與張默，共同從時代的感悟與己身的志趣中交融出一股文學的熱情，創辦了至今已經成爲海峽兩岸詩壇重鎭的《創世紀詩刊》。

由於自修苦讀在當時環境之下的必要，年僅二十一歲的瘂弦於創辦《創世紀》詩刊的同時仍然不忘努力求進，在軍中工作之餘參加了當時臺灣唯一的「中華文藝函授學校」爲學員，由詩人侯佩尹、盛成、覃子豪爲其指導老師，如此天賦與人力並濟，第二年開始，瘂弦便陸續獲得了臺灣當時最重要的幾個詩歌創作獎項，計有〈火把，火把喲〉獲軍中文藝獎金徵稿詩歌優勝獎，〈冬天的憤怒〉獲中華文藝獎金長詩組優勝獎與國軍詩歌大競賽官佐組特優獎，三千行長詩〈血花曲〉獲國防部文藝創作獎金徵稿第一特獎、〈巴黎〉獲頒「藍星詩獎」……等等，至此，他的努力與才華逐步奠定了他在臺灣現代詩壇上的優異地位，並於二十七歲那年加入「中國文藝協會」爲研究委員，同時由香港圖書公司出版了他的第一本詩集《瘂弦詩抄》。

翌年瘂弦和張默合編了《六十年現代詩選》，於年末調回政工幹校服務，擔任晨光廣播電臺臺長，並擔任影劇系教職，講授中國戲劇史。一九六四年，瘂弦時年三十，又以「一九三六詩抄」獲得香港「好望角文學創作獎」，同時更在詩創作之外展現了其他的才華：榮獲了臺北話劇欣賞委員會所舉辦的「第二屆話劇金鼎獎全國最佳男演員」，於全國各界紀念孫中山百年誕辰話劇「國父傳」中飾演孫中山，贏得了極高的評價。當年瘂弦可謂喜事連連，除了寫詩得獎、演戲得獎、談戀愛也得了獎——和張橋橋女士結婚，此外，他更當選了臺灣年輕人夢寐以求的「十大傑出青年」而獲頒金手獎，聲譽鵲起，名揚海內外。

一九六六年是瘂弦文學事業上的巔峰期，是年九月他應邀赴美，到愛荷華大學國際作家工作室研究兩年，開啓了他創作上的嶄新境界，在與各國創作精英朝夕相互激盪之下，瘂弦擷取了西方諸多的表現技巧，與原有傳承自五四詩歌的風格和人生歷練相互溶合，發展出深沉而富有節奏，流暢而閃爍意象，有如海洋一般神秘而引人入勝的獨創詩風，而在他結束愛荷華大學研究工作，順道遊歷了西歐各國之後，出版了至今仍爲臺灣現代詩史引爲標竿的《深淵》，同年，英文詩集《鹽》也由愛荷華大學出版，〈遠洋的感覺〉英譯在《亞洲雜誌》刊出。至此，瘂弦已被肯定爲一代大家，更對臺灣現代詩未來的發展起了深遠的影響，啓迪了無數後進。

一九六九年，瘂弦以三十七歲之齡接任「中國青年寫作協會總幹事」，並應國立藝術專科學校之聘，擔任廣播電視科教職，講授藝術概論與廣播寫作等課程，同時，也兼任了青年重要讀物「幼獅文藝」的主編與耕莘文教院寫作研習會的講座，如此逐漸的，瘂弦將以詩歌創作爲重心的生涯轉向了以編輯與教學爲主的生活：一九七〇年應晨鐘出版社董事長白先勇邀聘，擔任該公司編輯顧問；一九七一年與朱西寧、余光中等人共同擔任「中國現代文學大系」編委，與洛夫、羅門……等擔任「第一屆詩宗獎」評審、任職母校復興崗學院影劇系；一九七二年擔任世界新聞專科學校廣播電視科教職與《創世紀》詩刊社社長；一九七三年詩作〈蛇衣〉刊載於美國《大西洋月刊》；一九七四年兼任「華欣文化中心」總編輯與《中華文藝》總編輯、擔任「國軍文藝金像獎」評審；一九七五年，擔任幼獅文化公司總編輯與國家文藝基金會新詩類評審、兼任東吳大學中文系教職……，一九七七年十月一日應臺灣第一大報《聯合報》聘任爲文學副刊主編與「聯合文學雜誌社」社長，同時兼任「國立藝術學院」副教授至今。

在一長串編輯與教學生活過程中，瘂弦同樣的以其智慧樹立了令人尊敬的成就——

就編輯而言，當年瘂弦主編的《幼獅文藝》對於當時青年寫作風氣的提倡與寫作水準的提高，都曾經產生深遠的影響，由於瘂弦以詩人的想像力、學者的學養、藝術家的品味與師者寬廣的胸襟爲主導，遍佈臺灣各校園的《幼獅文藝》很快的就成爲當時青年學子的重要精神糧食，並因此而使不在少數的作家獲得發軔茁長的機會─這種懷抱嚴肅文學使命感的情懷延續到瘂弦接編臺灣第一大報聯合報副刊之後，更是發揮得淋漓盡致，由於他至此已全身投入文化事業，便大力提倡文化編輯的工作意義和莊嚴性，使報紙副刊「探索眞理、反映眞相、交流眞情」的目標也成爲他編輯事業「再創作」的目標，因此之故，舉凡縱向的中國文化傳承與橫向的國際文化交流，傳統的、現代的、鄉土的、世界的……各種的題材報導，觀念與創作，都能在他求「眞」的編輯哲學之下，每天在臺灣、美國、歐洲與泰國等地區以「有機」的版面，精緻高雅而表情豐富，深入淺出而活潑生動的，呈現在超過一五〇萬雙的眼睛之下，而成爲這個世紀的現代中國人在物慾滾滾的「沙漠」中「交流眞情」的最大綠洲。因此之故，如果說瘂弦在三十八歲以前是用文字寫一首首動人的詩，那麼，他在三十八歲以後，則是用編輯檯「寫」一版版「交流眞情」感人的「詩」了。

在教學方面，從世界新聞專科學校、國立藝術專科學校、東吳大學以至至今仍然任教的國立藝術學院，以及二十多年大大小小的講座與研習班教席，瘂弦也以其流暢生動的口才，雍容儒雅的風度，結合其熱愛青年提攜後進的無私胸襟，在其兢兢業業的教學生涯中爲臺灣這塊土地培養了不少藝文人才。正如同他編輯用稿絕無私心一樣，他對自動求教甚至求助的年輕人也多能以愛心照拂、以智慧鼓勵，而不似其他的藝文界前輩有所謂的黨、群、圈圈之分，也因爲他如此的「有教無類」，使瘂弦的人緣與人格在臺灣的藝文界和年輕人心目中享有甚高的評價，這是他在寫詩、編輯與教學之外最大的成就。

從一九三二年出生於河南鄉下，歷經烽火戰亂、苦讀奮鬥。至一九九二年仍然堅守崗位，努力在臺灣臺北市工作，現年六十歲的詩人瘂弦先生，毫無疑問的，也是編輯家瘂弦與教育家瘂弦——他不只是臺灣的，更是當代中國最重要的詩人、最有創意的編輯家，與最有愛心的教育家。

評介新詩得獎作

覃子豪

詩人節舉辦新詩佳作獎，在今年算是第二次；獎金雖微不足道，這確能給予新詩作者一個絕大的鼓勵。選詩標準，不能完全在作品中去要求意識的表現，更值得注意的是作品藝術上的效果。詩是藝術，一件作品只是將積極的意識予以赤裸的表現，其感人的力量就減低了。要使作品深入讀者的心中，給讀者一個難忘的印象，作者就非將其思想、情感，付予高度的技巧，使其有一種絕妙的表現不可。詩人節獎金的設置，就是強調了藝術性這一觀點，鼓勵新詩作者多多的在技巧上磨鍊，這是絕對正確的一種看法。假如：詩要作爲攻心的武器，技巧能夠使武器，更爲鋒利。詩人節入選六篇佳作，就是在這個觀點之下選出的。因此，詩人節新詩創作獎，能獲得多數作者和讀者的重視。今日新詩編者爲擴大新詩的影響起見，要我寫一篇評介。因此，我寫下了我對這六篇佳作的意見。（編按：以下錄其第四節「瘂弦及其『印度』部分。」）

讀了瘂弦的〈印度〉，使讀者驚異的是他想像力的瑰麗，與史地智識的豐富。全詩共五十一行，從頭至尾，一氣呵成。他的詩有一個別人所沒有的優點；那便是「氣勢」。「氣勢」是在較長的詩中，不可缺少的要素。凡具氣勢的作品，不免粗獷；而在這篇詩裡的句子，是如此細膩，新鮮；每一個句，優美，柔和，而又不失其力的存在。故能由句子生動的節奏，而造成全篇的旋律，使讀者有迴腸盪氣之感。作者開始就以眞摯的聲音呼喚印度的大靈魂——馬額馬。這開頭是帶有一種宗教性的意味，用在此，全詩增加了眞實的氣氛。〈印度〉，這篇詩是以印度人的一生，爲其表現的過程。從初生，至長成，到圓寂，念念不忘的，就是馬額馬，這裡表現了甘地在印度人心中的地位。此詩，第一段寫得極美，「用你的袈裟包裹著初生的嬰兒」，「用你的胸懷作他們暖暖的芬芳的搖籃」，「使那些嫩嫩的小手觸到你崢嶸的前額，以及細草般莊嚴的鬍髭」，尤其是最後一句「讓他們在哭聲中呼喊著馬額馬啊」，最動人。從這裡開始，作者連續的爲讀者展開了印度的大壁畫，他描繪出了印度絕妙的景色，純樸善良的人民，以及他們勤勞的生活。又以花草，蟲鳥，印度禮俗，點綴詩中，使色彩更爲鮮明，使內容更具眞實感。作者幾乎以「馬額馬」這神聖的名字，爲心靈深處的呼喚，貫串在每一段詩中，加強了音樂的韻味，其感人處，亦基於此。無疑的，這一篇詩是六篇詩中最好的一篇。因爲其每一句子新鮮，優美，有動人的形象，而全篇的結構，如此完整，氣勢如此渾厚，是極爲難得之作。尤其是目前有許多詩，只重視片斷的零瑣的意象的追求，而不作全體的攝取，使新詩留下殘缺。〈印度〉這一篇詩，是一個完整的存在。

註：民國四十六年端午，文藝協會、青年寫作協會、現代詩社、藍星詩社擴大慶祝詩人節，共同選出「年度最佳詩作」：瘂弦的〈印度〉、羅行的〈鏡子〉、向明的〈啊，引力昇起吧！〉、戰鴻的〈西洪的石獅子〉、阮囊的〈最後一班車〉和王祿松的〈晨光〉等六位詩人作品。

詩話瘂弦

余光中

不同於黃用那種「返觀內省」恆以第一人稱爲獨白之主角的風格，瘂弦的抒情詩幾乎都是戲劇性的。艾略特曾謂現代最佳的抒情詩都是戲劇性的，而此種抒情詩之所以傑出也就是因爲它是戲劇性的。事實上，艾略特在節奏上的最大貢獻也在他的現代人口語腔調的追求。在中國，他的話應在瘂弦的身上。瘂弦在學校裏是研究戲劇的，其後更有過一段舞臺的經驗；他將自己的戲劇天賦和修養都運用在詩中了。無論小丑、乞丐、水手、賭徒、妓女，甚至土地祠裏的土地公公和海船上的老鼠，在瘂弦的詩中，都得到很鮮活的戲劇性的表現。尤其難得的是：配合著這些小人物的各殊身份，瘂弦更運用了經過鍛鍊的口語腔調。例如在「馬戲的小丑」一詩中，那十分可憐的丑角以適合自己身份的諷嘲口吻說道：

仕女們笑著
笑我在長頸鹿與羚羊間
夾雜的那些什麼

而她仍盪在鞦韆上
在患盲腸炎的繩索下
看我像一枚陰鬱的釘子
仍會跟走索的人親嘴
仍落下
仍拒絕我的一丁點兒春天

「一丁點兒春天」象徵小丑卑怯而知趣的求愛，其節奏是現代人的語調，因而也是活的，有生命的，富於彈性的節奏。同樣地，「親嘴」也俗得有趣，如易以「接吻」，反而隔了一層了。

瘂弦的另一特點便是善用重疊的句法。在這方面，我也受了他的影響。事實上，「重覆」(repetition)是詩的一大技巧：疊句，半疊句固然是重覆，腳韻，雙聲，半諧音，行內韻等等也無不是重覆。疊句是一種很危險的形式；用得好，可以催眠，可以加強氣氛，用得不好，反而成爲思想貧乏，句法單調的掩飾性的「假髮」。論者或以此爲瘂弦之病，不過，據我看來，他的運用大半是很成功的：

遠行客下了馬鞍

說是看見一棵酸棗樹
結著又瘦又澀的棗子
從頹倒石像的盲瞳裏長出來
結著又瘦又澀的棗子

瘂弦的第三個特色是他的「異域精神」（exoticism）。異國情調如果只是空洞而無靈魂的描寫，則必淪爲膚淺的「異國風光」。此風在今日的詩壇上頗爲流行，但大半皆係片斷浮泛的寫景，一如抄自地理教科書者。瘂弦對於異國有一種眞誠的神往，因而他的作品往往能攫住該地的精神。〈印度〉一詩是他在這方面空前的成就，其感人處已經不限於藝術上的滿足了。

最後，我擬在此一提瘂弦的又一特色——好用典故，且崇拜多神。此處所謂的「神」，是我對大詩人們的戲稱。論者亦有以此爲瘂弦之疵者。此點擬待以後另撰專文詳論之；在此我只擬舉艾略特那首「無字無來歷」的「荒原」爲例，勸批評家們不必爲此擔憂。已故詩人楊喚的〈日記〉一詩，一口氣用了五個典，並未壓死作者的才華。

阮囊說瘂弦的詩很「甜」，我同意。這個形容詞得來不易，喜黎克（David Garrick）以之稱莎士比亞者，亦只是一「甜」（sweet Shakespeare）字耳。

——摘自《左手的繆思》，一九六三年文星版

寫在瘂弦詩稿後面

王夢鷗

這該不是瘂弦第一次預備付印他的詩集。但這一次，他偏那樣認眞地一再囑咐我替他的詩集說幾句話，在他出國之前、出國之後；無論口頭或書信。總是這樣的一提再提。我想：這要不是他已完成正覺，並不討厭別人在那佛頭上著糞；那麼便是他有點誤會，誤會我是個眞能欣賞他的詩作之人。

有人認爲欣賞也是一種創造；這話大致不差。欣賞者和詩人的差別，也許只在文字寫作的工夫上。感覺中的一些細微現象，詩人們能用他所熟習的文字表達出來，而且能帶給欣賞者以再度分享的感覺。然而欣賞者的感覺除依存於作品所示現的意象之外，照理，該不能有更恰當的文字來表達。如果還容許有其他文字來表達，那即是說：原來的詩作仍有使人不能完全滿意的地方，它仍有須要補充文字或改換文字的地方。然而被稱爲好詩的，往往總是已表現得淋漓盡致，一個字都增減改易不得的。我以爲眞能欣賞的人，或眞夠人家欣賞的詩，實在的情形應該如此。欣賞者的創造，只有靠那文字符號所觸發的心頭滋味，此外，他應無從置喙；亦即是說：他應是莫讚一辭。

瘂弦如果以爲我眞能欣賞他的詩，我當就此緘默，在相對兩忘言的情態下分享由他傳達與我的感覺。不幸的是，詩的語言，自有詩的歷史以來就是最不容易捉摸的一種語言。我們曾聽說孟夫子嫌高子讀詩的欣賞力有點「固」；現在我們雖已聽不到那高子對孟夫子評語的反詰，但想當他還能說話的時候，也總有他的欣賞詩的意見吧！欣賞的意見發自各色各樣的原因，因之，從量的方面看來，它是與詩人的詩意相等量的；有若干種詩意，便也有若干種欣賞的意見。但從它們的性質來講，它本該只有同情的和不同情的兩種。然而麻煩的是，一點詩意既變成爲可流傳的作品，便忽然具有物質性；亦即，它被看作一種「東西」。既是東西，就得呈現其效用，始能在人們的心眼裏取得其存在的意義。這一來，欣賞者的話兒就更加多了。

有人說：詩只帶給欣賞者以美的分享。然而美的存在就是不可捉摸的，如果它成爲可捉摸的，就要乾硬凝固，變成普通的物體，須靠託其效用以維持其存在。然而多少欣賞者能甘心情願停止在那不可捉摸的境界而不想跨前一步去認它呢？曾經寫過「江山信美非吾土」的詩人，連他自己也不甘心自限於信美之「美」的境地而要進一步去佔有它，因爲佔它不到便亦變化其美感爲一般情緒上的失望和哀愁了。

詩的語言所裝載的就是這些如夢如幻的內容，然而人們常愛把這飄渺無定的內容，納入個人設擬的容器中使它成爲一定的形式。偶然能裝滿那容器的，便覺得滿意；不然者，則反是。人們往往不責備自己帶著容器來量詩，反而把那些容納不盡的夢幻認爲如聽到一些夢囈。

這裏，我以爲頭腦進化到現代的一些詩人，應當樂意接受人們以詩語爲「夢囈」的雅號，這是名副其實的雅號而不是甚麼惡謚。因爲從人心的現象來講，夢已經大受有識之士的重視。人們的經驗愈豐富，而利害的衝突亦糾繞得愈複雜。好心人歎息人心如江河日下，狡詐、虛僞，充塞著整個有人住著的地方。僥倖在每一個人進入自己的夢裏時候，卻是赤裸裸的。夢所留下的幻影，只是一種眞情的符號，就和眞正的詩人所留下眞正的詩語一樣。我以爲在這個世界上，如果還能聽到一個眞心人說的一句眞心話，那只有完全像夢囈一樣的詩了。

有一種可喜的事實：那就是自古老時代的占夢家直到現代的一些精神分析者，他們都很知道夢的內容只具有符號的性質。不過那符號和眞實之間的關聯，應該是沒有甚麼公共的邏輯在；有之，那也只是夢之專業者——如占夢的、精神分析的——爲求以簡御繁而假定出來的律則，這律則之對於詩的語言，有如文法家、修辭學者之對於詩語的構造，往往用其在陳腔濫調裏所習見的標準衡量它們。有時因爲詩語脫越他們所擬定的線路，便認那是敗法亂紀，認爲自夏商周三代以來沒有人敢如此說話。當然，這兒舉的是個極端的例子，是最少數的失去自省能力和心智的人的看法。（因爲他們忘記了當他尚未讀懂夏商周三代人的言語時，他自己曾經如何痛恨過那些不合時宜的言語。）就像一些淺薄之流，勉強學會了一種外國語，就處處要用那外國語法來衡量自己的母語一樣的荒謬。

不過，詩的語言，是曾經無數詩人不斷地實行革命；他們不斷地在打破陳濫的律則，時間歷久了，若干欣賞者也熟習於這種語言的特殊的傳統，而用最寬大的態度來對付他們。因此，許多被彫琢得體無完膚的詩語，或是文理全然不通的詩語，也得到了格外的通融。他們讀到像「金蟬嚙鎖繞香入，玉虎牽絲汲井回」這種經過一再象徵的手法；或者「壁空殘月曙，門掩候蟲秋」這種超越文法常軌的構辭，亦能在優容之列。但是這些優容的行列，經過若干年後，若干詩人之手，又起了擾亂，又常被奪胎換骨，發生了謬文法謬語彙不斷雜交的新品種，作爲新一代的詩，而相對地，讀者們的肚量幸而亦同時擴張——當然其中也有患胃潰瘍，下垂，縮小的——然而歷史的事實卻是如此，不因人們胃口之大小就停滯下來。雖然其中包涵著無數顯著的和細微的變化，但這變化本身就代表著詩的語言之傳統，就這傳統來看，瘂弦的詩和前人已有著很多的不同；但是，也許過了若干時日，他在新起的一夥說夢話的朋友們中，還嫌太老了。

此外，我還想附記著一件事，我總覺得詩是一種非實用的語言，它只是教人起好感的鮮花，但非糧食。要求詩有用，就成爲玩票式的詩人之詩了。古代有許多闊老官爲玩票似的做詩，固然有的卻成了眞詩人；但有的卻是詩做得不好，而官做得很大，官大與詩好本是兩回事，然而詩史上，詩的批評史上，也常有把兩回事說成一回。據說趙匡胤微時曾做一首初日的詩，說：「太陽初出光赫赫，千山萬山如火發……」，後來還被臣子們捧爲：光看發端語便知道其規模宏遠。這也算是一種欣賞。雖然我這次在瘂弦寄來的詩稿中，尚未遇到像這樣規模宏遠的詩句，但我以爲那更像詩。

——選自《瘂弦詩集》附錄，民國七十年四月洪範書店出版

《深淵》後記

葉珊

有一些日子朋友們寫詩就像擲標槍比賽。那些日子新出版的詩刊每期總登有幾首好詩——有些「名句」我到今天還脫口背得。詩的生命極新，詩人的追求慾望極大。我們不容易聽到甚麼陳腔；每一個人都在試驗，探求新意；沒有人擔憂甚麼「僞詩」。田園咖啡館裏的詩人聚會，小酒肆裡的辯論談心，我們呼吸的是純粹，是詩，而不是會議和運動。那段日子奇蹟似的創造居然奠定了中國現代詩的基礎；每天你走到路上，就覺得你必須歌唱，必須飛揚，覺得你的身邊就跟著繆司和三閭大夫的影子。我們不怕於將未發表的原稿抄在信裏航寄友人，不怕於在一束詩前冠上「近作四首」之類的總題，翻開那個時期的詩刊，大家發表作品的時候總是標著「一輯三首」一類的滿足。

我離開大度山後和瘂弦相處了一整個暑假。那時瘂弦早已寫好了《深淵》集子裡大部份作品，他的《詩抄》在香港出版，又題《苦苓林的一夜》。幾年來影響中國現代詩很深的〈從感覺出發〉和〈深淵〉都先後發表了，關心現代詩的人極少不讀過：

哈里路亞！我仍活著。
工作，散步，向壞人致敬，微笑和不朽。
爲生存而生存，爲看雲而看雲，
厚著臉皮佔地球的一部份……
〈深淵〉

瘂弦的詩甚至成爲一種風尚、一種傳說；抄襲模仿的人蜂湧而起，把創造的詩人逼得走投無路。我們費了一整個暑假的時間在北投華北館飲酒論詩，在風雨的磚樓談文評畫。所謂「學術」和「生活」被我們揉在一起。瘂弦、張永祥、蔡伯武，和我在一起創造了我們自己的文藝復興，那就是大家一直津津樂道的「哲學消夜」：我們談音樂、戲劇和詩。我們自稱「性情中人」，提倡「氣氛」——口頭語是：「除了氣氛，甚麼都不是！」但那時期我們的作品還是有限的；我們都處在一種過渡的虛空狀態下，有一種懊惱、憤懣、和矛盾。而我們顯然也生活在最充實的預備狀態裡：一種山洪欲來的氣候舖在每個人的額際，又像是拉得滿滿的弓，在烈日下預備飛逸。十月我離開臺灣隨部隊去金門，不久覃子豪過世，瘂弦寫了兩首輓詩，和別的短詩陸續發表。他和橋橋經常在一起，瘂弦比從前任何時期都快樂有勁，他這時期寫的詩也融合了野荸薺時期和深淵時期的甜蜜和冷肅，這就是他的〈夜曲〉、〈庭院〉、〈如歌的行板〉、〈下午〉等短詩。

後來朋友們開始憂慮，〈深淵〉以後，瘂弦應該寫些甚麼呢？當然不是〈給馬蒂斯〉。瘂弦自己不是不知道，他不但知道，而且嚴厲地批判自己，譬如他曾經對我說：「〈給馬蒂斯〉這首詩頗造作！我們都很『假』」。後來他創造了〈側面〉、〈非策劃性的夜曲〉、〈出發〉一系列的作品，他依然是詩壇的新聲音。瘂弦詩最大的好處就是沒有濫調。《六十年代詩選》（大業書店版）出版後，選集中二十六家詩人幾乎都有了成群的模仿者，所有的新詩都在歌唱一些定型塑造的調子，腐爛的形象充斥，大家異口同聲追隨一些句法章節的方式——所謂「新人」也者，也不熱心開創新氣象，創造風格的詩人被因襲者逼成啞巴，看別人亦步亦趨，惶惶然寫不出新詩來，有些人就此停筆（如方思、黃用），有些人另創新意（如洛夫、愁予），瘂弦也是另創新意的詩人之一！瘂弦的詩前後所表現的是不同面貌而又一致的文學，如早期的〈秋歌〉和〈山神〉，彷彿濟慈或三十年代中國新詩的回響，但通過他純淨的語言，投之六十年代的詩壇，依舊清澈美好。

第一次與瘂弦見面是在黃用家裡，那時黃用已經大學畢業了，住在臺北市中山北路七條通；我還未進大學，十八歲，住在九條通。見面以前我們都已經讀過對方的詩了。那時臺灣的現代詩剛開始，許多閃亮的新名字騷擾著中國詩傳統的城堡，我還可以一口氣說出這些名字和他們最好的詩來：這些名字有的像星辰、有的像秋風、有的像野草。可是不管像甚麼，那兩三年間的詩壇是最教我們懷念的。

瘂弦的詩寫得比我們都多。記得第一次見面時他已經寫了這本集子裏大部份卷一二三的作品；風格早已成型，而且已經有了影響。那時他二十七歲（根據他今年五月十二日的信：「……那知愁予說：你我已是將近四十歲的人——鄭今年三十五，與我同庚。」）至於他爲甚麼從左營去臺北，我已經不記得了，那年秋天我上大度山，瘂弦仍在左營，他寫了許多好詩（其實那時期大家都在寫好詩啊！）這本集子裡卷五六七裡的作品大約多是我在大學裡讀到的，有的發表在《創世紀》，有的在《文學雜誌》、《文星》，也有的在香港的雜誌上。我們通了許多信，瘂弦寫信，不拘長短總是極好。這些年朋友們總說，寫信寫得最勤，最使人招架不了，而筆跡最難認的是葉珊——去年春天在密歇根，咪咪說，光中離家後她整理光中的藏信，發現我的信最多——但我想信寫得最好的應該是黃用和瘂弦：黃用嘻笑怒罵都是文章，瘂弦則溫和誠摯。我們在信裡談詩論人，見了面更是聊個不休，一九六〇年冬天我去左營住了幾天，軍區裡的林蔭大道是最難忘的。

事實上我個人對瘂弦的早期作品一直偏愛。而且我深信即使「暴戾」如〈深淵〉，瘂弦的風格還是一致的。光中說瘂弦的詩有種甜味，這是相當得體的形容——從〈春日〉到今天，甚至從〈我是一勺靜美的小花朵〉到今天，瘂弦的詩裡充滿了親切的話語，所謂文學的「眞」，我們很容易從他的詩裡體驗出來。文學的眞不是（比方說）地理的眞。瘂弦寫「斷柱集」（卷四）時還沒有到過外國，但他寫的芝加哥是「眞」的芝加哥：不是攝影或測量，而是繪畫，是心靈力量所完成的繪畫。

關於繪畫和音樂的比重的問題，我認爲瘂弦詩中的音樂成份是濃於繪畫成份的。他的詩有一種基礎音色，控制了整部詩集的調子。而卷一二裏的抒情氣氛確實爲卷六七的分析實驗做了「定音」的工夫。二十年來中國新詩眞正的上乘作不多，但樸實如卷一二三四五裡的早期瘂弦，安靜如「時間」裡的方思，悠美如「夢土上」裡的愁予，是不能被我們遺漏的。我無意暗示卷六七的作品不如早期的作品——我相信不會有人這樣懷疑。我只是有一種熱忱，我有一種爲好的冷肅柔美的詩定位的熱忱。我一直信仰劉勰的話：「勢有剛柔；不必壯言慷慨，乃稱勢也。」（文心雕龍定勢篇）。有些人以爲不「壯言慷慨」，即不算現代，這是不貼切的。所謂「擁抱工業文明如擁抱一個妓女」云云固然是新路之一，但不是惟一的路，更不是一定要用淒厲的腳步去走的路；所謂「表現潛意識」云云則根本不是「新」意——不愛讀舊書的人才會斷定自己的平庸爲創新。詩人應該有一層謹愼的同情心（Circumspect Sympathy），所謂「同情心」，不止於對人對物的憐憫，還要有對人對物的了解和欣賞那份心意。瘂弦的音樂（奏的也許是二簧，也許是梵爾琳）背後有一種極廣闊深入的同情——試讀他的〈殯儀館〉、〈乞丐〉、〈水手．羅曼斯〉、〈馬戲的小丑〉和〈庭院〉，我們就了解『同情』和藝術的關係；或如

去年的雪可曾記得那些粗暴的腳印？上帝
當一個嬰兒用渺茫的淒啼詛咒臍帶
當明年他蒙著臉穿過聖母院

向那並不給他甚麼的、猥瑣的、牀笫的年代

〈巴黎〉

瘂弦所吸收的是他北方家鄉的點滴，三十年代中國文學的純樸，當代西洋小說的形象；這些光譜和他生活的特殊趣味結合在一起。他的詩是從血液裡流蕩出來的樂章。我極相信，過了某一個年齡（譬如說三十五歲——這是艾略特的主張吧）詩人不能再把他創作活動當做消遣了，因爲三十五歲，極可能是「才氣時期」的結束；瘂弦的創作態度非常嚴肅，這也可以解釋爲甚麼他曾一度沉默得教人納罕。編選這本集子的時候，他說：「此集選詩六十首，對過去作一總結，選入的都是我認爲可傳的，沒選入的都是我認爲可恥的。」六、七十年代的中國現代詩是要在文學史上被討論的，我們不能不當眞！

瘂弦來美國也一年了，在柏克萊的時候我們還談到長詩，但不知道誰先寫出一首好的眞正長詩來？我知道他在愛荷華又有了新作品，他自己說：「預料回國後當再出一集，那將全係在美所寫的了。」他的變化是多面貌的變化，從〈我是一勺靜美的小花朵〉到〈秋歌〉是一個變化，從〈秋歌〉到〈印度〉是一個變化，從〈印度〉到〈給R．G〉是一個變化，從〈給R．G〉到〈深淵〉是一個變化，從〈深淵〉到〈一般之歌〉又是一個變化。我們等著看他怎麼樣從〈一般之歌〉變化出來。

一九六七．六．柏克萊加州大學

——選自《瘂弦詩集》附錄，民國七十年四月洪範書店出版

片斷瘂弦詩

西西

曾經想過試著把瘂弦的詩拍成一部實驗電影，那是因爲腦裡老是轉著〈遠洋感覺〉裡的四行詩：

時間
鐘擺。鞦韆
木馬。搖籃
時間

一直喜歡瘂弦的詩。那時候，讀《苦苓林的一夜》，最喜歡裡面的〈乞丐〉、〈那不勒斯〉，又喜歡〈秋歌〉、〈野荸薺〉和〈早晨〉。但可能那是我的「電影時期」吧，整本詩集給我最深印象的也是鐘擺、鞦韆、木馬、搖籃。每次讀到它們，腦裡就自動編起一組鏡頭來：

淡入①擺盪的鐘擺
溶接②擺盪的鞦韆
溶接③擺盪的木馬
溶接淡出④擺盪的搖籃

我喜歡的就是這四行詩所激起的電影感，問題是如果光拍四個溶鏡，算什麼呢，我再想不起其他的發展了。

後來，又試試多找幾節詩行來拍，看看可否集合一短章，剪接成一部「片斷瘂弦詩」，作為對瘂弦詩的綜合印象，也沒有結果。因為，我不知道應該怎樣表現「只留下個暖暖，一切便都留下了」。

最近又看過《深淵》，把許多首詩仔細再看過，覺得〈三色柱下〉未嘗不可以一試，而〈鹽〉是值得考慮，可以配旁白，就那麼地喊：鹽呀鹽呀，然後，讓天使們唱一段歌。我喜歡〈鹽〉。十多年前我編《中國學生周報》詩之頁時寫過篇短文介紹〈鹽〉，剪報已經失去了，拍成實驗電影的話，也是另一個向老朋友致意的辦法。

——原刊「大拇指周報」創刊號，一九七五年十月

瘂弦的「貓臉的歲月」

——望湖居書簡

劉紹銘

××兄：

一個學期終於「終了」，再過幾天，又得準備下學期的課，教書的人，除了暑假，實在沒有什麼喘息的機會。威州有些省議員之類的傢伙，每當校方「層峯」人士代教員請命，要求加薪，以追上通貨膨脹時，必「反唇相譏」，說我們教書的已佔盡便宜，一個禮拜只上九小時的課，以區區三十六小時的鐘點，就拿納稅人付的一個月的錢，還好意思要求加薪。

威大的「層峯」拿什麼話去替我輩自圓其說，不得而知，不過每次要求的預算，總是打五折下來，可見位居要津的政府行政官員，平日看書，不是「飛行的恐懼」就是「鎭魔大師」之類的暢銷書，絕不會是艾略特的《荒原》或瘂弦的《深淵》——聊博我兄辛酸的一笑。

瘂弦在這裏過的是什麼一種「洗盡鉛華」（他的自諷語）的生活，想他自己已有信給你，而且我相信一定比我代他報導更爲精彩。

他有沒有跟你談到我們上學期用了他三首詩作翻譯教材的事？他這次來美國，給我一個學習臺灣現代詩的最好機會。他的詩，我在臺大當學生時就看過，尤以在文學雜誌發表的那首〈巴黎〉印象最深。幾年前寫的一篇談臺灣小說的文章，還採用了他那句「一莖草能負載多少眞理？」做題目。

可是一首令我們印象深刻的詩，或詩中某些片斷，某些散句，並不意味本身就是一首好詩。我們對一些詩句的反應，大概是感情用事在前，理智分析在後。瘂弦的〈春日〉不是他的代表作。可是這兩個月，陌地生的冬天經常是零度以下，明知苦寒可恨可惡，自己不是詩人，想不到除了陳腔濫調如「寒風刺骨，吹氣成霜」外，能用一些什麼新鮮的語言，來讓你這個躲在亞熱帶地區吃火鍋的人，生出一種對北國風光感同身受的感覺。抱著這種心情來讀〈春日〉（多富諷刺性的一個題目），很是受用：

冬天像斷臂人的衣袖，
空虛、黑暗而冗長。

主啊，我們住的地方雖然有暖氣，但在陌地生過冬天，想來確有斷臂人衣袖的味道。因此你和我對〈春日〉這兩行詩的反應，必然因經驗之不同而產生一段不小的距離。對你，這兩句詩是美學上的成就。對我，有「切膚之痛」——上星期沒戴手套到門外取信件，手指一接觸到鐵皮做的郵箱，就膠住了，差點連皮都撕破。夏蟲之不能語冰，寫實極了。

瘂弦的詩，有一個佔便宜的地方，那就是常見音樂性很強的警句。除我自己用過他的句子做題目外，記憶中，有葉維廉的「激流怎能爲倒影造像」，林懷民的「蟬」中引了「如歌的行板」。如果你有興趣做統計，一定還可以找到其他例子。其實我們讀唐詩宋詞，除非記憶力特強的，否則能夠朗朗上口的，多是散句。李賀的詩尤其難背，但只要是有情人，他那句「天若有情天亦老」總會過目不忘吧？瘂弦很多散句，因爲意象鮮明，語言濃縮，常常收到過目不忘的效果。「歲月，貓臉的歲月」——這種「險句」容易記，但若要你分析一下，爲什麼把貓臉跟歲月這兩個風馬牛的意象扯在一起，你也許會一時不知所措吧？

說起來，舊詩中的許多絕妙好句，都是我們少時在不求甚解的情形下記下來的。義山的「曾經滄海難爲水，除卻巫山不是雲」，如果我們不去參考各家的註解，單憑字義去解析，其「怪異」之處，也許不下於貓臉的歲月。

如果我僅是瘂弦的朋友和讀者，而不是個教翻譯的人，我樂得做一輩子五柳先生，空時念念《深淵》的名句：

> 而我們爲去年的燈蛾立碑。我們活著。
>
> 我們用鐵絲網煮熟麥子。我們活著。

雖然我們明知沒有通過電流的鐵絲難以煮熟麥子，但這種句子念來過癮，合邏輯不合邏輯就懶得去深究了。

但如果換了另一種立場，譬如說，以翻譯者或研究翻譯的人的眼光去看瘂弦的詩，那就不能一字一句的推敲原詩的意思了。翻譯家是法定的註釋人，批評家。如果翻譯家自己都搞不清原文的意思，怎可以做文字交流的工作，「貓臉的歲月」意義雖不好解，文字卻不難譯。如果用不著向讀者交代，譯成cat-faced years就盡了責任，讀來也一樣過癮。

可是碰到：

在三月我聽到櫻桃的吆喝。

很多舌頭，搖出了春天的墮落。

這就費煞思量了。櫻桃的吆喝，譯法可效貓臉的歲月，照字面意譯，至於讀者看了懂不懂，那就得看各人的慧根了。但下一句很要命。如果把這句試易兩字，春天換了張三或李西，那麼搖出了他的墮落的舌頭，必是長舌無疑。可是墮落的是春天。不管意思怎樣模糊，譯者不能不就他自己的看法，對這墮落的解析，作一個選擇。是decadence? decline? fall? deterioration? degeneration? sinking? corruption?

搖舌頭的「搖」字也不好翻。中文的用法，已是一個例外，雖然我們慣用的「嚼舌頭」也是不能深究的，因爲據說古人自殺方式之一，是嚼舌而亡。我手頭兩個譯本，一個譯

shake一個譯wag，不知不諳中文的英語讀者（因爲懂中文的會受原文先入爲主的影響），看了有什麼感覺。shake和wag通常都是用來描寫尾巴動作的。

我用了瘂弦三首詩作翻譯教材〈深淵〉、〈鹽〉和〈上校〉，因爲我希望他能因直接參與「翻譯工作坊」的關係，親身體驗到翻譯之難。另外一個原因，是想利用這個極其難得的機會，好好的現場研究一下，新詩的作者和讀者間的「交通」問題。

瘂弦於一九六〇年發表的〈詩人手札〉中，有下面幾點我們弄翻譯的人聽來有點歉疚的意見：

㈠他們看不懂那首詩的原因是他們永遠固執著去「解」它，而不去「感」它。

㈡從嚴格的意義來說，詩唯有自己解釋，否則它就不能解釋。

㈢「印象批評」較好的地方是他根據人生而非根據學問。最壞的批評是根據學問。

〈詩人手札〉其他的挑戰性意見很多，但最令搞翻譯的人觸目驚心的是以上三點。

關於第一點和第二點，前面已解釋過。有些詩確實是不必強求解釋的，只要讀來詩趣橫生就成。但要譯起來就不能不「強作解人」了，除非那位譯者印象派得如龐德，把題目當作詩來譯。

〈手札〉中的第三點，我沒有問瘂弦，不知十七年後的今天，他是否要修正這種主張？

由於我和瘂弦今天所處的地方，可以有批判、檢討而不必交心的便利，所以我邀請他到我班上來助陣，聽我自己和同學討論他的譯詩。但有這麼一個君子協定：我們說我們的，即使我們所得的結論是一派胡言，譬如說，即使我們同學中有人把歲月之所以如貓臉解釋爲「那是因爲那一年是貓年」——他也不能生氣。我和他雖是朋友，但爲了遵守行規，我自己看不懂的詩，只好由我自己瞎猜，也不想以私人感情的關係去迫他先向我「交心」。瘂弦到我班上來，究竟有沒有「享受」到我們和而不同的爭論，我不知道。但我希望最少因此機會讓他重新考慮詩人與讀者間的交通問題。我們且按下工農兵文學的對象問題不表，就拿十多年前臺灣現代詩人的作品做例子吧。詩人寫詩，難道就爲了孤芳自賞？他心目中總有一個階層的讀者吧？就拿《深淵》這集子來說，是獻給橋橋的（卷六還有一首特別爲橋橋而寫的）。照理說，橋橋以「文藝女青年」加上詩人枕邊人的身份，該是瘂弦的詩最理想的註釋人了吧？橋橋既然不在美國，不能親自問她，此案只好暫時擱下來。而一個教書的人，利用友情的關係而去迫著一個詩人去解釋自己的詩，是最不夠朋友的事。

釋詩既然不能套交情，批評人家的翻譯又不能光憑感性，四顧茫然之下，唯一可依賴的就是從「學院派」所接受得來的那一點點「學問」了。

〈鹽〉、〈深淵〉和〈上校〉我都做了一些筆記。〈深淵〉太長，〈上校〉不如〈鹽〉之重要，我只給你抄下一些我個人對二嬷嬷的反應。（〈深淵〉是一首反應時代心態的重要著作，成於一九五九年，其時臺灣文藝青年，包括我自己，都在發存在主義的高溫。瘂弦這道「不拘邏輯的跳躍表現……時空的交錯和物象的換位」的詩，確能把握了當時臺灣的歐洲心態。這種「去看、去假裝發愁」的模倣異響，後來就成了陳映眞的嘲弄對象，見「唐倩的喜劇」，一九六七年。）

〈鹽〉雖然提了兩次俄國佬的名字，卻是瘂弦所寫的詩中，中國得不能再中國的詩，這跟〈深淵〉不同。〈深淵〉中的人物，即使穿了長袍馬褂，整個氣氛就有點不倫不類。如果要選瘂弦一首最有國際性的詩，不是〈倫敦〉和〈巴黎〉，而是這首「今天的雲抄襲昨天的雲」的長詩。〈鹽〉的英譯，需要一番口舌向外國人解釋，但〈深淵〉譯成英法德日幾種曾在存在問題打過滾的文字，如果把詩人的名字掩蓋起來，直可亂眞，既可是英文詩、又可視作法文詩。

〈鹽〉中的二嬤嬤，好像西方morality play傳統中的Everyman，或依今天美國婦運語言的法則，是Everyperson。二嬤嬤雖無名無姓，在本詩的地位，卻是民國以前一切苦難的中國人的百家姓，是陳李張黃何，是歐周胡馬麥。

「她壓根兒也沒有見過退斯妥也夫斯基。」

瘂弦的作品，以富浪漫的異國情調見稱，因此他詩中出現洋名字毫不奇怪。但爲什麼不用荷馬、雨果，而用詰屈聱牙的退——斯——妥——也——夫——斯——基？

我想瘂弦有他的理由，最少退氏寫過一本中譯叫「被侮辱與被損害的人」。可是，退氏的作品，難登工農兵文學的大雅之堂。他最感興趣的，是人與上帝的關係，善與惡的問題。二嬤嬤沒見過退斯妥也夫斯基，一來表示她不過是一個普通的中國農村老百姓，沒受過洋教育。二來可能是提示我們，她每天要掙扎的，不是精神價值問題，更不是善惡問題，而是簡簡單單的民生問題。

如果瘂弦把題目改了，叫「米」，不叫「鹽」，會有什麼不同的效果？同樣是民生的必需品，米同鹽就產生不同的象徵。二嬤嬤大概是北方或西北人士，不會是沿海的江南人士。中國從前交通不便，鹽在內陸地方，眞是「鹽珠薪桂」。但這是差不多一百年前的事了。用鹽而不用米來做象徵，可以不露痕跡的點明了時代背景。

從人體每天需要賴以養生的觀點看，不吃米可以吃別的副食，但不吃鹽幾個禮拜，生命是保不住了。

鹽大概還有宗教意義，尤其是天主教的，待查。

從二嬤嬤求生的立場來講，讀歪了咀的《罪與罰》的作家的名字，是一種英文所謂mocking irrelevance。她老人家好像對我們流著眼淚說：「你們讀書的少爺眞會開我們窮人的玩笑。什麼退基？」

苦命的老太婆不但感覺到讀書的少爺在開她的玩笑，而且連老天爺也開她的玩笑。「春天，她只叫著一句話，鹽呀，鹽呀，給我一把鹽呀！天使們就在榆樹上歌唱。」

叫天不應已經痛苦，最可悲的是連在榆樹上戲弄她的，不是她所熟悉的土地公或天后娘娘，而是大概長著翅膀穿著白紗的舶來品。

呼天不應，蹌地地也不聞，「那年豌豆差不多完全沒有開花」。

第二節的「鹽務大臣的駝隊在七百里以外的海湄走著。二嬤嬤的盲瞳裏一束藻草也沒有過」，證實了前面的猜想。二嬤嬤是北方或西北人，因爲她瞳孔沒見過藻草。

沒有鹽吃，眼睛瞎了。這裏的鹽務大臣，大概是「父母官」中的Everyperson。駝隊載著的，大概是鹽。現在二嬤嬤眼睛已瞎，駝隊到她家時，她已經再用不著鹽了（第三節）。

天使的玩笑越來越大。這次，二嬤嬤叫鹽呀鹽呀的時候，她們「嬉笑著把雪搖給她。」

「一九一一年黨人們到了武昌」，但已來不及解民之倒懸了。二嬤嬤吊在榆樹上的裹腳帶上，餵了野狗。

豌豆那年差不多全開了白花。

最戲劇化、最沉痛的一句，是結尾：「退斯妥也夫斯基壓根兒也沒見過二嬤嬤」。

那應該是說，二嬤嬤的身世雖可憐，卻上不了「被侮辱與被損害的人」的名冊。

她只不過是萬人塚中的一個無名死者。

有關〈鹽〉的筆記，到此已盡。究竟以上的一派劉言，是否接近瘂弦的原意呢？有多少地方是我自己造出來的草蛇灰線呢？這一點，除非瘂弦有一天酒後自動解除詩人的武裝，夫子自道一番，這個秘密，將無法知道。不過，聽說新批評的方便處，就是若論點言之成理，就算站得住腳了。

對瘂弦唯一覺得抱歉的是，我對他立的讀詩誡條，置若罔聞。他這次來威斯康辛，希望他能了解我們這種「職業讀書人」一心二用的矛盾，燈前獨酌，以酒下詩時追隨的是他十多年前說的「印象批評」，根據人生而非根據經驗。在備課向學生交代時，因爲自己沒有詩人身份，不能說：「詩唯有自己解釋，否則它就不能解釋」。

我們若這麼一講，州長和其他讀「飛行的恐懼」的人，就會振振有詞的說，「你看，這些叫學生自己解詩的人，居然還厚著臉皮佔學校的一部份」。

〈詩人手扎〉提到「牛頓的恥辱」一事，據說是牛頓「把寫虹的詩引到三稜鏡上去分解」。一個在地上拾到時值臺幣百元的蘋果而不馬上去伏地大嚼的人，不會了解到詩的風情。濟慈說的當然是笑話。但讀詩如果不憑一點文學常識（且不說學問），大概不會猜出〈深淵〉中的以下三句葫蘆裏賣的是什麼藥：

在剛果河邊一輛雪橇停在那裏；
沒有人知道它如何滑得那麼遠，
沒有人知道的一輛雪橇停在那裏。

「這是荒誕的」。雪橇怎麼出現在只有在冰箱才找到雪的剛果？這正如海明威故事「奇里孟嘉羅的雪」中，在冰封的山頂上發現一具豹屍同樣令人迷惑。

剛果河邊的雪橇，冰山頂峯的豹屍，都是人生無法解釋的謎吧？

夜已深，而陌生地的冬天，如無友情的溫暖，像斷臂的衣袖，空虛、黑暗而冗長。此信抵臺，又是此地絃歌復奏的時候了。此時如在臺灣，當與兄去喝紹興泡的蒙古烤肉，吃了喝了後變貓臉也不在乎。

——選自《傳香火》（一九七九年，大地出版社）

清純而雋永的歌

——臺灣詩人瘂弦詩作欣賞

李元洛

「瘂」同「啞」，詩人王慶麟爲什麼要取「瘂弦」作自己的筆名呢？一九五一年他年方十九歲，繆斯就贈給他一把金色的三弦琴。一九五四年，他的處女作《我是一勺靜美的小花朵》發表於《現代詩季刊》，握撥一彈，琴音清越，臺灣詩評家蕭蕭於一九七九年還這樣寫道：「此詩恬靜柔美，節奏輕快，二十五年後的今天重讀，依然令人贊嘆瘂弦之善於把握詩的內在音樂。」一九六六年詩人才過而立之年不久，他的《瘂弦詩抄》已經是「嘈嘈切切錯雜彈」，風傳於臺灣及海外，其中一些作品更是青年詩作者競相仿效的對象。但是，就在這一年他「曲終收撥當心劃」，讓歲月將他的三弦琴塵封啞默至今天。盡管十四年後在洪範書店新版《瘂弦詩集》的「序言」中談到他停筆的緣由，但我仍然覺得是一團不解之謎。中途輟筆，有的人是因爲江郎才盡，有的人是因爲另有新歡，瘂弦並非如此，他的詩才正待進一步發揮，他對於詩也始終未能忘情，因此，我對於他的「絕唱」，一半是不解，一半是深爲惋惜。

宋代詩人邵雍《七律．安樂窩》中有句說：「美酒飲教微醉後，好花看到半開時。」他中途袖手，也許是這一原因吧：至少，他的創作歷程和作品整體留給了讀者這樣的審美印象，也留給讀者因無法滿足其審美期待而帶來的惆悵。我這裡所選賞的幾首作品，正是他的照眼半開的好花，飲之令人微醉的美酒。

讀他的詩，你首先會為其中清純的抒情所打動。詩主情，從中國古典美學所倡導的「詩言志」、「詩緣情而綺靡」以來，這已經是十分古老的論題了，但是，藝術的眞理是一株長青之樹，何況不同的時代可以給予新的詮釋。在當代的詩歌創作中，我們看到某些詩人作爲創作的主體，他本身並沒有眞摯而豐富的詩情，而只是在文字與形式上競新逐奇，他們的作品是貧血的，如同紙扎的花朵，一瞥之下似乎可以亂眞，但卻缺乏流動的生命與遠播的芬芳，這種作品應該屬於「僞情」之列；另外有些詩人和作品，雖然並非無情，但卻不注意感情的沉潛和提煉，其情還是處於一種自發的膚淺的原始狀態，遠遠還沒有昇華爲一種對人生有深刻體驗的「詩情」，這種作品。有如用情不專而自作多情者，不是「人見人愛」，而是見一人愛一人，隨遇而有感，有感即發爲分行文字，感情淺薄而缺乏深度，這種詩作大約可以屬於「薄情」之列。另一種詩人與詩作，其感情頗具強度，但卻缺乏節制和調節，不知一方面要求深沉，一方面要注意知性融合，在藝術表現上要加以控制，而是隨意噴發，一泄方休，如不加制約而泛濫無依的河流，這種作品該可以說是「濫情」吧？眞正的詩情，當然是以眞摯、強烈而深沉作爲它的三原色的，它既是一種高層次的美學感情，同時又隨每個詩人感情素質的不同而具有各不相同的形態，而我以爲，瘂弦詩情的特色可以用「清純」二字來概括，特別是在我所賞析的作品之中。

「清純」，就是眞摯而不虛假，純粹而不摻雜質，清可照人，純可正心，充滿人生的溫暖，煥發人生的光輝，就像一汪清澈的碧潭，可以養心悅目，如同一道淨美的溪流，可以悅性怡情。〈鹽〉不就是這樣嗎？「鹽」，本來是普通老百姓的生活必需品，可是，對於窮苦百姓它常常又艱貴如金，尤其是在舊時代的災年荒月。在〈鹽〉這首詩中，詩人以農村盲眼的老婦人「二嬤嬤」爲中心形象，以對「鹽」的呼告爲全詩的抒情線索，以善寫底層小人物的悲苦生涯的俄國作家陀斯妥耶夫斯基爲反襯，以「一九一一年黨人們到了武昌」和「那年豌豆差不多完全開了白花」爲社會與自然的雙重背景，洋溢於字裡行間的是仁者的悲天憫人之情，沉重而悲涼，我在吟誦之餘，心中不禁響起貝多芬《悲愴奏鳴曲》的旋律。如果說〈鹽〉的基調沈鬱而凄涼，讓我們體味了詩人情懷的某一面，那麼，〈土地祠〉則是深情而幽默的，在輕快明朗的曲調之中，表現的仍然是瘂弦的溫暖的人性與人情。「遠遠的／荒涼的小水湄／北斗星伸著杓子汲水」，在這種時空背景之下，土地祠中與土地祠有關的角色一一登場，它們無一不是有情有義：「蝙蝠」是翩飛的使者，以翅將夜馱贈給土地公，嗶噪的「酒們」頗有犧牲精神地等人來飲，「土蜂群」在土地公的耳朵裡安家而嫌窄小，但它們怨而不怒，只是「幽怨著」而已，可愛的「小松鼠」也只喜歡偷吃殘燭，而且是陳年的，於人並無損害，詩人一般都喜飲，然而「酒葫蘆」卻是不嗜酒的詩人，它只在草叢裡吟哦。詩人重筆抒寫的還是「土地公」的形象，土地公「默默苦笑」已經有了幾百年，由此可見土地祠之古老，也可見土地公悲苦的深重，而土地公「苦笑」的原因卻是：「自從土地婆婆／死於風／死於雨／死於刈草童頑皮的鐮刀」。本來無知無覺泥塑木雕的土地公被寫得栩栩如生，而且知情重義，這不僅是相像力的豐富和運用擬人手法的問題，在本質上它是詩人的感情氣質與人格力量的一種外化和折光。是的，在瘂弦的詩中，跳動的是一顆溫暖的愛心，流蕩的是一股感情的暖流，它眞摯而純美，正是因爲如此，他的詩過去才能征服很多讀者，將來也仍然會俘虜許多年輕的善男善女的心。

意象的創造，是詩人才華的重要標誌。意象，既是詩的內涵，也是詩的外觀，讀者讀詩，就是通過對意象的直感獲得第一審美印象。有的詩作一入眼就使人感到平庸，原因就在於意象的平庸，它們不能以獨特性與新穎性給讀者的感受或以強烈的美的刺激，相反，有才氣的詩作，首先就在於意象創造的才氣，其意象總是能給讀者驚鴻一瞥或驚雷一震的美感。他在〈現代詩的省思〉一文中也說過：「至於創新的方式，從這幾十年來新詩的發展過程中，可以見到許多人苦心孤詣的痕迹。比較值得欣慰的，應該是在意象的經營上。中國現代詩的一些傑出意象，每每足與舊詩相頡頏。」瘂弦自己詩作的意象創造，具有的正是獨創、雋永這些美質。

如果說意象創造是詩人才華的重要標誌，那麼，獨創性則是詩人才華的集中表現了，前者有如冠冕，後者則是冠冕上閃耀的寶石。在詩創作中，沒有什麼比陳陳相因千人一喙更令讀者的欣賞心理厭倦的了，也沒有什麼比戛戛獨造既新且美更令讀者心花怒放的了，因爲獨創所帶來的是藝術的新鮮感，是讀者樂於接受並積極參與再創造的新的審美信息。例如〈土地祠〉的開篇：「遠遠的／荒涼的小水湄、北斗星伸著杓子汲水、獻給夜、釀造黑葡萄酒。」在前兩句的敘寫之後，詩人的才華即開始閃光。野曠天低、星垂平野的習見景色，幻化爲「北斗星汲水竟然是爲了「獻給夜／釀造黑葡萄酒」這種原創性的他人筆下未曾有的意象，引發的自然是讀者審美的愉悅了。〈小城之暮〉一詩僅僅兩節，一節寫黃昏，一節寫夜晚，寫黃昏當然離不開夕陽，如「白日依山盡」（王之渙）、「長河落日圓」（王維）、「一顆受傷的／落日／往山後逃去」（洛夫）等等，然而，「夕陽像一朵大紅花／綉在雉堞的鑲邊上」，卻是瘂弦自己獨特的創造，「大紅花」之喻或者他人也曾寫過，但「綉」在雉堞的鑲邊上，卻不是一般作手能及了。第二節寫夜也是如此。「夜」，不知多少詩人寫過，要給人以新鮮感並非易事，瘂弦卻說「而在迢迢的城外／莽莽的林子裡／黑巫婆正在那兒／紡織著夜」，這一節的意象核心是「黑巫婆——紡織著——夜」，無論是遣詞或是想像，都可稱立異標新。〈小城之暮〉寫於一九五六年，〈土地祠〉寫於一九五七年，詩人在前一首詩中那樣寫夜之後，在後一首詩中對夜的描寫又毫不重複自己，仍然是新意疊出，從這裡可見詩人的自變性——即自我變化而不自我重複，而自變性，正是創造力的一種可貴品質。

雋永，從中國古典詩學的角度而言，就是作品餘味曲包，讓讀者味之不盡，而從西方現代的信息論與接受美學理論看來，則是作品本體具有爲讀者所熟悉的信息，同時又具有讀者所陌生的信息，在藝術的表現與傳達上又恰到好處——即美學上所說的「臨界點」，能刺激讀者的欣賞心理，使讀者產生一種強烈的審美期待，從而積極參與作品的再創造。本文所選賞的有短制也有相對而言的長篇，後者如〈土地祠〉與〈鹽〉，其意象均是雋永耐讀的。論及瘂弦的詩，臺港的論者幾乎無一不提到他的作品的音樂之美，限於篇幅這裡不作具體分析了。

瘂弦是河南南陽人，三十多年前，他和洛夫張默創建「創世紀詩社」，以詩鳴世，弦聲清揚，後來他過早地收琴入匣，雖然沒有學他的老鄉諸葛亮隱居未出時高臥南陽，而是擔任一些期刊的總編輯和《聯合報》副刊主編，爲人作嫁，普渡芸芸衆生，但總不免令人爲他過早地交還手中的彩筆而惋惜。寄語瘂弦，在多年的瘂弦之後，什麼時候，能「莫辭更坐彈一曲」呢？

一九八八年十二月三十一日於長沙

——原刊《朔方》第五期詩歌專號，一九八九年出版

瘂弦印象

葛乃福

提起臺灣著名詩人瘂弦，大陸讀者一定不陌生，一九八三年大陸出版的《臺灣詩人十二家》一書中就推介過他。瘂弦原名王慶麟，河南省南陽縣楊莊營東莊人。一九四九年八月，他在湖南零陵參加國民黨部隊後，同年隨軍隊到臺灣。一九六六年九月他應美國國務院之邀，即赴愛荷華大學作家工作室研習兩年，嗣後入威斯康辛大學，並獲碩士學位。一九七七年十月起，他擔任臺北《聯合報》副總編輯兼副刊主編至今，並曾任東吳大學副教授，在那裡主講新文學。

時隔四年，大陸接著又出版了《瘂弦詩選》，到這時候大陸讀者對他就更爲熟悉了，因爲上述兩書發行量累計近四萬冊。然而我對他的了解則是前年十月的事，當時我就豐子愷散文中的一些問題，訪問了豐先生的長子豐華瞻教授，並將訪問記〈長亭樹老〉寄至聯合報副刊登載。就在登載拙文的當天，瘂弦先生惠函寫道：「因稿擠，大作在聯副壓了這麼久才見報，不周之處，請諒。剪報另呈。」我們就是這樣通起信來的。雖然彼此未曾晤面，但魚書往返，日積月累，也漸漸留下了深的印象。

文壇的多面手

首先，瘂弦給我的印象是他是文壇上的多面手，他既善於寫詩、編詩、評詩，又善於演戲。余光中曾說：「瘂弦的抒情詩幾乎都是戲劇性的。艾略特曾謂現代最佳的抒情詩都是戲劇性的，……在中國，這話應在瘂弦的身上。」（轉引自周良沛編《瘂弦詩選》）文藝是相通的，或許他詩中的「戲劇性」與他原先學影劇有關吧。就以演戲來說，他到臺灣後，在政工幹校影劇系學習，因此演戲很擅長，據說一九六四年他在話劇「國父傳」中飾演孫中山先生而一舉成名，同年膺選十大傑出青年。

著名美籍華人女作家聶華苓曾講過一個笑話，當年瘂弦去愛荷華申請護照時，不少人看過他演的「國父傳」，因此，他所到之處人人肅然起敬，所以他的護照和出境證都拿得很快。時隔二十七年，由瘂弦等人策劃，漢聲廣播電臺與《聯合報》副刊共同製作的廣播劇〈胡茄十八拍〉播出了，他與孫小英、孫盛蘭等人聯袂演出，並在其中扮演曹操一角。我因爲忙於瑣事，不能一飽耳福，深感遺憾。我想，他和他同仁的演出一定是很成功的！

瘂弦從五十年代初就開始寫詩了。讀者不會忘記，一九五三年他發表在紀弦主編的《現代詩》上的那首〈我是一勺靜美的小花朵〉，這首詩使他嶄露頭角。它清新雋永，想像詭異，不同凡響，是傳統枝幹上綻開的新蕾，堪稱瘂弦的成名作。我不止一遍地吟誦之，並能背誦其中的詩句：「……我遇見了哭泣的殞星群，／她們都是天國負罪的靈魂！／我遇見了永遠飛不疲憊的鷹隼，／他把大風暴的歷險說給我聽……／更有數不清的彩雲，甘霖在我鬢邊擦過，／她們都驚讚我的美麗，／要我乘陽光的金馬車轉回去。／但是我仍要從藍天向人間墜落，墜落，／我是一勺靜美的小花朵。」他在致筆者的信中說，「他（指紀弦——筆者）是我的長輩，我們當年是受了他的影響寫詩的。」說明他至今仍銘記在他學詩的路上，紀弦對他的幫助。

或許他立志寫詩，將詩當作自己的事業是從一九五四年十月始，那時他已從政工幹校戲劇系畢業，分配到左營的海軍部隊服務，與洛夫、張默共同創辦創世紀詩社，並參加該詩社活動。一九六六年以後，他基本上不再寫詩了。他的新詩創作生涯前後大約只有十多年，但取得了可喜的成績。他已出版了多本詩集：《瘂弦詩抄》（原名《苦苓林的一夜》，一九五九）、《瘂弦詩集》、（一九六〇）、《鹽》（英文詩集，一九六八）、《深淵》（一九六八）和《瘂弦自選集》（一九七七）等。他的詩作曾五次在臺灣與香港獲獎。鑒於他在創作上取得的豐碩成果，他被列爲臺灣當代十大詩人之一。

縱觀瘂弦的詩，有兩點是引人注目的：一是他的詩博採衆家，而又自成一格。亞里士多德說：「人對於摹仿的作品總是感到快感」習詩需模仿，正像習字需臨帖一樣，但模仿是爲了創新，這誠如古人所說：「轉益多師是汝師」、「青出於藍而勝於藍」。瘂弦並不迴避他的詩曾有對德國詩人勒內·瑪里亞·里爾克（Rainer Maria Rilke）、墨西哥詩人奧克他維·百師（Octavio Paz）和大陸詩人何其芳詩的模仿，但他模仿是爲了創新，在模仿中有創新。

二是瘂弦早期的詩作偏重於語言和技巧的追求，而忽視詩作的內容。此後他的詩風有了顯著的改變，其特點就是注意將內容作爲詩誕生的因素，「決定一首詩誕生的因素，在於內容的情感經驗的變化，而不在於形式的語言文字的流動；永遠是內在的藝術要求決定著遣詞造句，而非遣詞造句決定著內在的藝術要求。」（瘂弦：〈詩人與語言〉）這是一個飛躍，同時也體現了瘂弦的詩已形成了他獨樹一幟的特色。

勤奮與謙虛

其次，瘂弦給我的印象是勤奮和謙虛。先說勤奮。古人說：「功崇惟志，業廣惟勤。」瘂弦現負責報系六個副刊的編務總管，還擔任《聯合文學》社長和《創世紀》詩雜誌發行人，業務龐雜繁重，在這樣的情況下他仍忙中抽閒，筆耕不輟。詩是不寫了，他把精力用在詩史資料的蒐集、編纂、詳注和理論的研究上，成績斐然，頗多建樹。他常寫詩評、詩論，時有論著發表。一九七七年前，他有《詩人手札》（一九六〇）、《詩人與語言》（一九七一）問世；一九七七年後，他又有《中國新詩研究》（一九八一）一書問世。有人推介《中國新詩研究》，寫道：「此書爲詩人二十年來沉潛研究中國新詩發展史之論文結集，資料豐富，筆鋒更帶傳薪一脈之感情，月旦褒貶，無不溫柔敦厚，鞭劈入裡。」（本書著者介紹）可以說，此書的付梓奠定了瘂弦作爲詩評家的地位，至此，他集詩人、教授、學者於一身，爲詩壇所矚目。據悉，近年來他爲詩人、文友、藝術家撰寫的序跋評論，數以萬言計，即將結集由臺灣洪範書店出版。

再說謙虛。人們都這麼說，瘂弦其弦不瘂，他卻謙虛地給自己起了個「瘂弦」的筆名。常言道，滿招損，謙受益。我每讀他的來信，都感到他很謙虛，例如前年他給我的信中說：〈歌〉一詩，確是受了里爾克〈沉重的時刻〉的影響，爲臨摹之作，不值得一評。先生何不評一評〈深淵〉、〈如歌的行板〉、〈上校〉、〈一般之歌〉等作，那是我比較『成熟』的作品。所謂『成熟』，在今天看來也屬幼稚之作了。」我認爲《瘂弦詩選》僅收他的詩作三十三首，未能全面反映他的心路歷程及其新詩創作發展的軌跡，去年我建議他在大陸出版個人選集，他在回信中說：「我的作品很少，暫時還無法在大陸出版個人選集，謝謝你的推介。」最近他在來信中談及當年在新加坡華文文藝營期間，見到五四詩人、復旦校友劉延陵先生時的情景，我準備將該信收入由我編選的《劉延陵詩文集》中，他回函說：「……提到劉延陵先生那封信如編入書內，請代我潤飾（修辭）一下，寫信總比較馬虎。謝謝你。」

瘂弦先生在事業上取得如許成就，這與其勤奮謙虛不無關係吧！我想。

——原刊《文訊》月刊九十四期，一九九三年八月出版

深淵裏的存在者

——我讀《瘂弦詩集》

章亞昕

「一日詩人，一世詩人。」瘂弦如是說。在意象的後面，抒情主人翁面對著自身，「生存」便不再是司芬克斯之謎，詩人即使在深淵裏，仍會以想像力和創造力來超越自我，自由在走向自爲，站立於大地之上！

自爲的人格，不同於自在的意象。後者如同舞臺上的角色，前者卻好似演員。深淵裏的存在者，「千呼萬喚始出來，猶抱琵琶半遮面」，卻也是「未成曲調先有情」……〈序〉也提到，詩人在詩中「體認生命的本質」。於是，角色們的面具，漸漸脫落；而存在者的歌聲，唱起來了……

大音希聲，此瘂弦之所以爲瘂弦。詩人的歌聲是甜美而又憂傷的，他在〈現代詩短札〉裏說：「當自己眞實地感覺自己的不幸，緊緊的握住自己的不幸，於是便得到了存在。存在，竟也成爲一種喜悅。」唯其如此，抒情主人翁「要說出生存期間的一切，世界終極學，愛與死，追求與幻滅，生命的全部悸動、焦慮、空洞和悲哀！總之，要鯨吞一切感覺的錯綜性和複雜性」。我們也就在〈殯儀館〉中，發現了「生命的秘密」。原來，出場露面的個人，只有面對死亡，才能說明自身。因爲死是自己的事，所以生也是自己的事，在變動不居的人生中，放棄選擇便意味著沉淪，追求自由則意味著超越，詩人是存在者，他以詩歌來超越現實並把握世界。

死亡意識本就是存在者追求無限的動力。〈鹽〉正是死亡意象與生命意象的對立，〈秋歌〉則看重生命之流的綿延，更重要的，卻在於一切都是過眼雲煙！這種否定性思維，促使〈劇場，再會〉中演員退出角色，抒情主人翁「從劇場裏走出來。說：劇場，劇場！再會，再會！」於是，詩人找到了自己，也許是由於舞臺生涯的提示，他發現已置身於舞臺之上，而這個劇場，卻是沒有後臺的……唯其如此，我們只能在〈坤伶〉裏聽見玉堂春的叫苦聲，那是「一種淒然的韻律」，而藝術本身，而美本身，反而是不被人理解的。只見角色，不見演員，人生是不是只能如此？而詩人寫詩，便採取了這樣一種劇場化的姿態。「深淵」也正是人生的「劇場」，存在者的追求，也就表現爲抒情主人翁對後臺的努力尋找。沒有後臺的演員是「不幸」的，只有角色的演出則是「空洞」的，體驗在那裏？存在者本就不是那種逢場作戲的人，瘂弦本就是一位極認眞的詩人，戲劇化的詩，也離不開體驗。

由於不必再粉墨登場，「殯儀館」也正是常人的後臺；存在者的後臺卻在詩意中，在心靈的家園裏。家是什麼？家是一個非社會化的場所，是身心得以發展之處，人總是從家園走向外界，作爲社會角色，家就是人生的後臺。詩人遠離故土，就更容易產生一種失去家園的感受。在〈憂鬱〉中，抒情主人翁說「是的，尤其在春天／我就想到／一些薇薇，一些水手／一些曼陀鈴／一些關著的門扉／一些憂鬱」——通往人生後臺的「門」，是「關著的」！就在〈赫魯雪夫〉裏，也是「在夜晚他把克里姆林宮的鐵門緊閉」……失去家園的遊子，便如同「水手」，而瘂弦也正有一段在海軍中的經歷。人就是這樣，心愈內傾，愈是將目光投向遠處，甲板遂成爲人生的舞臺，走南闖北，然而海外名城並不是家園。〈水夫〉說：

他妹子從煙花院裏老遠捎信給他
而他把她的小名連同一朵雛菊刺在臂上
當微雨中風在搖燈塔後邊的白楊樹
街坊上有支歌是關於他的

「水夫」沒有家園，有如存在者沒有伊甸園，幻想中的美好世界，已變成消失了的過去，人被拋入世界，就像被推上舞臺，在進入角色的同時，回家的渴求卻永遠縈繞心頭，隱含在心理需求的深處。看到的並不一定是眞實的，所以就產生了詩人的否定性思維。人在海上，體驗已被限定，能從自我的生存回歸到自我嗎？於是觀感與心靈兩分，而〈水手．羅曼斯〉說「船長盜賣了我們很多春天」。作爲舞臺的甲板，往往是傾斜著。航行有如人生，是一種追求，可也是一種遠離。

詩人曾在〈我的靈魂〉這首詩裏說：「啊啊，君不見秋天的樹葉紛紛落下／我雖浪子，也該找找我的家」，對於抒情主人翁，回家實在是對某種虛構的、最終無法實現回歸的非實在理想境界的執著的嚮往。遠離家園，被孤零零地拋到冰冷的外部世界，家園就成爲一個遠離生命本身的外在目的，雖然生命本體只能在時間的現實流動中得到確證，但是廣義生命的無限綿延卻要在超越現實的更大的時間跨度上才能加以把握，在這裏，時間與空間可以相互轉換，而「浪子」與「家」遠離，在「秋天」更凸顯出孤獨感！唯其如此，瘂弦會強調船是沒有根的，〈水手．羅曼斯〉提出要「把船長航海的心殺死」，並且主張「用法蘭西鞋把春天狠狠地踩著／我們站著，這兒是泥土，我們站著」……回歸之情，表現得如此淋漓盡致。遠離存在，也就是遠離自我，回歸使意志被推到前臺，從角色化的「航海」的船上，重返大地，「站」在自我生命的「泥土」之上，存在者便成其爲存在者，詩意便成爲存在者家園的自我創造——詩人若非「浪子」，也就無所謂回歸，而「家」作爲尋找中的幻象世界，把生與死、災難與幸福、勢利與屈辱、忍耐與崩潰等等人生的歷史、個人的命運集中起來，使存在者可以面對著生存的「深淵」，「深淵」中於是升起了詩意的光環。有存在者在場，「生存期間的一切」，生存道路上的種種障礙，也就進入了我們的視野。

詩人想像，故非常人。常人以社會角色的人格面具消解個性，掩蓋自我並造就平庸的文化環境。常人固守現實性，把世界變得晦暗。詩人以詩的光環照亮了深淵，便打破遮蔽，從自己的世界來領會自身。於是，演員不僅僅是角色，水手不僅僅在船上，通往家園的大門敞開了。詩人的內心是自由的，當諸神隱退時，他並不拜倒於秩序和規範面前，而把裂爲深淵的大地，納入自己的幻象世界，存在便成其爲存在。在瘂弦的幻象世界裏，演員與角色、家園與異鄉的對立，決定了抒情主人翁同意象之間的關係——大體上，林林總總的角色，異國他鄉的風情，也正是一種戲劇性的演出，而深淵也有如大海，使舞臺傾斜，像無根的甲板，角色們也被人格面具所遮掩……不幸的人生也就在我們面前凸顯出來！存在者不入深淵，誰入深淵？一種無所不至的愛心，便閃爍在抒情主人翁的沉思裏！詩人明白，情感也是一種行爲，它提示我們自主地選擇人生之路，通過否定性思維，使非存在的悲劇被認知，使沉淪中的角色有所覺悟。因爲否定，語言成爲詩。序詩〈剖〉告訴我們，抒情主人翁本來就是一位受難者，「他眞的瘦得跟耶穌一樣」。心有不足，才會有所追求，淵深裏的存在者承擔起衆人的苦難，表現出無所不在的同情心，而心靈的家園便在詩的光環裏。於是，瘂弦化幽玄爲妙語，詩中也有馳人神思的盎然理趣。那是一種詩的存在本體與生命的存在本體的內在契合——詩意內蘊人性，便有重塑人性的功能！在非詩化的人生大趨勢面前，關心人格理想的昇華，必定會以否定性思維，來尋找一條存在者的自我超越之路……眞與假、善與惡、美與醜本就是相對而言，深淵裏的存在者，運用一種否定性的活法、想法、說法，也就產生了與衆不同的情境、心境、語境，對不存在的否定，便是對存在的肯定。否定性思維構成了詩中特定的內容與形式，其質地十分斑斕，其境界卻如此純潔而莊嚴，斑斕的是視野中的人生風景線，純潔而莊嚴的則是那顆詩心，一種在暗夜裏尋找光明的焦慮心情。

若找不到光明，我們每一個人便都在深淵裏。生存之歌是甜美的，卻也是苦澀的。在他人的目光中，每一個社會角色舉手投足，都要遵循相應的程式規範，而「演員」便在舞臺上隱去。所以存在者並不在場，只有種種生活意象在我們的面前閃爍。若舞臺即是甲板，社會角色們豈不正在隨波漂流？所以我們必須解讀種種生活意象的言外之意。〈蛇衣〉的啓示也許就在於，什麼角色穿什麼衣服，穿什麼衣服做什麼事，「裁縫比國民大會還重要」，然而「鏡子」乃是「小小的湖泊」，是可以淹死人的，何況每一件衣服都必定有局限性，每個角色都排除了其他的可能性！「我太太」眞有眼光，她「想了又想」，終於想出了蟬蛻蝶化之道，「還是到錦蛇那兒借件衣裳吧」。語雖調侃，卻道出了人生的至理。人是角色，在〈山神〉這首詩裏，抒情主人翁說：「春天，呵春天／我在菩提樹下爲一個流浪客餵馬」；「夏天，呵夏天／我在敲一家病人的鏽門環」；「秋天，呵秋天／我在煙雨的小河裏幫一個漁漢撒網」；「冬天，呵冬天，我在古寺的裂鐘下同一個乞兒烤火」……因其角色不確定，人反而有了「神」的意味，在生存的路上，時間便是一匹白馬，而誰不是「流浪客」？不是遲早會成爲「病人」？我們「撒網」，同時自己也在網中；我們不是「乞兒」，但是除了那些身外之物，是不是也是一無所有？是的，我們不用心去想，自己就生活在深淵裏，只是像別人那樣生活，不自主，也不自由。我們被淹沒在鏡子裏，被淹沒在他人的目光裏，被淹沒在自己的角色裏，被淹沒在不存在的深淵裏！於是，詩人在〈深淵〉裏如是說：

哈里路亞！我仍活著。雙肩抬著頭，
抬著存在與不存在，
抬著一副穿褲子的臉。

瘂弦在這首詩的前面，引了沙特的一句話：「我要生存，除此無他；同時我發現了他的不快。」「我」本不是「他」，詩中之「我」，又正好是「他」，我像他那樣生活，我便隱去。「褲子」本是遮蔽隱私之物，遮住臉之後，也就沒有了表情，生存中神性隱去，也就只有獸性，有如行屍走肉，「去看，去假裝發愁，去聞時間的腐味／我們再也懶於知道，我們是誰。／工作，散步，向壞人致敬，微笑和不朽。／他們是握緊格言的人！」現代人的悲劇在於，認爲眞理已被他人發現；他人所知，可以取代自己的思考、發現和創造，於是在「格言」引導下沉淪，「沒有什麼現在正在死去，／今天的雲抄襲昨天的雲」。大地就這樣陸沉爲深淵，存在就這樣變成了不存在。詩人說，因爲想，會想的人才會生活；若不去想，勢必「爲生存而生存，爲看雲而看雲，／厚著臉皮占地球的一部分……」唯其如此，主觀能動的創造，才是人的潛能之所在，才是詩的可能性之所在，才是自我超越的契機之所在。西方的知性和東方的悟性，就成爲詩學精神和人生理想，引導存在者走出深淵。唯其如此，詩意成爲人生的後臺，存在者的家園。只要領悟了詩意，詩人永遠是存在者。詩也大音希聲，生存的言外之意，本就是訴諸悟性的。

此瘂弦之所以爲瘂弦。僅以超現實主義手法來理解詩人，實在是一種誤解。也許在他的詩中，人本主義精神要更爲重要。在否定性思維中，不僅包含了一種個性化的思維方式和語言方式，也包蘊了一種超越性的生活方式和行爲方式，使意象語言與抒情主人翁不即不離，從而保持了內在的張力。意象語言也有如〈倫敦〉詩中「乞丐在廊下，星星在天外／菊在窗口，劍在古代」，看上去秩序井然，又引起多方面的聯想；抒情主人翁也有如〈修女〉詩中「今夜或將有風，牆外有曼陀鈴／幽幽怨怨地一路彈過去——／一本書上曾經這樣寫過的吧／那主角後來怎樣了呢」，化身於意識流，在意象身後隱隱約約，卻總是在想像中展開無羈的情思……於是，舞臺上搬演多少不幸的人生故事，後臺又傳出了抒情的音樂，詩人的意志便化入意象的言外之意。存在者不在場，生活意象又啓示人們換一個活法。貌似冷靜的說法也能改變人們的想法，語境變了，心境自然也會變，生存的情境，被詩的光環照亮，大地也就不再黑暗。詩意會照亮人們的心靈，所以，〈乞丐〉說「每扇門對我關著，當夜晚來時／人們就開始偏愛他們自己修築的籬笆／只有月光，月光沒有籬笆／且注滿施捨的牛奶於我破舊的瓦缽，當夜晚／夜晚來時」……一種博大的情懷，宛若月印千江，每個意象，都閃爍在詩意的月色裏，現代人便打破時間與空間的局限，而得到了心靈的自由，有所想像，有所創造，便不會失去自主的生命！靈感的源泉，在於領悟生活意象的言外之意，忘我地投身於創造性的人生。以否定性思維來開闢自己前進的道路，於是，便有了存在者。

詩人是存在者，自由在走向自爲，以詩意爲家園，自覺地走出常人的誤區，告別劇場，走出深淵。於是，他的生命力、創造力、想像力可以渾然合一，相信自身的力量，也尊重他人的潛能。瘂弦正是這樣的一位詩人，用自己的語言方式來表達自己的思維方式，也就形成了自己的生活方式，可以主宰自己的命運。所以，他會在詩中以否定性思維去面對種種無奈的人生，從悲劇性的生活意象裏傾聽其中的言外之意，領悟存在，領悟人生……而人生中的希望就在想像中湧現出來，並且激發了創造未來的意志！深淵裏的存在者，遂站立於月光之下，以詩意的千秋月色，照耀沉淪的大地，而曾經黑暗的，也就不再僅僅是黑暗的。

——選自《創世紀》第九七、九八期（一九九四年三月出版）

第二輯　詩篇評賞

釋瘂弦的一首現代詩：〈巴黎〉

張學玄

現代詩在中國正在蓬蓬勃勃地發展著，雖然有些比較保守的知識份子仍不願接受它。平心靜氣地說，評擊現代的詩人先要自己懂得現代詩；正如懂得抽象藝術的人才能批評抽象藝術一樣。今天，由於事實的表現，現代詩在中國，我們已可預見它的勝利了。我們並不反對傳統；我們只希望用新的表現形式使中國詩追上時代，配合時代；我們更無意推翻傳統，但是企圖從傳統中走出來。艾略脫就是一個這樣的詩人，他跳出了傳統卻仍自命屬於傳統。

現代詩有無可取之處？現代詩是否受人批評便會倒下來，這不是本文的討論中心。事實上，在香港，一般對於這個問題的反應是相當冷淡的。幾年來，在香港寫現代詩的人，爲數並不多。

爲了讓一些慣於吹毛求疵的人對現代詩有多少認識，我願以個人的研究心得向讀者推薦一首上乘的現代詩。

解釋一首現代詩，是相當困難的，因爲詩人的感受不一定就是讀者的感受。而且，現代詩的造意不一定就是解釋者所定下的準則。然而，就欣賞的原則來看，現代詩是可以解釋的。只要我們放棄成見，我們很容易欣賞它的意識。

瘂弦是公認的當代最出色的中國現代詩人。在中國新一代的作家中，新詩方面我首先推崇他。他每一篇作品都有著極濃厚的超現實主義意味。無疑的他熱愛著阿保里奈爾，保羅·福特和一些拉丁美洲的詩人。他的詩集《苦苓林的一夜》收進了很多精彩之作，其中以〈巴黎〉一首尤爲我最欣賞和喜愛。

一開始，瘂弦便引錄了紀德《地糧》中的一句：「奈帶奈藹，關於床我將對你說什麼呢？」這一句非常含蓄的說話，是《地糧》中紀德對奈帶奈藹的期望。它暗示一段浪漫史在巴黎的萌芽；那不一定屬於一位半推半就賣弄風情的巴黎少女，而是一位擬人化的女性。

「你唇間輭輭的絲絨鞋
踐踏過我的眼睛。」

類似「唇間的絲絨鞋」的意象，在外國多的是。但在中國，能做到這類的技巧之表現的並不多見。絲絨鞋指的是「舌頭」，「踐踏過我的眼睛」表示「暗示」。這樣，我們從舌頭和暗示的聯想中便會想起一個男子和一位女性的不尋常的關係了。

「在黃昏，黃昏六點鐘
當一顆殞星把我擊昏；巴黎便進入
一個猥瑣的屬於床第的年代」

巴黎是一個著名的花都，其中更以夜總會爲主。在一般的世俗的眼光中，最能代表巴黎的便是美女。只是以傳統的手法來描述巴黎，即使是怎樣的鬼斧神工，也不外乎一個城市的印象而已。詩之所以爲詩，就是如何使「印象」具體化。使之具體化是情感的因素。或者說，是感受性的反應（Emotional-reflection）。「床第」是一個極簡單的印象，然而當「巴黎便進入一個猥瑣的屬於床第的年代」的時候，巴黎所給人的「印象」就不光是城市而已，它會引起人對罪惡的城市的聯想，滿街都是娼妓。照樣，「床第的年代」也是簡單的「印象」，使之具體化。而所得的感受性的反應便是：猥瑣的。在這裡，巴黎是一位「女性的」黃昏是黑夜之前的時間，「一顆殞星」是說一位女性的魅力。我們試把第一段的意象聯接起來，所得的感受性的反應便是：巴黎的夜生活一開始的時候便是性享受的開始。瘂弦在此所用的超實字眼便是「床」。超現實應該用聯想去欣賞的，它所指的是「超越現實」而又歸於現實。

「在晚報與星空之間
有人濺血在草上

在屋頂與露水之間
迷迭香於子宮中開放」

這是第二段。「故事」發展下去的時候，第二個印象便是接連著罪惡而發生的：一方面，巴黎的夜生活是麻木的；另方面，殺人的勾當也相繼出現了。「晚報與星空之間」說的是晚上。「晚報」是緊接「黃昏」的，它指的是一段發生在黃昏時候的消息。這段消息是什麼呢？「有人濺血在草上」。這可能是一件謀殺案。但當我們翻看最後一句的時候，「迷迭香於子宮開放」的事件並不能與普通謀殺有關。作者一開始便要人想起「床」，由床而想起「猥瑣」！因此，這裡的意象必然地又是與女人有關的了。「在屋頂與露水之間」是一段過程的演繹：「屋頂」是指空間，「露水」是指時間；「屋頂」所常見的與性有關的東西（如貓兒叫春之類）包含著一個巴黎的夜晚；「露水」是清晨的時間。「迷迭香」是一種令人陶醉的散播出來的香氣。我們了解這點，便不難發現它是一件怎樣的案件了。首兩句指巴黎一進入黃昏六點鐘以後的殺人事件；後兩句指夜巴黎中所發生的「露水姻緣」之類的與「床」有關的一宗「交易」。

因此，到第三段，作者便引喻一個事實：

「你是一個谷你是一朵看起來很好的山花」

「一個谷」是一個很平淡的印象。然而「一個谷」中的「一朵看起來很好（很吸引）的山花」，這一印象便不再平淡了。山花並沒有人要的，但卻「很好看」。這樣的意象在暗示巴黎的紅燈綠酒的夜生活眞是名符其實。谷和山花都是平凡的名詞。以往，在戴望舒，李金髮的象徵主義詩作中，他們曾用過像谷和山花那麼最普通不過的意象（用這一類意象的現代詩過去的王辛笛也是相當成功的）。但，瘂弦的成就並沒有受李戴二人的影響。就因爲他不沾他們的光，因而他被稱爲「前衞詩人」（Advant Garde）。

「你是一枚餡餅，顫抖於病鼠色
膽小而窸窣的偷嚼間」

「膽小而窸窣的偷嚼」指巴黎的存在。在巴黎，好些床笫之事是「顫抖」的，「偷嚼」的。因此巴黎「看起來很好看」。代表法國文化的巴黎的存在是「一朵看起來很好的山花」。在時代的洪流中，巴黎的存在卻不外爲被「偷嚼」的「餡餅」。

「一莖草能負載多少眞理？上帝
當眼睛習慣於午夜的罌粟
以及鞋底的絲質的天空；當血管如菟絲子

從你膝間向南方纏繞」

這是第四段。作者進一步的感受性的反應就是從巴黎的夜生活中所揭示的眞理。「鞋底的絲質的天空」，「午夜的罌粟」，和「從你膝間向南方纏繞」都是與「床」有關的事情。作者讓現代人就教於上帝的「眞理」也就是這些眞理：現代人所需要的是否純一的與「床」有關的事件呢？是否現代人的複雜思維只要在「膝間向南方纏繞」中便能逃避現實？或者，這一類的生活，就是典型的現代詩人的生活呢？

「去年的雪可曾記得那些粗暴的腳印？上帝
當一個嬰兒用渺茫的淒啼詛咒臍帶」

「嬰兒用渺茫的淒啼詛咒臍帶」的聯想很容易使我們記起了今日存在主義者們所說的「人是被迫走出來的」的教訓。由於「被迫」，我們遂特別感受到存在主義者們對世界的荒謬和虛僞的感受。嬰孩固然不懂得這些哲學。質之於上帝之前，「用渺茫的淒啼詛咒臍帶」是今日智識份子天良的呼籲。他所詛咒的是一個不合理的「被迫」。但這也是一個矛盾，因爲人永遠與「床」有關。

「當明年他蒙著臉穿過聖母院
向那並不給他什麼的，猥瑣的，床第的年代」

「蒙著臉穿過聖母院」究竟爲了什麼呢？就是在矛盾的心情下逃避人性的尊嚴。現代人需要「床」，但「床」使人矛盾。當一個生命被迫走進世界來的時候，存在主義者就肯定上帝多施予人類一種要自行忍受的苦難。在這忍受苦難的過程中，上帝「並不給他什麼」，只有「猥瑣的，屬於床第的年代」。生命就在矛盾中被延續著。

從巴黎，我們會懂得生命的哲學。我無意指出瘂弦是一位直接承受法國的存在主義者。但他的詩作中包含著向世界訴苦的意識卻是存在主義者們所啓示的。他在訴說哲學，使讀者親自捉摸那詩化的意象。

第六段是「故事」的重覆：

「你是一條河
你是一莖草
你是任何腳印都不記得的，去年的雪
你是芬芳，芬芳的鞋子」

除了谷和山花外，巴黎還是一條河和一莖草。它在時代的意識中流動。它像草被時代的意識領著走（因此，巴黎被稱爲現代文學和藝術中心。近年來這情況似乎稍變了，紐約大有起而代之之勢）。在歷史上，別人可不會忘掉巴黎和它所留下來的腳印。因爲一想起「床」和「鞋子」，一想起被迫的生命，就連帶想起巴黎來。

這樣，作者便找得一個結論——一個存在的結論：

「在塞納河與推理之間
誰在選擇死亡」

「塞納河」和「推理」暗示一個尋死的生命。「推理」表示在跳進塞納河之前的考慮：一個被迫的生命是否應該這樣死掉的？這思想使我想起，卡繆的「哲學性的自殺」。他認爲人逃避荒謬的、矛盾的世界只有自殺一途；但任何人都沒有這自殺的勇氣（連卡繆也承認他沒有這勇氣）。既然沒有，就好好地做一個荒謬的人。「床」使我們面對矛盾，「誰在選擇死亡」呢？塞納河和推理（思考）都是現成的。既然沒有自殺的勇氣，那末，當我們回首，最後：

「在絕望與巴黎之間

唯鐵塔支持天堂」

我們便發現世界和巴黎同是令我們失望的。巴黎的引人注意，除了夜總會外，還有一座賺錢的鐵塔。鐵塔的存在等於巴黎的存在。

以上一些淺陋之見，只是我個人讀〈巴黎〉一詩所得的印痕。我還希望藉這例子向評擊現代詩的人說句好話：現代詩並不是「不三不四之作」。在香港，馬朗和崑南也很不錯，但他們並不採取超現實的意象。留在南洋的貝娜苔以前也見過他的超現實意象。現在卻無從評起了。劉以鬯的詩，產量極少很難下斷語。不過，就他最近發表的〈借箭〉來看，我們也發現了一些新鮮的東西。

最後，我認為現代詩的發表仍須加緊努力。當前我們所要作的，是沉默而嚴肅地去寫。

——原刊《香港時報》一九六〇年十一月十八日
《創世紀》第十六期，一九六一年一月出刊

鋪在菩提樹下的袍影

——〈印度〉賞析

白靈

印度　瘂弦

馬額馬啊
用你的袈裟包裹著初生的嬰兒
用你的胸懷作他們暖暖的芬芳的搖籃
使那些嫩嫩的小手觸到你崢嶸的前額
以及你細草般莊嚴的鬍髭
讓他們在哭聲中呼喊著馬額馬啊
令他們擺脫那子宮般的黑暗，馬額馬啊
以濕潤的頭髮昂向喜馬拉雅峰頂的晴空
看那太陽像宇宙大腦的一點燐火
自孟加拉幽冷的海灣上升

看到珈藍鳥在寺院
看到火雞在女郎們汲水的井湄
讓他們用小手在襁褓中畫著馬額馬啊
馬額馬，讓他們像小白樺一般的長大
在他們美麗的眼睫下放上很多春天
給他們櫻草花，使他們嗅到鬱鬱的泥香
落下柿子自那柿子樹
落下蘋果自那蘋果樹
一如你心中落下眾多的祝福
該他們在吠陀經上找到馬額馬啊
　馬額馬啊，靜默日來了
讓他們到草原去，給他們神聖的饑餓
讓他們到暗室裡，給他們紡錘去紡織自己的衣裳
到象背上去，去奏那牧笛，奏你光輝的昔日
到倉房去，睡在麥子上感覺收穫的香味
到恆河去，去呼喚南風餵飽蝴蝶帆
馬額馬啊，靜默日是你的

讓他們到遠方去，留下印度，靜默日和你
夏天來了啊，馬額馬
你的袍影在菩提樹下遊戲
印度的太陽是你的大香爐
印度的草野是你的大蒲團
你心裡有很多梵，很多涅槃
很多曲調，很多聲響
讓他們在羅摩耶那的長卷中寫上馬額馬啊
楊柳們流了很多汁液，果子們亦已成熟
讓他們感覺到愛情，那小小的苦痛
馬額馬啊，以你的歌作姑娘們花嫁的面幕
藏起一對美麗的青杏，在綴滿金銀花的髮髻
並且圍起野火，誦經，行七步禮
當夜晚以檳榔塗她們的雙唇
鳳仙花汁擦紅他們的足趾。
以雪色乳汁沐浴她們花一般的身體
馬額馬啊，願你陪新娘坐在轎子裡

衰老的年月你也要來啊，馬額馬
當那乘涼的響尾蛇在它們在墓碑旁
哭泣一支跌碎的魔笛
白孔雀們都靜靜地夭亡了
恆河也將閃著古銅色的淚光
他們將像今春開過的花朵，今夏唱過的歌鳥
把嚴冬，化為一片可怕的寧靜
在圓寂中也思念著馬額馬啊

註：印人稱甘地為馬額馬，意思是「印度的大靈魂」。

民國四十六年一月三十日

如果用顏色來形容瘂弦的詩，那麼〈乞丐〉〈鹽〉〈坤伶〉等詩是冷青色的，〈巴黎〉〈深淵〉〈如歌的行板〉等是赤紅色的，而這首〈印度〉則是暖黃色的。如果用風來形容這些詩也無不可，〈鹽〉是寒風，〈巴黎〉是熱風，〈印度〉則是和煦的微風。在瘂弦諸多詩作中，可以讓人讀後有暖流貫穿全身、深深受到感動的詩，大概以這首〈印度〉為最。它不是喊出來、哭出來、怨出來、嘲諷出來、幽默出來、或頑皮出來的詩，它是一讚三嘆、從肺腑中歌詠出來的上選佳作。這首詩寫的其實不只是印度的「聖雄」甘地，他寫的是人類聖哲的典型，他寫的絕非一個政治家、革命者，而更像是一位人類心靈的導師。

當然，要試圖進入詩中的情境，甘地的形象仍是主要的焦點，因此有必要簡略地認識他。英國統治印度達數百年之久，甘地便是結束英國這項殖民政治的關鍵人物。甘地（Gandhi，Mahatma，1869.10～1948.1.30）也是廿世紀三大重要革命（反殖民主義、反種族歧視、非暴力主義）的促進及倡導者。他出生於宗教家庭，主張苦行與戒殺，提倡不同宗教信仰的人應相互容忍。一八九四年，他在南非創立印度國大黨，一九〇六年，由於南非政府公佈一項侮辱印度人的法令，在甘地領導下，印度人甘願因蔑視此項法令而受罰，由此而生一「堅持眞理」的方法——對敵人不使用暴力來鬥爭。一九二〇年他成爲印度政治舞台上的重要人物，其國大黨紮根於小鎮和農村，他力行的非暴力不合作運動綱領包括：抵制英國貨、抵制英國在印度的學校、政府機構、法庭。他曾九次入獄、十七次絕食，在獄中待過六年多的歲月。他教育印度農民作手工紡織及其他家庭手工業，並改革教育制度。在他的努力下，一九四七年英政府終於制訂蒙巴頓計劃，使印度及巴基斯坦終獲自治。他的全部著作約八十卷，印度人不論男女老少均愛戴他，歐洲人不論信仰或政治派別，對他也很崇仰，但最後他被刺殺身死。

歷史上多數革命家政治家都是踩著人民的血跡前進才獲得成功的，而甘地不同，他是人道主義的實踐者，人生哲學的冥思者與教導者，他是用自己羸弱、乾癟的身軀來與不公和不義抵抗，最後才獲得成功。這樣一個偉人其實更像是謙虛的宗教家。而眞實的他是一個「如果在大街上遇到他，不會看他第二眼」的人。要寫這樣一位「外表平庸、內心卓越」的人物，如果只著重在他的豐功偉蹟上並不易成功，詩人採取的觀點則更像是在寫一位道行高潔、慈祥仁愛、使人民如沐春風的修道者，一點也不像在寫一位政治人物，這是這首詩能成功的重要的原因。此外，這首詩不命名爲「甘地」「馬額馬」或「印度的大靈魂」等，而直接命名爲「印度」，其實這早就是印度人一般人的看法，尼赫魯就說：「他就是印度！」甘地不再是一個人，而更彷彿是印度的一種精神，這種精神是印度古老的宗教精髓與哲學傳統孕育出來的，而剛好就表現在甘地的寬厚胸襟、哲學深度、生活智慧、和實踐能力上。是這種精神才使甘地有本領帶領衰老、落後的印度從殖民地的悲殘境遇中走出來。因之，以甘地等同於印度，「氣勢」「氣度」顯然寬宏得多。瘂弦未將此詩置於詩集《深淵》中以人物爲主的「側面輯」中，而放置於寫邦國爲主的「斷柱輯」中，自有其特殊考量的歷史時空意義。

詩分八節。詩的結構若細析，可說是兩條主線三條旁線螺旋狀交叉進行推展，形成豐富的內容。

兩條主線：

①春夏秋冬的遞嬗：如「在他們美麗的眼睫上放下很多春天」「嗅到鬱鬱的泥香」「落下種子」「落下蘋果」「睡在麥子上感覺收穫的香味」「夏天來了啊」「果子亦已成熟」「今春開過的花朵，今夏唱過的歌鳥」「把嚴冬，化爲一片可怕的寧靜」等與四季有關的詞句。

②生、長、嫁、死的輪迴：「如初生的嬰兒」「搖籃」「嫩嫩的小手」「他們在哭聲中」「擺脫那子宮般的黑暗」「小手在襁褓中」「像小白樺一般的長大」「神聖的饑餓」「愛情，那小小的苦痛」「姑娘們花嫁的面幕」「一對美麗的青春」「眼睛」「髮髻」「行七步禮」「新娘坐在轎子裡」「衰老的年月」「哭泣」「夭亡了」「淚光」「可怕的寧靜」「圓寂」等與生老病死有關的詞句。

三條旁線：

③印度的特殊景觀：如「喜馬拉雅峰頂」「孟加拉幽冷的海」「伽藍鳥」「象」「觀察恆河」「印度的太陽」「草原」「草野」「乘涼的響尾蛇」「魔笛」等具風土色彩的詞彙。

④印度的宗教氣氛：如「袈裟」「寺院」「吠陀經」「菩提樹」「大香爐」「大蒲團」「梵」「涅槃」「很多曲調」「很多聲響」「羅摩耶那的長卷」「誦經」「圓寂」等與宗教有關的詞彙。

⑤甘地的精神象徵：如「馬額馬」「馬額馬啊」代表甘地的名字出現十四次，「你」或「你的」直接指甘地本人的字出現十五次，餘如「胸懷」「崢嶸的前額」「細草般莊嚴的鬍鬚」「從你心中落下眾多的祝福」「紡綞去紡織」「靜默日」「袍影」等與其精神或行爲有關的詞句。

上述①、③兩線屬於自然景觀的客觀陳述，②④⑤多屬於精神層面的主觀關懷，一情一景、一意一象，彼此相揉於一起，構成虛實相生的網，遂生豐富的互動互補關係。

此詩的結構當然主要還是以①春夏秋冬的自然秩序與③生長嫁死的生命輪迴兩條主線作對應進行，而⑤之甘地聖哲的精神形象則不斷出入其間，再加上③印度的特殊景觀④印度的宗教氣氛形成龐大隱喻式的背景，整首詩可說是這兩條主線三條旁線相當精采的有機組合。

第一節以嬰兒的誕生開始，首句即採呼告句「馬額馬啊」（甘地的敬稱），表示嬰兒（即初生的印度）對甘地關愛之需求孔殷。「用你的袈裟包裹著初生的嬰兒，用你的胸懷作他們暖暖芬芳的搖籃」，展現了宗教家包容的情愫。其後幾句又說那些小手可以觸得到甘地「崢嶸的前額」「莊嚴的鬍鬚」，這是微小與偉大的對比和互融，表現了聖哲和藹可親、平易近人的面貌。

第二節其實是第一節的重複和強化，「擺脫子宮般的黑暗」是嬰兒初生的景象，「以濕潤的頭髮昂向喜馬拉雅峰頂的晴空」則再度象徵了幼子的新生命（暗示印度）在偉大的峰頂，毫無所懼，看到太陽不過是一點燐火，眨也不用眨眼，看到印度一切美好的景物（伽藍鳥在寺院／火雞在井湄）仍如常存在，這正暗喻有了甘地一生的努力和照拂，印度才得脫離大英帝國的統治，而且悠遊自在、無所畏懼。

第三節描寫孩子在自然環境中快樂成長的過程，一切都毫不勉強，充滿生機和情趣：

落下柿子自那柿子樹
落下蘋果自那蘋果樹

一如從你心中落下眾多的祝福
讓他們在吠陀經上找到馬額馬啊

這幾句既寫景也寫情，一切均順天而行，該有的自然會有，一如果子的成熟蒂落，而從甘地得到的祝福也是如此，末句是說在印度吠陀經這部古老的經典中就有馬額馬的精神，得馬額馬的祝福就等同於得到宗教的祝福。

四、五兩節均只四行，寫的是：孩子們在成長中需要一些磨練和體悟，經典可以充實他們的知識，「神聖的饑餓」「紡織自己的衣裳」「奏那牧笛」「感覺收穫的香味」「到恆河去」等等不同的人生過程可以豐富他們的經驗。而這時候也是甘地自身靜息冥想的時刻，代表甘地聖哲的形象並非憑空而得，「靜默日是你的」，是他長時間定期「靜默」修心的結果，因此也是為年輕人的表率。

第六節描述甘地即使在燥熱難熬的夏天，也未間斷過他的「禪靜」工夫，「有很多梵，很多涅槃」，代表他的虔敬和鎮定，下面幾句則寫他心胸的寬闊和思維的「無我」精神：

你的袍影在菩提樹下遊戲
印度的太陽是你的大香爐

這三句也同時展現了甘地苦行僧般隨遇而安的毅力。此節末句說：「讓他們在羅摩耶那的長卷中寫上馬額馬啊」，則已將甘地視如印度史詩的一部份了。「婚嫁」及「死亡」在詩中分別以七、八節鋪陳，且以「果子成熟」的秋收景象與「可怕的寧靜」的嚴冬氣氛與之對照。

第七節中用「楊柳」「果子」「金銀花」「檳榔」「鳳仙花汁」等植物來襯托婚禮的豐盛及花團錦簇，並以「誦經，行七步禮」「以雪色乳汁沐浴」暗示其愼重莊嚴，而另兩句：「以你的歌作姑娘們花嫁的面幕」「願你陪新娘坐在轎子裡」則是新婚者希望獲得甘地慈父般的祝福，也代表了甘地平民化的風格及影響力的深入民間。

第八節是此詩最感人的地方。尤其首句：「衰老的年月你也要來啊」，表現了印度人對甘地精神無止境的渴求。詩中的「他們」泛指印度人民。乘涼的響尾蛇「哭泣一支跌碎的魔笛」，表示吹笛者也已衰亡，「他們」都遲早會像白孔雀、花朵、歌鳥等，無可避免地步入滅境，然而「他們」念念不忘的仍是馬額馬（甘地）如天父般的大愛。此節如果反過來，說是印度人民對甘地死亡的依依不捨亦無不可。

綜此八節，可看出甘地精神的無所不在，正代表了印度古老傳統精神和價値的永續不滅。以此詩命名爲「印度」或也正是此意。

此外，此詩運用了大量動植物的辭彙，使得詩的色彩光鮮明亮，如：

①植物辭彙：如「小白樺」「櫻草花」「柿子樹」「蘋果樹」「麥子」「菩提樹」「楊柳們流了很多汁液」「綴滿金銀花」「當夜晚以檳榔塗她們的雙唇」「鳳仙花汁擦紅他們的足趾」等。

②動物辭彙：「伽藍鳥」「火雞」「『蝴蝶』帆」「『象』背」「響尾蛇」「白孔雀」，甚至「馬」額「馬」的「馬」字。

由這些動植物辭彙，以及前舉五條主支線累積的大量名詞，實際上是這首詩讀來感覺「豐沛」的重要原因，加上作者對語言操控的靈活熟練，名詞乃在動詞的幫助下獲得詩意十足、音響叮噹的意象語，使得詩內容進行當中處處展現新鮮的活力，如下面句子中的動詞幾乎就是該詩句的「詩眼」。

1.使那些嫩嫩的小手「觸到」你崢嶸的前額
2.以濕潤的頭髮「昂向」喜馬拉雅峰頂的晴空
3.讓他們用小手在襁褓中「畫著」馬額馬啊
4.去「呼喚」南風「餵飽」蝴蝶帆
5.一如從你心中「落下」眾多的祝福
6.「留下」印度，靜默日和你
7.你的袍影在菩提樹下「遊戲」

8.「藏起」一對美麗的青杏

9.當夜晚以檳榔「塗」她們的雙唇

然而作者「懷著無比崇敬景仰的心境」以及「受甘地悲憫慈愛感召」，或者乾脆說，作者嚮往那與甘地相近的「悲天憫人」的胸懷，恐怕才是這首詩能成功的最大原因吧！

——原刊《青年世紀》二八二期，一九九四年六月出版

瘂弦的〈上校〉

黃維樑

那純粹是另一種玫瑰
自火焰中誕生
在蕎麥田裡他們遇見最大的會戰
而他的一條腿訣別於一九四三年

他曾聽到過歷史和笑

什麼是不朽呢
咳嗽藥刮臉刀上月房租如此等等
而在妻的縫紉機的零星戰鬥下
他覺得唯一能俘虜他的
便是太陽

一九六〇年八月二十六日

瘂弦出身戲劇系，且演過話劇，論者說他的詩富有戲劇性，這是對的。〈上校〉好像是一齣小小的獨幕劇。人物是一個退伍的上校及其妻子，時間是某個有陽光的日子，地點是退伍上校的家中。劇情很簡單：上校退伍後生活拮据，妻子縫衣服賺錢。某日妻子正在縫衣服，軋軋的機器聲，使他想起從前抗日戰爭的情形，引起一番今昔的感慨。

只有短短十行的篇幅，情節簡單，但此詩卻十分具體且深刻地呈現了一個境況。詩人用字精煉，要使讀者有細細咀嚼，發揮想像力的餘地。技巧上的成就，絕非那些言盡意盡的淺白作品可比。

作戰的勇敢，戰果的光榮，這些該是不朽的東西吧？不然！對這位退伍的上校而言，咳嗽個不停，房東經常來催繳房租，這些才是「不朽」。鬍子刮完了又長，是另一種「不朽」。但這些是多麼令人討厭的「不朽」啊！上校從前英勇作戰，以致犧牲了一條腿，但得到的是什麼？得到的是目前窘迫的生活。歷史到底算是什麼？歷史實在可笑。「他曾聽到過歷史和笑」一句話，使人聯想到《三國演義》開卷那首詞：「滾滾長江東逝水，浪花淘盡英雄。是非成敗轉頭空：青山依舊在，幾度夕陽紅。白髮漁樵江渚上，慣看秋月春風。一壺濁酒喜相逢：古今多少事，都付笑談中。」是非成敗、英雄懦夫，轉頭成空；歷史無非是笑談之資。這首詞充滿了嘲諷意味。〈上校〉的嘲諷性更強，嘲諷歷史之外，還有自嘲。從前持著刺刀，挺著機關槍，參加最大的會戰，如今則只有刮臉刀相伴，只有妻子的謀生工具縫紉機，發出軋軋的聲音。從前他參加的「戰鬥」是神聖的抗戰，現代的「戰鬥」則是求生的掙扎。妻子的縫紉機聲，使他的意識之流，回溯到抗戰的往事。那時，日軍的太陽旗使他畏懼，因爲自己可能被打敗，成爲俘虜。現在戰爭已結束多年，可是想起來仍然心有餘悸。瘂弦此詩末數行的字眼，極富多義性。「戰鬥」的兩層意思，剛才已經說過了。「俘虜」「太陽」也有兩層意思。回憶往事，那時畏懼被舉著太陽旗的日軍所俘虜，此其一。上校這一天在酷暑的炎陽下，眩暈不適，有被人俘虜的感受。換言之，這裡的「太陽」、「俘虜」等句，屬於直道眼前事物，是寫實，而非憶述往事的虛寫。（此詩寫於八月二十六日，時值盛暑，因此有以上的解釋）。其實我們不必那樣執著，這樣解釋末兩行也可以：冬季某日，退伍的上校在曬太陽，覺得溫暖舒服極了，好像成爲俘虜一樣。這裡的冬陽「俘虜」當然與上面所說的夏陽「俘虜」不同：上面的是驅英雄入塚那種「俘虜」，此則爲彷彿溫柔鄉的愛情俘虜那種「俘虜」。這第二個解釋似乎更好，此其二。這兩層意思是互爲表裡的，因今及昔，從眼前的太陽憶起從前的太陽旗。而太陽和太陽旗已經難以分辨了，正如歷史和笑沒有什麼區別一樣。

由此看來，此詩煉字實在精妙，細節的選擇實在高明。詩人於不聲不響之際，就作了今昔的諷刺。這正是反諷（irony）的當行本色。〈上校〉中的玫瑰和蕎麥，都寓有言外之意，是詩人精心煉字的又一證明。第一行的「另一種玫瑰」當指戰火中人流的血（這使人想起美國小說家克瑞恩《紅色勇氣勛章》形容血紅的傷口）。玫瑰本是可愛的花，象徵愛和熱情，但在戰火中的「玫瑰」則代表了恨和毀滅性的火。這也是一個反諷。第三行說「在蕎麥田裡他們遇見最大的會戰」，其中的蕎麥田，本是生產糧食、維持人類生命的地方，如今則成了戰場，人類在此拼個你死我亡。這一行與李白的「匈奴以殺戮爲耕作」（出自〈戰城南〉），異曲同工，也都充滿了反諷色彩。

好的詩，每個字都是生氣勃勃、在詩中充分發揮作用的。詩人每下一字，必有下此字的道理。〈上校〉正能夠作到這一點。不過，我對詩人用一九四三年這個年份的原因，不十分明瞭。當然，這首詩寫到抗日戰爭，而一九四三年是八年抗戰中的一年。不過，爲什麼不說一九四二或者一九四四年呢？到底一九四三年有沒有特殊的意義？也許這個年份對詩人有特別的意義，也許它只是詩人隨意拈來的。①

【註　釋】

① 一九四三年是抗日戰爭敵我雙方相持階段，戰鬥最爲艱苦。

——原刊《藍星》詩刊二十一期，一九八九年十月

論瘂弦的〈坤伶〉

——兼及現代詩與傳統詩間的一個問題

姚一葦

我喜歡瘂弦所寫的好些詩，但是我此間提出來探討的則是他所寫的一首小詩〈坤伶〉。這並不意味這首詩是我喜歡的或是最好的，而是取其簡短，因爲主編光中兄十萬火急文書，使我無法去思考那些較長、較大的詩篇。其次，我想通過這首詩來探試我國現代詩與傳統詩間的一個問題；這個問題在我的心中積壓了許久，想藉這個機會以就正於方家君子。

〈坤伶〉發表於四十九年八月出版之《筆匯》月刊，經收入作者詩集《深淵》，下面我所依據的爲晨鐘出版社五十九年初版《深淵》增訂本。原詩如下：

坤伶

十六歲她的名字便流落在城裡
一種淒然的韻律

那杏仁色的雙臂應由宦官來守衛
小小的髻兒啊清朝人爲她心碎
是玉堂春吧
（夜夜滿園子嗑瓜子兒的臉！）
「哭啊……」
雙手放在枷裡的她
有人說
在佳木斯曾跟一個白俄軍官混過
一種淒然的韻律
每個婦人詛咒她在每個城裡

這首詩一共是六小節，係採用第三人稱的敘述的形式。第一節，敘述她十六歲成名，但是這種成名，作者用「流落」來形容。「流落」是關鍵詞，是一篇之眼；她的名字的「流落」

正是她身世的「流落」，「流落」才使她的生命之曲成爲「一種淒然的韻律」。第二節，描寫她的美麗，在描寫美麗方面只凝聚在她的「杏仁色的雙臂」和「小小的髫兒」，一如韋莊的菩薩蠻中「鑪邊人似月，皓皓凝霜雪」一樣，正是以局部代全稱的手法。但是作者在此表現出他的想像力：「那杏仁色的雙臂應由宦官來守衛」，把我們帶入那侯門似海的宮廷；「小小的髫兒啊清朝人爲她心碎」，使我們想起當年在北平捧角兒的那些遺老來。不僅發人遐思，而且開啓了我們的記憶之門。第三段：「是玉堂春吧」含有雙重的用意，一方面是「夜夜滿園子嗑瓜子兒的臉！」中的玉堂春，亦即舞台上的玉堂春；而另一方面亦是她的身世之自道。「夜夜滿園子嗑瓜子兒的臉」在此展現出鮮明的意象，不僅表露出當年戲園子內的情形，而且讓我們看見那嗑瓜子兒的大爺們的嘴臉。這一句之所以加上括號，照我的解釋，因爲整首詩所描述的都是詩中主角，惟有這一句則是描寫戲園子，作者有意的添上括號，以示區別。但是就我看來，似乎是不必要的，因爲加上括號不僅在形式上破壞了整首詩之完美，而且在意義的宣洩上，是明明告訴讀者這兒有一個「結」，你要讀下去就得解開這個結，如果沒有括號，讀者豈非更加想像自由？同時那個驚嘆號也是多餘的，作者的目的不外是加強語氣，其實這句話的語氣已經夠強了。第三節描寫玉堂春演出情形，「哭啊……」是玉堂春上場時的哭頭「苦啊！」，此時她披枷上場，「那杏仁色的雙臂」正放在枷裡。其意義當然亦是二重的，一方面是描寫戲裡的玉堂春，另一方面是主角的自道。玉堂春在哭，亦是主角自己在哭。第四節揭開了主角生活的另一面，作者只用了一句話：「在佳木斯曾跟一個白俄軍官混過」。這是一句關鍵句，因為上面所述的三節都是泛指的，描寫的可以說是許多坤伶的際遇，能用在坤伶甲的身上，亦能用在坤伶乙的身上，是可以移置的。但是在「佳木斯曾跟一個白俄軍官混過」的坤伶只能是某一特定的坤伶，是不能移置的。因為詩不能只表現一般，也要表現特殊。正如描寫風景，不能老是一些眼前語，詩人必要透過層層障礙，深入事物之內在；必要捨棄浮詞，脫去俗套。這就是許多人的作品不耐讀的原因。第五節以「每個婦人詛咒她在每個城裡」，作為全詩之結束，那麼流言蜚語當不祇「在佳木斯曾跟一個白俄軍官混過」而已，作者冠之以「一種淒然的韻律」，以照應第一節。

全詩作者採取的為一種近似客觀的記錄形式，以「流落」一詞引起下文，而後揭開她的「流落」之事實；然而在記述中作者羼入了自己的情感，我們自「一種淒然的韻律」一語中，不難窺得作者對於她的綺年玉貌以及其身世的惋惜與同情。這一惋惜與同情並沒有構成呼號、怨懟或感傷的程度，以表露出詩人的節制，但亦沒有轉折或急轉（Peripety），所以只屬於單純情節的發展形式。從而使我們感到詩中似乎還缺少點什麼。

詩中究竟缺少什麼？關於這個題，我們必要自與一首西洋詩的比較中來瞭解。下面我舉羅賓遜（Edwin Arlington Robinson）之《李察・柯里》一詩為例：

Richard Cory

Whenever Richard Cory went down town,

We people on the pavement looked at him:
He was a gentleman from sole to crown,
Clean favored, and imperially slim.

And he was always quietly arrayed,
And he was always human when he talked;
But still he fluttered pulses when he said,
"Good-morning," and he glittered when he walked.

And he was rich-yes, richer than a king-
And admirably schooled in every grace:
In fine, we thought that he was everything
To make us wish that we were in his place.

So on we worked, and waited for the ligth,
And went without the meat, and cursed the bread;
And Richard Cory, one calm summer night,

Went home and put a bullet through his head.

李察·柯里

每次當李察·柯里進城時，
　我們在人行道上向他張望；
他從頭到腳都是位紳士，
　儀容整潔，氣派至尊何頎長。

他經常一身素淨的服飾，
　他談話時總是體貼人情；
可是他仍然令人心跳當他說，
　「早安」，他走起路來亮晶晶。

他很富有——是的，富逾王侯——
　各方面的教養都令人欽敬；
總之，我們認爲他的一切，
　都使人願具有他的身分。

就這樣我們繼續工作，等待天明，
食而無肉，詛咒麵包；
而李察．柯里，一個靜穆的夏夜，
回家去射一顆子彈穿他的頭腦。

這首詩如題所示，是描寫李察．柯里這個人，用的亦是第三人稱的敘述的觀點，前面三節可說都是對他的讚美；他外形的莊嚴、靜穆，他的通曉人情，他的富有和他的教養；他是一位眞正的紳士；「總之，我們認爲他的一切」，「都使人願具有他的身分」。第四節拿我們這些瑣碎而平凡的人來和他對比，我們只有工作和詛咒，我們沒有他的一切。可是最後：

而李察．柯里，一個靜穆的夏夜，
回家去射一顆子彈貫穿他頭腦。

這兒突然作了一百八十度的大轉變，形成亞里士多德所謂的「急轉」或「境遇的轉變」（reversal of situation）（見《詩學》第十一章），給讀者帶來了高度的意外感。

此種「急轉」或意外感，正是布魯克斯（Cleanth Brools）所謂的「弔詭的語言」或「弔詭的情境」。他在《弔詭的語言》"The Language of Paradox"一文中特別強調：「……

弔詭對詩而言，是適當且必有的語言，科學家的表達眞實必要自語言中消除弔詭的任何痕跡，而詩人所述之眞實，明顯地只有依據弔詭來著手。」（此文收入其所著：*The Well Wrought Urn*, Reynal & Hitchcock，一九四七年版）而「李察·柯里」所用的即係弔詭的語言，所表現的爲弔詭的情境。爲什麼這位我們大家所羨慕的、已擁有我們認爲一切的李察·柯里，他竟會自殺呢？而我們這些瑣屑平凡的人反而不會呢？這不就是邏輯上的詭論嗎？正因爲它是弔詭的，它所顯示的問題便非止於表面層，而遠爲深邃。因此我們必得要進一步來揭開它的隱秘。

布魯克斯將弔詭的語言或弔詭的情境作爲詩的必有語言，甚至作爲詩的惟一表現方法，雖然是過分的誇張，但是弔詭的語言卻是詩的重要表現方法之一；如照我的說法，所謂弔詭的語言或弔詭的情境，實際上，即是語言的對比或情境的對比。關於對比的性質與意義，我在《藝術的奧秘》一書中，言之甚詳，不擬再贅。下面我僅就本詩來討論。

這首詩所表現的正屬一種不平常、不相稱的情境，形成所謂的「情境的對比」，因爲這一位被我們所認爲已擁有一切的李察·柯里，應該是愉快的、幸福的，他不應該或不可能去自殺，自殺便越出一般的常情之外，便屬不正常。但是他畢竟自殺了，他的自殺是一個事實，事實是無法爭辯的。於是我們不能不就前面對他所觀察的發生懷疑。我們將會發現，我們所獲得的印象只是他的外表，而他的內心可能遠比我們痛苦。在「他走起路來亮晶晶」中會不會蘊涵著某種的徬徨與逃避呢？這就值得我們深思的了。

同時又構成「我們」（本詩的觀察者）與主角之間的對照；亦即以我們這些平凡的、瑣屑的人物來和這位整潔、文雅、教養、富有的紳士對比，而結果我們將發現整潔、文雅、教養和富明完全是虛幻的表現，完全落了空。此即所謂人物的對比，因此自此一情境的與人物中的對比中，當不難窺探出作者所流露出來的嘲弄的意味。他在嘲弄這位做作、掩飾下的李察·柯里，也在嘲弄那些只迷惑於一個人的外表的「我們」；同時他的嘲弄的意義尚非僅止於這一浮薄的表面層，他更嘲弄所有掩蔽於外表之下的紳士型的人物和只認衣冠的小市民；他在嘲弄整個人生。

這一種的嘲弄的意義便不是感性的，而是知性的；它不只是激發起吾人的情感的活動，而更刺激起吾人的思考的活動。我們不能不說瘂弦的〈坤伶〉似乎缺乏了這一層的意義，因爲在〈坤伶〉中，完全構築在我們認知的範圍之內，是我們經驗的世界中的表現，沒有布魯克斯所謂的「弔詭的情境」，沒有轉變，亦沒有意外感，自亦不具深厚的嘲弄的意義或人生哲學，使它仍然止於單純的抒情詩的範疇。

然而我要愼重指出的，雖然〈坤伶〉缺少上述對比與嘲弄的性質，仍然無礙其爲一首好詩，正因爲一首結構單純的抒情詩，仍然可以是一首好詩一樣。關於此點在我國傳統詩中，特別是律詩中，可以找到無窮的例證。下面我舉例來說明。

吳梅村：俠少

寶刀千直氣凌雲，俠少新參龍武軍。

柳市博徒珠勒馬，柏堂箏妓石華裙。

招權夜結金安上，挾策朝干王長君。

堪笑年年秘書客，白頭空守太玄文。

這首詩雖然堆砌了許多典故（按典故表現為語言的凝聚，可以以少數的語言，製造豐富的意象，我們大可不必盲目地去反對典故），卻全是用來描畫「俠少」。第一、二句描寫他的盛氣淩人和系出名門；第三、四句描寫他的稱雄一市與窮極奢靡；第五、六句描寫他的接受請托與結交權貴；第七、八句則以嘲笑文人來作結。因此我們可以說整首詩所描寫的沒有越出吾人所知的「俠少」的範圍，不具任何的轉變或意外。我想吳梅村的這首詩，絕非只把「俠少」作為一個「集合」來描寫，而必與某一特定的「俠少」有關，亦即必有所指之人或事（關於這一方面的研究已越出了我的能力與興趣範圍，恕我不能作深一層的討論）。但是這一點已無關重要。就詩而言，那一飛揚跋扈，出身貴冑的青少年的嘴臉已躍然而出。

我再舉劉長卿的《送李中丞歸漢陽別業》為例：

流落征南將，曾驅十萬師。

罷官無舊業，老去戀明時。

獨立三邊靜，輕生一劍知。

茫茫江漢上，日暮欲何之。

這首詩雖屬贈人之作，但通體係描寫李中丞這位老將。全詩以「流落」起，以「欲何之」作結；中間言其罷官，言其老去，言其任事之忠與勇。通首詩採取的爲直敘，並無轉折之處，是故作者主要的是表露對李中丞的際遇的同情與惋惜。雖然在惋惜之中，如「罷官無舊業，老去戀明時」或多或少含有對當政者的抱怨，但甚爲輕婉。蓋我國素來重視情感的節制，所謂「樂而不淫，哀而不傷」是也。

此種直敘的形式在我國傳統的詩中，是一種常見的手法；亦即作者直接抒寫出他的感情與意念，不含弔詭的或急轉的情境，不含或甚少嘲弄的意味，雖然在哲學的意義上是稀薄些，但仍然可以流露出眞摯的感情。瘂弦的這首詩，正是此一典型的傳統的方法的表現。

我更進一步認爲，〈坤伶〉一詩係脫胎於律詩，與律詩有某些血緣上的關係。當然我不是說它就是一首律詩，任何人都看得出無論句數、字數、聲律，都不相同，但是它在組織與結構上卻有極大的類似性，爲了證明我的說法，我嘗試將它改寫成一首律詩。

坤　伶

荳蔻華年窈窕身，鳳城風雨幾沉淪。
香肩合共宮娥侍；寶髻曾迷遜國臣。

佳木斯城憶滅燭；玉堂春曲最傷人。
此情尤有淒涼處，蜚語流言漫海濱。

如果將二首詩加以對照；一定可以發現，我仍然遺漏了不少東西，有的地方甚至加以顛倒。但是這是受了字數、句數、韻律與韻腳的限制。這是不可抗力的一件事。我可舉一事來說明。當我寫這首詩時，腹稿的打成是在下班的公共汽車上，當時得來容易，因爲瘂弦的原作已讀到可以背誦的程度。可是回得家來，爲了害怕出韻（我已多年不寫詩，韻已不熟），急忙翻出韻書來對，果然！有一個字屬庚韻，勢必要更換。而更換韻腳，眞是牽一髮而動全身，左改右改，均是不妥。直到第二天早晨在公共汽車上，才算定稿。我舉此例之目的，只是在說明律詩限制之嚴，無法逐字逐句照譯出來。但是我相信大體上或精神上是相符的。

因此我敢說〈坤伶〉是從傳統的律詩中蛻化而來的，保有一般律詩的基本結構；還不僅如此，即使在形式上與音律上也或多或少保有某種程度的近似處。例如：

那杏仁色的雙臂應由宦官來守衛
小小的髻兒啊清朝人爲她心碎

便具有排偶的性質。同時它是押韻的：「裡」「律」、「衛」「碎」、「啊」「她」等都押得很工穩。所以讀起來很是順暢，使我第一次讀它時就感到彷彿是在讀一首律詩。我是個在傳統文學裡浸沉過許多年的人，如果一首詩，用的彆扭的西化語句，連思想、結構、典故也全是自國外借來的，其間只有文字之別，那麼我爲什麼不去直接讀西方的作品呢？讀那種詩對我是一種苦刑，這或許就是我愛讀瘂弦的緣故吧。

在對照閱讀了瘂弦的原作與我的改作之後，無疑的瘂弦的原作優於我的改作。這並非因爲我的改作是全部借用瘂弦的原意之故，即使我的詩作在先，亦是如此。我想其中最主要的原因，乃是瘂弦所用的語言是生動的、新穎的、自創的，可以完全擺脫舊有的結束，而我所用的語言則無法避開陳詞套語，只能在習慣的（conventional）語言中翻滾。於是前者是詩人在支配語言，而後者是受語言的支配。兩相比較，相距千里。這一種的差距引發起我對於傳統詩（舊詩體）與現代詩（新詩體）之間的一個問題。下面我爲節省篇幅，僅就律詩來加以說明。

律詩始於唐初，在當時是新體詩。是以初、盛唐之作大多能保有它的質樸，在結構上一氣旋迴，大開大闔，所以勢壯境寬，味醇氣馥。至中唐爲之一變，境界漸窄，氣勢不厚，已無盛唐豪邁雄渾之風，然趣味之雋永，風格之秀雅，則有過之。晚唐又變，格調趨於輕靡，文詞雕鐫是尚。言情則縈迴婉轉，敘事則縹緲空靈。律詩之諸般形態，已盡於唐矣。宋代律詩之求新求變，可足述者，惟有山谷。然山谷之詩亦僅於聲律上破除限制，以拗、以拙取勝，如斯而已。後之作者，於詞藻、典故、句法、結構、聲律，已無法越前人窠臼。有清一代，詩人輩出，若王漁洋、袁子才，都是絕頂聰明之人。然而王漁洋之秋柳詩：「浦裡青荷中婦鏡；江中黃竹女兒箱。」袁子才詠簾之作：「珍珠顏色月波光，只隔遊蜂不隔香。」其遺詞造句、運筆構思，雖富巧思，無奈既乏深刻思想，又無眞摯感情，已成爲一種詩謎，一種文字遊戲。律詩至此，豈不使人惋歎！但是在我看來，我們實不能責怪他們，如果他們生於唐代，必是大家；如果他們生於今日，必是現代詩之健將。這是時代的限制，是不可抗力的一件事。

我國的舊詩體已經給前人寫盡了。律詩如此，其他形式之詩亦是如此。此種舊形式必將爲新形式所取代。是以當新文化運動一展開，新詩體亦跟著而來。因爲惟有新的形式的詩體才能表現現代人的思想、感情與生活，或者說才能更恰當地、更細緻地傳達出現代人生。但是我要指出的，我絕非否定舊有的形式，它們都有過輝煌的歷史，留下了許許多多的傑作，構成我們文化中的寶藏。我此間所要強調的只是今天我們已不能呆守著這種形式，我們亦無法再在僵化的陳詞套語中打轉。還不僅如此，即使你願意這樣做，你亦無法抗拒新的形式的來臨！

我們的新體詩已有了五十餘年的歷史；這時間雖不算長，但亦不能說短。可是直到今日仍未能成爲一個公衆所普遍接受的形式；至少讀者不廣。我們雖有許多的詩刊，但大都只在詩人之間流傳，很少能及於廣大社會，也就是說還未曾眞正生根於我們的生活之中。考其原因，我想可能是當新詩體一出現，立即受到西洋的影響，於是十九世紀末期以來所產生的各種流派，如高蹈的、頹廢的、象徵的、達達的、超現實的……一古腦兒的都闖了進來。我們知道這些流派全是西洋文化基礎上的產物，自他們的基礎上來看，當然有他們出現的理由，但並不表示在我們的文化基礎上亦具有同樣的理由；同時它們的出現有的祇是曇花一現，早已成爲明日黃花，可是我們卻仍舊視爲瓌寶。像這些舶來之物，與我們並無血緣上的關係，亦即它不是來自我們的社會基礎，亦非生根於我們的文化內在，當然便與我們發生隔膜，不可能使我們產生心理上的共感。以我爲例，有許多詩我之所以讀不進去，或許就是這個原因吧。

但是我並不是說我們要完全避開此種影響，事實上閉關自守的時代早已過去，我們已無法避免外來的影響；同時我一向認爲詩人盡可以嘗試他樂於寫的東西，盡可以傲慢或躲在象牙之塔內，這是他個人擁有的一分自由。所以我此間只是表示如果他要成爲一個公衆所接受的詩人，一個對我們的社會、文化發生影響的詩人，那他必要自我們的社會、文化的基礎出發，他必要與這凡俗的世間同甘共苦、共休戚，他必要表現與他的同胞心靈相通、血脈相連，他就不能自外於他的祖先的土壤與民族的傳統。

新體詩的產生也像其他新文化一樣，是時代的必然，沒有人能夠阻擋；但是它是傳統的延伸，而不是無根的杜造，新體詩與舊體詩之間必有某種血緣上的關聯。如果只有橫的移植，使創作與翻譯的作品等同，那是詩人本身自外於他的國人，自外於他的讀者。而瘂弦的〈坤伶〉沒有這樣的毛病。在這首詩裡他揉合了傳統與現代，中國與西洋。在語言上他將古老的語詞安裝在現代的語法裡，例如「流落」是古老的語詞，但是運用在「十六歲她的名字便流落在城裡」，便屬詩人的筆觸，全新的意象。在結構上，他將傳統的律詩的結構化爲現代詩之形式。在思想與感情上亦與傳統有某種程度的的相關。（前已言之甚詳，不擬重複。）凡此種種都表示瘂弦如何小心地冶傳統與現代於一爐，而求不留痕跡，不管他是否已成功到若何的程度，他的此種用心與表現總是値得讚揚的。

自瘂弦的這首詩使我興起了一點感想。我認爲當新體詩的出現，解除了形式的諸般限制之後，詩人自舊有的桎梏中掙脫出來，應該有劃時代的作品出現的。因爲每一新的形式的產生，如唐詩、宋詞、元曲，都有過它的黃金時代，新體詩自亦應如此。自此點言，律詩恐怕還是小道，而眞正震古鑠今的鉅製，如杜甫的北征、自京赴奉先縣詠懷五百字、三吏、三別、兵車行、麗人行、哀江頭……，李白的蜀道難、夢遊天姥吟留別、將進酒……，白居易的長恨歌、琵琶行等，不僅表現出詩人自身的心胸氣度、他的情感和意念，也刻畫出那個時代的精神面貌，而成爲詩史。我們正是期待這一類的作品出現，以能承先啓後，繼往開來。這就是我此刻馨香祝禱的。

——選自姚一葦著《欣賞與批評》，民國七十八年七月，聯經出版公司出版

導讀瘂弦的〈坤伶〉和〈一般之歌〉

張漢良

坤伶

十六歲她的名字便流落在城裡
一種凄然的韻律

那杏仁色的雙臂應由宦官來守衛
小小的髻兒啊清朝人爲他心碎

是玉堂春吧
(夜夜滿園子嗑瓜子兒的臉!)

『哭啊……』
雙手放在枷裡的她

有人說
在佳木斯曾跟一個白俄軍官混過
一種淒然的韻律
每個婦人咀咒她在每個城裡

【導讀】

論者嘗謂瘂弦善用戲劇手法。筆者願就這一點來談談他的〈坤伶〉。如果我們把抒情詩與戲劇分置主觀藝術與客觀藝術的兩極端，會發現抒情詩的焦距是主體（subject- focused），但見詩人發洩一己之情緒，客體（包括外在世界與讀者）不存在；而戲劇的焦距是客體（object-focused），說話者隱藏不見，他的情緒或觀念延至客體，或委托於人物，讓讀者旁觀，因此戲劇是比較摹擬（mimetic或 represen-tational）的文類。具體的表現便是抒情詩的觀點是第一人稱的、有限我的；戲劇的觀點是第三人稱的、全知的旁觀者。前者的語言是洩露自己的陳述或形上陳述（meta-discourse）；後者的語言是敘述（包括不帶情緒色彩的描述）。

在〈坤伶〉中，作者隱身幕後，以淡漠的語調描繪一個女戲子。這種人物素描詩，很自然地迫使說話者的觀點凝聚於一外在實體，而非內心的情緒。作者非常精簡地以許多片斷的意象勾勒出坤伶的身世。「十六歲她的名字便流落在城裡」，「流落」點出她的漂泊生涯，「淒然的韻律」暗示她賣唱的行業。第二段的兩行具有兩層功能：㈠交待動機，即她由何時、何處流落而來，清宮是一個可能的答案；㈡有較複雜的社會寫實的象徵意義，暗示一個朝代的流落。第三、四段接二段的「淒然的韻律」而來，作者藉「玉堂春」這齣戲，更具體地說明主角的行業，而這典故的運用，使得坤伶坎坷的命運與起解蘇三的命運發生暗喻式的連繫。三段括弧內（「夜夜滿園子嗑瓜子兒的臉」）包含兩層歧義：㈠簡單的筆觸繪戲園子裡客人捧場的景象；㈡繪坤伶的容貌——瓜子兒臉。如果這歧義能夠成立，客人嗑的便是兩種不同的瓜子兒。這種男女關係由五段的「在佳木斯曾跟一個白俄軍官混過」承接。而「白俄軍官」與第二段的宮廷意象平行對位，兩者皆有朝代更換的文化影射，皆與「流落」的主題有關。末段的「每個婦人咀咒她在每個城裡」再度強調坤伶的漂泊生涯，就意象關係而言，「每個城裡」接「佳木斯」而來；而婦人的咀咒與三段「嗑瓜子兒的臉」的大爺們復爲對位，爲現實社會男女關係的寫照。

此詩的結構嚴謹之極，「流落」的主題與「韻律」這個時間性的音樂意象在語意上密切結合，「韻律」復爲坤伶的換喻。在這種情形下，坤伶本身便是流落的了，因此這首人物素描詩，著「流落」一詞境界全出。

姚一葦先生認爲本詩節奏由律詩蛻變而來，筆者對傳統詩缺乏瞭解，未敢置喙，謹錄姚先生改寫的律詩，以供讀者對照欣賞。

坤伶

荳蔻華年窈窕身，鳳城風雨幾沉淪。
香肩合共宮娥侍；寶髻曾迷遜國臣。
佳木斯城憶滅燭；玉堂春曲最傷人。
此情尤有淒涼處，蜚語流言漫海濱。

一般之歌

鐵蒺藜那廂是國民小學，再遠一些是鋸木廠
隔壁是蘇阿姨的園子；種著萵苣，玉蜀黍
三棵楓樹的左邊還有一些別的
再下去是郵政局，網球場，而一直向西則是車站
至於雲現在是飄在曬著的衣物之上
至於悲哀或正躲在靠近鐵道的什麼地方
五月已至
總是這個樣子的
而安安靜靜接受這些不許吵鬧
五時三刻一列貨車駛過
河在橋墩下打了個美麗的結又遠了
當草與草從此地出發去佔領遠處的那座墳場
死人們從不東張西望
造化緩緩推動
喪鐘究竟爲誰鳴？

而主要的是那邊露台上
一個男孩正在吃桃子
五月已至
而安安靜靜接受這些不許吵鬧

他們創造了這麼樣子的一個地球
然後一小點一小點地又把它偷走
從一隻長長的木匣子那裡
——你知我說這話的意思？
而安安靜靜接受這些不許吵鬧

【導讀】

二十世紀的文學理論強調文學的無我性（impersonality）與客觀性（objectivity），因此戲劇表現手法成爲各種想像文學的圭臬。無論小說或詩，「展示」（showing）都重於陳述（telling）；作者應避免主觀的介入。詩人尤應採用戲劇手法：諸如以內在獨白或面具身份（persona）敘述；文字或意象應權充劇中人演出，而非僅作爲詩人描寫或抒情的工具；以對比、並列、邏輯跳躍（包括語法切斷與時空切斷）等手法造成詩的張力。隨著無我、客觀與戲劇性的抬頭；有我、主觀與抒情性逐漸式微。

瘂弦的〈一般之歌〉，標題便顯示出死亡是普遍的經驗。作者先讓一連串的景物呈現：

鐵蒺藜那廂是國民小學，再遠一些是鋸木廠
隔壁是蘇阿姨的園子；種著萵苣，玉蜀黍
三棵楓樹的左邊還有一些別的
再下去是郵政局、網球場，而一直向西則是車站

這些意象透過攝影機鏡頭的運轉，逐一出現；表面看來，除了寫景外，本身似乎沒有作用。第二段開始

五時三刻一列貨車駛過
河在橋墩下打了個美麗的結又去遠了

攝影機隨著移動的列車與河水，展現出野草蔓延的墳場以及安靜的死者。接著作者引用了一個典故「喪鐘究竟爲誰鳴？」（"for whom the bell tolls"），出自英國詩人鄧約翰（John Donne）的「冥想錄十七篇」，點化出死亡的普通經驗。下一段突然出現在露臺上吃桃子的男

孩。這個生動鮮明的生命意象，與前面死亡並列，產生了戲劇的張力。至此讀者才發現男孩子與詩一開始的國民小學有相互呼應的關係，死亡無所不在的主題才顯現出來。末段我們讀到死亡「從一隻長長的木匣子那裡」，把地球「一小點一小點……偷走」，再回頭看看第二段的貨車意象，與第一段的「至於悲哀或正躲在靠近鐵道的什麼地方」，突然領悟貨車原來扮演著生命到死亡這個過程的象徵角色。

在這首詩裡，作者一直隱身幕後，祇在每段結束時用了一個介入的重覆句（refain）：「而安安靜靜接受這些不許吵鬧」，推動全詩的進展。這句話的語調有如小學老師說教，與全詩冷靜淡漠的語調並列，又造成了張力，充分表現出兒童對死亡的無知與成年人對它無可奈何的感覺。本詩的成功，正由於詩人借用外在景物，把自己的情緒客觀化；換言之，運用了戲劇的展示手法。

——選自《現代詩導讀》，一九七九年故鄉出版社出版

瘂弦筆下的三個人物

——坤伶・上校・二嬤嬤

鍾玲

瘂弦描寫人物的詩章，大多篇幅簡短，手法獨到，內容精練。他在一九五六到一九六〇年間，共寫了十多首人物素描，而其中又以〈坤伶〉、〈上校〉和〈鹽〉三首詩①，特別受詩評家的注目。然而諸家的評析，有些太短，難免遺漏了要點。有時對字義有不同的詮釋，導致不同的看法。例如說，對〈坤伶〉一詩女主角，即那位女戲子的身世，諸家就持不同的看法。蕭蕭和梁書業認爲：她是「滿清貴族的後裔……如今淪落爲戲子」②。文曉村卻認爲：她不一定是貴族後裔，只是「麗質天生，應該是當皇后做公主」③。那麼到底這女戲子是什麼出身？在這麼短的一首詩（共一百零九字），瘂弦有沒有交代她的身世？我在這篇文章中，希望能探討瘂弦筆下這三個人物——坤伶、上校、二嬤嬤——的眞面貌，並且討論瘂弦塑造人物時，運用的各種手法。

1 〈坤伶〉

十六歲她的名字便流落在城裡
一種淒然的韻律
那杏仁色的雙臂應由宦官來守衛
小小的髻兒啊清朝人爲他心碎
是玉堂春吧
（夜夜滿園子嗑瓜子兒的臉！）
「哭啊……」
雙手放在枷裡的她

有人說
在佳木斯曾跟一個白俄軍官混過
一種淒然的韻律
每個婦人詛咒她在每個城裡

此詩的第二小節，是蕭蕭、梁書業及文曉村各持異議的焦點：

那杏仁色的雙臂應由宦官來守衛
小小的髻兒啊清朝人為他心碎

蕭蕭和梁書業把「應」字解作理所當然的「本來應該」之意，因而推斷坤伶是貴族的後裔。問題出在清人的貴族之家是沒有宦官的，只有帝王之家王爺府中才有宦官。因此這兩行詩不可能暗示她是貴族之後，蕭蕭和梁書業的說法是不能成立的。這個「應」字，應該是假設語氣。就像李後主〈虞美人〉中，「雕闌玉砌應猶在，只是朱顏改」的那個「應」字用法一樣。文曉村說她「麗質天生，應該是當皇后做公主」。此說雖不中亦不遠矣。「守衛」二字有帝王視之為禁臠的意味，暗示如果她生長在帝王時代，就可能像楊貴妃一樣，因麗質天生而選為嬪妃，得帝王之專寵。

由詩中我們知道，這位坤伶十六歲就開始唱戲了，那麼她的年代可考嗎？至少我們知道，她開始唱戲那年，不得早於一九一一年，即辛亥革命之年，因為清朝自康熙以後，就勒令不許女子唱戲，因此一九一一年前，根本沒有女戲子。這位坤伶在舞臺上的活躍時期，約在一九一一年至一九三〇年左右。因為詩中說「在佳木斯曾和一個白俄軍官混過」。帝俄顛覆於一九一七年冬，大量的白俄貴族和軍官，逃難湧入中國東北。而與坤伶有一段情的白俄軍官，照理說，不會是個老頭兒，應該是個英俊的青年。如果算這個青年一九一七至一八逃亡來東北時，是二十歲上下，他們兩人的一段情大約應該在一九一八至一九三〇年之間發生。既然一九一一年以前沒有女戲子，那麼詩中那些「心碎」的「滿清人」根本不可能存在。既然清朝人根本沒聽過她的戲，心又如何碎起呢？姚一葦解說，心碎的是捧角兒的滿清遺老④。不過，如果眞是指遺老，爲什麼不說「遺老」，而用「清朝人」呢？我想這一句同前句一樣，也是假設語氣：如果她生在清朝，或爲名妓，或爲名優，她楚楚可憐的風韻，會令王公貴族痴迷，爲她心醉。明末清初的名妓，如陳圓圓、董小宛，都是名震一時，公卿士人爲之傾倒，且兩位美人都有入宮之說，更能呼應詩中「宦官來守衛」的說法。清人，鈕琇說，陳圓圓因其美色與歌藝，給崇禎之后選入宮中，因爲當時田妃擅寵，皇后欲進陳圓圓以分其寵⑤。又有一流行的附會之說，認爲董小宛曾蒙清世祖召入宮中承恩。這一小節在全詩中非常突出，因爲不是寫現實中的那位坤伶，而是詩人假想，認爲她生錯了時代，以致不能享受榮華富貴，又用古代的美人名妓，來襯托她的絕色，暗示如果她早生幾百年，也是董小宛、陳圓圓一流的人物。

瘂弦如何描繪這位絕色美人呢？主要透過別人對她的看法來寫她。全詩採用了詩人的敘事觀點，但詩人又述說了觀衆及說她閒話人們的觀點。讀者可以由很多人的觀點來認識這位坤伶，至於她的外貌，著墨很少，只簡單描寫她的雙臂和髻兒。陳述方面，瘂弦用戲劇的手法，在她的一生之中，只挑了三個重要的事件，幾筆一勾，卻勾得栩栩如生。第一個事件寫她十六歲開始唱戲就竄紅了。不寫她舞臺出場的盛況，而拓展了空間，寫整個城對她的反應：「十六歲她的名字便流落在城裡」。「名字」如何「流落」呢？這頗可玩味。我想是指她一出道就艷名四播，城裡的男人禁不住紛紛談論她，但總帶幾分輕薄，因爲她是女子，她的名字由一個人口中傳到另一個人口中，就像風塵女子由一個男人手中流落到另一個男人手中一樣可憐。事實上，女戲子的生活相當悲慘淒涼，她們大多出身貧寒，成爲名角兒以後，就變成人家的搖錢樹，家人生怕她結了婚就不再唱戲賺錢，常會阻止她嫁人，所以她們常唱到年老色衰。而她們每到一個新地方唱戲，還要應付當地的富豪、官紳、軍閥，淪爲他們的玩物。難怪她們會用浪漫的愛情向命運抗議了。瘂弦所挑的第三個事件，就寫她與「一個白俄軍官混過」。想來必是這位坤伶一次浪漫的抗議。「混過」兩個字暗示她是個淫蕩的賤女人，大家蜚短流長地說她閒話，但這是一般人的觀點，詩人的觀點卻大不相同。我已經討論過第二小節中詩人對她美色推崇備至，並惋惜她生錯了時代。而且詩人又用「淒涼的韻律」點出自己對坤伶的同情。

瘂弦所選的第三個事件，是她唱「玉堂春」時，戲園子裡的實況。玉堂春，即蘇三。原是妓女，也以色藝事人，遭遇可憐，我想這是瘂弦選這個戲目的原因。「枷」字象徵女戲子身不由己，如囚犯的一生。蕭蕭對「夜夜滿園子嗑瓜子的臉」的詮釋，值得商榷。他說這句「以（）括住，是一句嘲諷式的描述，描述聽戲的人那種滿不在乎的輕鬆表情，『是玉堂春吧！』隨口問出而已，一面聽戲一面嗑瓜子兒，加強了坤伶的淒苦無人理會」。第一、「是玉堂春吧」應與上下文一致，是詩人追憶她的往事，而非出自當時聽戲人口中。第二、括弧中那句的重點是在「滿園子……的臉」，表示她紅極一時，夜夜滿座。嗑慣瓜子就知道，嗑多了，會變成下意識的舉動。觀衆可以一面嗑，一面全神貫注地看戲。因此文曉村的說法是正確的，他說這句表現「戲院裡觀衆對飾演玉堂春的坤伶的痴迷情形」。蕭蕭指出：「嗑瓜子兒的臉」是一語雙關，也可讀成欣賞坤伶的「瓜子臉」，眞是慧眼獨具。而且還應該注意：瘂弦形容她的雙臂爲「杏仁色」，爲什麼不用「霜」「雪」「玉」「象牙」「月白」來形容呢？我想，「杏仁」與「瓜子」呼應，這是用食慾來影射觀衆對舞臺上坤伶的意淫心態。而且杏仁與瓜子不是正餐吃的，多是休閒時吃的零食。而儘管坤伶紅極一時，對一般觀衆而言，只是供他們消磨時間罷了。

結尾一小節中又重複了一次「一種淒然的韻律」，瘂弦非常善於靈活地運用重複手法，暗藏玄機。第一次用「淒然的韻律」，是指坤伶不但身世飄零，而且成爲男人口上輕薄、心中狎玩的對象。第二次用這句話時，她已成爲每一個城市中所有婦女詛咒的賤婦。大概因爲她們的丈夫、兒子，或情人不少迷上了她，在戲園子流連忘返，令她們妒火中燒，坤伶的色藝成爲很大的威脅。縱使她紅遍天下，男人卻都視她爲玩物，女人都輕蔑她、嫉恨她，天下雖大，倒眞沒有這位可憐女子的立足之地了。

2 〈上校〉

那純粹是另一種玫瑰
自火焰中誕生
在蕎麥田裡他們遇見最大的會戰
而他的一條腿訣別於一九四三年
他曾聽到過歷史和笑
什麼是不朽呢
咳嗽藥刮臉刀上月房租如此等等
而在妻的縫紉機的零星戰鬥下
他覺得唯一能俘虜他的
便是太陽

這首詩寫一個上校退伍後的窘困生活及他抗戰時期的往事。余光中對這首詩的詮釋，雖然簡短，卻體察入微⑥。例如說，他點出「妻的縫紉機的零星戰鬥」這個意象，有「蒙太奇的味道」，時而是縫紉機軋軋的聲音，時而是上校當年在戰場上的機關槍聲。余光中又指出上校曬太陽是一語雙關，亦可聯想日本的太陽旗。黃維樑也說得好，說這首詩富於戲劇性，好像一齣小小的獨幕劇⑦。黃維樑與余光中看法一致，認爲上校曬的太陽是冬天的太陽，不是夏天的太陽，我也贊成「冬陽」的說法。因為由第七行的「咳嗽藥」推測，冬天的可能性較大。這位退了伍的斷腿上校，患了氣管炎，房子裡太太的縫紉機又吵，他百般無聊，不如到院子裡去曬曬太陽，暖暖身子罷！

這首詩最後四行是用生活細節拼湊而成，而且是精選的細節。黃維樑已細細分析了這四行與開頭四行之間，意象的關聯。不過余光中和黃維樑對前五行的詮釋，我倒持有異議。他們基本上認為這首詩是諷刺戰爭的、嘲諷歷史的。黃維樑認為「蕎麥田，本是生產糧食，維持人類生命的地方，如今則成了戰場，人類在此拚個你死我亡……充滿了反諷色彩」。對「他曾聽到過歷史和笑」一句，兩位詩評家把「笑」解為「嘲笑」，認為歷史只不過是「笑談之資」。我的看法剛好相反：認為這「笑」應當是嘹亮的、豪情壯志的笑聲。而前四行亦無「諷刺戰爭」之涵意，我認為，相反的，歌頌了戰士英勇作戰的精神。

「他曾聽到過歷史和笑」的他，應是指這位上校。在一九四三年，即抗戰中他腿受傷的那一年，他至多是個中校，一個小軍官。如果他能「聽到過歷史」，當是指這個小人物參與了扭轉歷史的大事件，面對面地見到歷史的創造和誕生。在那一剎那，他會有不朽的感覺，會有創造時勢的英雄感，因此他的笑，不會是「嘲笑」，而是豪情壯志的笑。一九四三年發生過什麼重大的戰役呢？一九四三年一月有大別山區之役，在河南的南部，國軍由日軍手中收復了立煌、商城、潢川、光山、大湖等失地。一九四三年三月至六月之間，有湖北西南部的戰役，五月大捷，國軍收復了公安、石牌等失地⑧。湖北西南部以稻產為主，而河南南部種稻也種麥，既然詩中說上校在蕎麥田中打這場杖，大別山區之役的可能性比較高。

頭兩行的玫瑰花意象，用了「純粹」「火焰」「誕生」的字眼，這些都是正面的字眼，而玫瑰在西方文學的傳統，象徵熱情和美。在戰爭之中，如果有什麼可以比擬這麼美、這麼光輝不朽的玫瑰，應是指軍士愛國的熱情和犧牲的精神，尤其是抗戰期間愛國的情緒非常高漲。余光中把火焰中的玫瑰比作上校腿上的傷口、傷疤，黃維樑解作戰火中流的血，亦無不可。一個象徵的內涵，需是放射性的，同時可以有很多重涵意。然而黃維樑說，此玫瑰代表了恨和毀滅性的火，相信是誤解。這位上校當年在戰場上，心中應該充滿了愛國情操，拋頭顱、灑熱血，在所不惜，斷條腿算得了什麼？……「訣別」二字用得亦莊亦諧，頗有滿不在乎的英雄氣概。而他在蕎麥田中作戰，更加奮勇，因爲他正保衛祖國的生產和土地。爲什麼這首有關戰爭的詩，竟會引起南轅北轍相反的見解呢？我想這都是瘂弦惹的禍，誰叫他用「歷史和笑」呢？「笑」字用得太曖昧。如果用「他曾聽到歷史和豪笑」，不就沒有問題了嗎？

正因爲前五行慷慨激昂，後面上校退伍以後的落魄才有特別強烈的反諷力量。〈上校〉一詩在形式方面也下了工夫，與內容結合。第一行到第四行的字數分別是9、6、14、14。而第五行至第八行的字數則分別是9、6、14、13。因此頭四行和次四行是相呼應的。前四行寫光榮的過去，次四行是反省和現實。瘂弦沒有四行一小節地排下去，故意把這格律打破，孤立了第五行，想是強調第五行的重要性，因爲此行點出此上校一生之中高潮是什麼時刻，在那一天，他接觸到不朽，他生命中只有那一天光輝燦爛，而那一天也導致他後半生的痛苦和不如意。而由第七行至最後一行，字數愈來愈少（14、13、10、4），想是配合內容，表現上校目前百般無聊、乏善可陳的自棄心情。

3

〈鹽〉

二嬤嬤壓根兒也沒見過退斯妥也夫斯基。春天她只叫著一句話：鹽呀，鹽呀，給我一把鹽呀！天使們就在榆樹上歌唱。那年豌豆差不多完全沒有開花。

鹽務大臣的駱隊在七百里以外的海湄走著。二嬤嬤的盲瞳裡一束藻草也沒有過。她只叫著一句話：鹽呀，鹽呀，給我一把鹽呀！天使們嬉笑著把雪搖給她。

一九一一年黨人們到了武昌。而嬤嬤卻從吊在榆樹上的裹腳帶上，走進了野狗的呼吸中，禿鷲的翅膀裡；且很多聲音傷逝在風中，鹽呀，鹽呀，給我一把鹽呀！那年豌豆差不多完全開了白花。退斯妥也夫斯基壓根兒也沒見過二嬤嬤。

在〈鹽〉這首詩中，瘂弦表現對受苦受難小人物那種悲天憫人的情懷。這位二嬤嬤是北方人，因爲詩中再三提到榆樹，榆樹是北方的樹木。由第二段我們知道她住的地方離海邊約七百華里，即三百多公里，大約在河北西部或山西東部太行山一帶。由第三段我們知道她在一九一一年十月以前就已死了。詩中對二嬤嬤生平的交代並不多，我們只知道她吃不到鹽，她家可能是種豌豆的，可是年年收成不好，後來她瞎了眼，但眼瞎與沒鹽吃關係不大，可能因爲營養不良所致，最後她上吊自殺死了。她一生一定受了很多苦，令我們聯想到成千上萬在饑荒中死去的中國老百姓，劉紹銘說得對：「二嬤嬤雖無名無姓，在本詩的地位，卻是民國以前一切苦難的中國人的百家姓，是陳李張黃何，是歐周胡馬麥。」⑨

這首詩的震撼力是由其語調（tone）產生的。通篇用旁觀者的口氣，敘述二嬤嬤的故事。在表面上，語調冷然，漠不關心似的，但內容卻非常尖銳地揭發了殘酷的事實。表裡的差距愈大，張力愈大，對讀者的撞擊也愈大，這也是一種反諷的手法（irony）。例如說，第一段中，二嬤嬤明明很可憐，卻用「春天」、「天使」、「歌唱」這些光明而歡愉的字眼，令讀者感受到天地不仁，命運太殘酷。第二段中，二嬤嬤要的明明是鹽，老天卻給她雪。雪也是白色，顏色形狀都像鹽，但卻寒冷刺骨，二嬤嬤這時大概已經瘋了，要不然幹什麼大雪天，瞎了眼，還在外面一面走，一面叫要鹽呢？

到了第三段，一九一一年武昌革命成功，又指望有個好的收成，好日子終於近了，二嬤嬤受了太多苦，卻等不及，先死了。她是用自己的裹腳布上吊死的，榆樹在前兩段是天使駐足之處，到第三段，卻是她上吊的地方，這也是反諷手法。瘂弦對二嬤嬤之死，處理手法非常獨到。不直敘她曝屍荒野、凸眼吐舌的可怖死貌，卻以生擬死，把她屍身被禿鷲、野狗吃了的慘事，寫成一種輕描淡寫的步行：「二嬤嬤卻從吊在榆樹上的裹腳帶上，走進了……」這是全詩中表裡之差距最大的一句，眞是，驚心動魄。瘂弦還著意經營色彩的效果。鹽和雪都是白色，天使的袍子也是白色，最後開的豌豆花也是白色。全詩瀰漫這純潔寧靜的白色，與二嬤嬤慘痛的一生成強烈對比，更襯托出她瞎了眼以後的黑暗世界。

二嬤嬤雖然是個卑微的小人物，瘂弦也透過她來寫大時代，寫辛亥革命。還透過她來諷刺政治，第二段點出，中國並不缺鹽，駝隊揹著許多鹽包去內地，鹽多得很，只是到不了二嬤嬤這種窮老百姓手中。大概因爲清末政治腐敗，鹽務大臣是個貪官污吏，勾結鹽商，抬高價錢，即使有鹽運到鄉下，二嬤嬤也買不起的。

這首詩首尾各出現一次退斯妥也夫斯基這位俄國作家的名字。爲什麼瘂弦把二嬤嬤和這位俄國作家，兩個不相干的人拉在一起呢？瘂弦說：他寫〈鹽〉這首詩的時候，是「受到超現實主義表現技巧影響的階段，把兩個完全無關，絕不可能遇合的人或事『遭遇』在一起，正是超現主義的慣用手法之一」⑩。超現實主義Surrealism常用非邏輯性的表現方法，把內心由理性的控制解放出來，以呈現潛藏內心的活動。因此儘管表面上放在一起的意象似乎漠不相關、不合邏輯，但必有其內在潛藏之邏輯性。例如商禽的〈木星〉中有一句：

菜鏟子舞動著，聲響是受驚的鳥從熱鍋中飛起。

炒菜和鳥飛是兩件根本扯不上關係的事；但鏟子刮鍋的聲音，其尖銳、其快速，與鳥之受驚，鳥飛之速，也有相似之處。那麼二嬤嬤和退斯妥也夫斯基有什麼相似之處呢？瘂弦爲什麼不選莎士比亞，爲什麼不選托爾斯泰呢？我們的中國老太太與這俄國作家倒有一點相通之處：退斯妥也夫斯基——Fyodor Dostoyevsky（一八二一—一八八一）的作品主要描寫人類心靈的痛苦，他可以說是描寫痛苦的大師。二嬤嬤一生受盡了苦，可以說是痛苦的化身。本詩的第一句說二嬤嬤沒見過這位作家，這是當然的事，一個鄉下窮老太太，怎麼會見過大文豪呢？聽都沒聽過。但到結尾反過來說這位大文豪沒見過二嬤嬤，就很感人，因爲他雖說是描寫痛苦的大師，二嬤嬤一生所受的苦楚，他卻沒見識過，因此大文豪應該感到遺憾。此詩中，瘂弦還巧妙地重複了另一句話，即「鹽呀，鹽呀，給我一把鹽呀！」因爲到第三段的時候，讀者本不期待二嬤嬤會嚷這句話的，因爲她已經死了，而且屍骨不存。但這句詩話竟又出現了：「且很多聲音傷逝在風中，鹽呀，鹽呀……」瘂弦不必點明說：二嬤嬤死得不甘心，就是吃進了野狗禿鷲的肚子，她的魂還不忘要吃鹽呢！瘂弦的巧妙地重複這句話，就表現了二嬤嬤的冤屈，難怪有些學生告訴我，讀到這一句，他們都忍不住眼中的淚水！

【附註】

①瘂弦，《深淵》（臺北，晨鐘出版社，一九七〇年），〈坤伶〉在一三七—一三八頁，〈上校〉在一三三—一三四頁，〈鹽〉五七—五八頁。

②蕭蕭，〈詩的各種面貌〉，《燈下燈》（臺北，東大圖書有限公司，一九八〇年），二〇三—二〇六頁。梁書業，〈也談瘂弦的「坤伶」〉，《中外文學》，第三卷，第三期（一九七四年八月），一六五—一六七頁。

③文曉村，《新詩評析一百首》（臺北，黎明文化事業公司，一九八一年），一五九—一六一頁。

④姚一葦，〈論瘂弦的「坤伶」〉，中外文學，第三卷第一期（一九七四年六月），一八六—一九八頁。

⑤鈕琇，觚賸，卷四，「圓圓」。

⑥余光中，〈新詩的賞析〉，《中報月刊》，第一卷第二期（一九八〇年三月），五六頁。

⑦黃維樑，《怎樣讀新詩》（香港，學津書店，一九八二年），一七九—一八三頁。

⑧魏汝霖，《抗日戰史》（臺北，國防研究院，中華大典編印會，一九六六年），四七八—四八〇頁。

⑨劉紹銘，〈瘂弦的「貓臉的歲月」〉，傳香火（臺北，大地出版社，一九七九年），一二〇—一二三頁。

⑩瘂弦給鍾玲的信（一九八三年五月三十一日）。

——原載《現代文學》（復刊第二十二期）

已收入作者著作《文學評論集》（時報出版公司印行）

試釋瘂弦〈如歌的行板〉

周寧

原詩

①溫柔之必要
肯定之必要
一點點酒和木樨花之必要
正正經經看一名女子走過之必要
君非海明威此一起碼認識之必要
歐戰、雨、加農砲、天氣與紅十字會之必要
散步之必要
溜狗之必要
薄荷茶之必要
每晚七點鐘自證券交易所彼端
草一般飄起來的謠言之必要。旋轉玻璃門

12之必要。盤尼西林之必要。暗殺之必要。晚報之必要
13穿法蘭絨長褲之必要。馬票之必要
14姑母遺產繼承之必要
15陽臺、海、微笑之必要
16懶洋洋之必要
17而既被目爲一條河總得繼續流下去的
18世界老這樣總這樣：——
19觀音在遠遠的山上
20罌粟在罌粟的田裡

（五十二年寫於香港）

透視

欣賞一首詩時，可採用的態度有二：

①追尋作者創作時那一瞬間所深入的感情（或其詩想），迫使自己也契入此領域裡，分享作者所有的感動；

②完全排除上述客觀的欣賞態度，全然以自我爲出發點，以自己瞭解的程度，主觀而放任地接受詩的衝擊。

這二種欣賞的態度，一是無我的，一是有我的。二者均有可取與局限之處，事實上，由於欣賞者各有不同的背景，以及與創作者在時空和感悟上的顯著差異，難以求得一種同一頻率的共鳴——我說這些話，是在表明我試圖剖解瘂弦這一首詩，也許無法做的恰到好處，我沒有把握能準確地抓住作者在創作時的心情，更沒有把握使其他的欣賞者也懷著與我相似的觀點，我的工作是希望自己是站在一個寬廣的意識基礎上，提出我的看法，盡可能地去擊中每一根心弦（共鳴）。

我以爲一首詩的欣賞——若要眞正得到瞭解，必須透過這位詩人的其他作品，尋出其思（詩）想的行跡，始能眞確地掌握了詩中眞義。就是說，一首詩不要獨立來看（多麼偏狹），在詩人的一生中，詩想固然有即興的，但其觀察與表達，依然脫不了一種觀念（或是意識形態）的指導，整體而言，它仍是一脈相承的，有著它特殊的「脈絡意義」。換句話說，就是要在「整個的」瞭解中，去爲每一首詩的意義「定位」。當然，對一首膚淺的，惟求技巧上炫耀的詩，是用不著費這樣大的心血，因爲，對這種詩人而言，詩與文字相比，詩成了其次的事，他們把詩看成文字的魔術，詩被文字奴役了，詩在一項對傳統用辭的解放中，又被禁錮在新的文字獄裡，除了拙劣的賣弄，所剩無幾。一首詩的眞正價值，應是作者的人生態度的呈示，一面有著自己活生生的生命，一面對身處的時代和社會以同情的態度企求接近，而能說出它普遍的心聲出來，詩的價值由此分爲二端，詩人詩品的高下，也由此判然而明。

簡而言之，詩人應有最敏感的觸鬚，有著廣博的同情意識，一顆社會的心。瘂弦的詩，顯然屬於我所讚揚的一類②。如歌的行板——就是一首基於此一意義的好詩。

由野荸薺而深淵，由深淵而如歌的行板，這一條線索告訴著瘂弦的轉變，瘂弦的每一首詩的欣賞，都應如此在整個系脈的瞭解裡，切實地讀出它的「品性」。

如歌的行板，表現的是什麼？

——瘂弦對人生的看法。

全詩一共分爲三段：

①1到10爲第一段。

②11到16爲第二段。

③17到20爲第三段。

實際上只是二段。第一、二段的分割，約係爲了形式和效果上的要求，避免在視覺上予人冗長厭倦之感，增加詩的美感與魅力，在整首詩的意義上，1到16是一個單元，最後四行是一個單元。

第一單元中，如催眠地奏出種種之必要，作者帶著詼諧而揶揄的口吻，把許多事情拼湊起來，表面上似各不相干，實際上卻被納入同一主流裡，即是：一切均屬必要。從溫柔之必要到看一名女子……加農砲……溜狗……暗殺……微笑……懶洋洋……之必要，如音樂節拍一般，將詩的氣氛一下子孕育的非常豐厚，使得最後出現的嚴肅主題，得到調協的相襯。所有的所謂必要正是社會的衆生相，個人在這工業社會中的地位與價值多麼渺小，所具有的影響力也是微乎其微，不論你喜歡或不喜歡，世界依舊照著它預定的行程推進，像一條容納衆流的浩蕩大江，帶著生命與泥沙，暗啞地哼著：

> 17而既被目爲一條河總得繼續流下去的

這一句與18句，在整首詩中負著承接的作用，一面使第一單元長串的壓力，到此得到緩衝，一面由此接續出最後的主題。一條「河」的意義，在全詩中的含義非常特出，它給人在意象與視覺上的象徵性的滿足：

①從1到16句浩浩蕩蕩如一長江的意象。

②如18句中的「：——」符號，表達了河的形式，也有使18句的意義產生往下延伸的作用。河也給人另一種感悟：

③這個社會和世界是河（能納衆流）。

④時間是河——緜延不斷③。

⑤人的本性是河④。

種種的必要告訴你，既然世界像河一樣「老這樣總這樣」——一點點酒和木樨花是不可缺的，散步是必要的，薄荷茶調劑著生活情趣，穿法蘭絨長褲是新的時髦，繼承遺產豈能放棄不要？——一切均爲我們生存所必需，人在這種環境裡的生活態度，無非是使一切站在定位，維持著它們的本性，像：

19 觀音在遠遠的山上
20 罌粟在罌粟的田裡

不必去強求秩序，不必枉費心機企圖改變秩序，不如順乎自然萬物的本性，順著河流「繼續流下去」，秩序自會在其中出現，若是堅持要扭曲現狀，悲哀就會注入生命的骨髓裡，遺恨一生。

追 踪

詩中強烈地表現出定命觀念。作者對世界和社會持著一種現實的、中庸的觀點，保持了客觀的距離，以局外人清醒而冷然的目光，注視這社會萬象。這種心態多少表達出這一代青年的心理狀態——中國百十年來不斷的動亂，生命變得低賤無值，似乎每一個動人的口號都有成千成萬的屍體堆積來顯示它的不朽。人的價値如同隕星般飛落，跌的粉碎，這些悲劇不都是人妄想超越上帝的手⑤來安排自然萬物新的秩序所造成的？人爲什麼不能學的更謙虛呢？瘂弦不是沒有雄心過，在詩裡，他曾如此自白：

有這麼一個人
他眞的瘦得跟耶穌一樣
他渴望有人能狠狠的釘他
（或將因此而出名）[6]

他渴望著榮耀並成爲耶穌一樣地不朽，可是在冷酷的現實裡，他畢竟沒有去學做虛無的神，深刻的洞察力，使他瞭解人的平庸本質，而悽然地唱道：

但白楊的價格昂貴起來了
鋼釘鑽進摩天大廈
人們也差不多完全失去了那種興緻
再去作法利賽或聖西門那樣的人[7]

介紹著自己，也介紹了這一代青年人的心境，他們內心的欲望與苦悶。爲什麼普世的年輕都有著逃避責任的傾向，害怕背負精神的十字架？以屈於現實作爲反抗現實的方法，現實扼殺了人性，人怎能容忍著這些，究竟如何走得出這種困惑？瘂弦的內心何嘗沒有掙扎的痛苦，在〈瘋婦〉一詩中，他借著蓓薇絕望的口吻悲問：

只是瑪麗亞，你不知道
我眞發愁靈魂究竟給誰才好⑧

給誰才好？上帝或撒旦？都不？那應該怎樣才能擺脫這份沉重的壓力？瘂弦在迷惘裡最初的答案只是高喊：「哈里路亞，我仍活著」⑨，以乎，活著是比什麼都重要的事，於是，人便墮落到深淵裡了，變成四肢動物：

去看，去假裝發愁，去聞時間的腐味
我們再也懶於知道，我們是誰
工作，散步，向壞人致敬，微笑和不朽
爲生存而生存，爲看雲而看雲
厚著臉皮佔地球的一部份。……⑩

也許瘂弦在這一時期的心情相當陰鬱，也許瘂弦是以此詩爲武器，針對某些頹廢敗壞者所作的諷刺和批判——他們由於對現實過於冷淡與無情，使人退化成行屍走肉，失去了靈魂，但如歌的行板裡，瘂弦卻已走出迷惘，明朗地步入現實的核心，找出所需的答案，體悟到順應自然萬物本性的至理，寧肯採取一種中庸的人生觀，不偏不倚地，不妄想做神，也不甘心做獸，學做一個堂堂正正的「人」。這就是瘂弦在〈如歌的行板〉中要表明的意思吧。

由這樣的系脈來讀〈如歌的行板〉，應有較深刻的領悟。瘂弦的詩大致上是入世的，他的博愛胸懷使他經常化身爲許多形像⑪，以他稟賦的識力，吐述出他們的心聲，我說瘂弦具有一顆「社會的心」，便是此理。一個詩人，若不具有此等敏銳的觸鬚，就寫不出不朽的作品。他的詩裡常帶進了思想，以批判的態度，把握住社會的共相，速寫出事件或人物的特質，或許，我們必須透過他的詩作，才能對廣大的社會群衆有更深的認識，或許我們必須透過他的詩作，才能更清楚瞭解我們自己。

〈如歌的行板〉，寫的通俗而不晦澀，新詩的前途若是朝向這一指向，燦爛的未來當可指日而待。

其　他

這首詩連帶地使我想到尼采的名言：

「對於整個的組織，美麗乃其餘事。」⑫

當有些詩人們，鑽入堆砌辭藻的牛角尖裡，日夜謀計使駢體文復辟，企圖以空靈的美君臨詩壇；或走上一條更晦澀的路，以割裂的意象，把詩肢解而引入歧途；更有些愛帶著詩稿上床的詩人們，壓迫新詩墮落成性經驗的記錄；我想，瘂弦所探索的方向，對這些人而言，在立意與取材、表達的經營上是具有啓示性的，他的題材走出了個人狹隘的自我意識的範域，向人生與社會親切地垂目，開拓了新的局面。在語句上，不斤斤計較去求新奇求美，全心全意以詩的著意和結構取勝，讀著尼采的話，作爲一個新詩的愛讀者，不知是否有權利向詩人要求使「美」成爲詩的次要目標？讓更多的同情與愛充滿在詩人的心靈，以社會的知覺，唱出大家共有的心聲。

這該不是過份的請求吧。

【附註】

①爲便於分析查閱而分行編號，原詩無編號。

②葉珊認爲瘂弦的詩背後有一種「極廣闊深入的同情」，而且讚美他的詩「是從血液裡流蕩出來的樂章」——相信每一位瘂弦詩的愛讀者，都會有「吾心亦有戚戚焉」之感吧。

③請讀〈如歌的行板〉第十八句。

④請讀〈如歌的行板〉最末二句。

⑤上帝——不是指狹義的某一宗教崇仰之神，而是意指此一宇宙世界的秩序賦有者，也許是一種尙莫能名的大力而已。

⑥⑦引自瘂弦詩〈剖〉。

⑧引自瘂弦詩〈瘋婦〉。

⑨⑩引自瘂弦詩〈深淵〉。

⑪ 試讀他的〈上校〉〈坤伶〉〈馬戲的小丑〉〈棄婦〉〈瘋婦〉〈水手〉〈C教授〉……等作品。

⑫ 引自尼采〈啓示藝術家與文學家的靈魂〉。

——原載《幼獅月刊》

——選自《橄欖樹》一九七六年二月「書評書目出版社」印行

瘂弦〈如歌的行板〉與國王的新衣

游社煖

故事

大概在一九六四年間①，黑髮黃臉、身居臺灣的瘂弦爲身居臺灣的黃臉黑髮們寫新詩，題目是〈如歌的行板〉。他先寫下了：

1溫柔之必要
2肯定之必要
3一點點酒和木樨花之必要
4正正經經看一名女子走過之必要
5君非海明威此一起碼認識之必要

這時候，一個惡作劇的念頭閃過詩人想像豐富的腦袋，於是筆下詩句有如脫韁的馬，一下子跑得老遠老遠：

6歐戰、雨、加農砲、天氣與紅十字會之必要
7散步之必要
8溜狗之必要
9薄荷茶之必要
10每晚七點鐘自證券交易所彼端
11草一般飄起來的謠言之必要。旋轉玻璃門
12之必要。盤尼西林之必要。暗殺之必要。晚報之必要
13穿法蘭西絨長褲之必要。馬票之必要
14姑母遺產繼承之必要
15陽臺、海、微笑之必要
16懶洋洋之必要

不要以爲詩人突然瘋了，那是因爲他想起了黑髮黃臉的文學工作者，特別是詩人們，當時實在是開口海明威、閉口艾略特，不但賣弄西方的現代主義和存在意識，甚至把文學大師們的牙慧也翻成濫調。憑著從他們作品中得到的印象，痖弦仿著他們的口吻寫出了這樣一連串的意念，作爲對他們內心的表露，以達到諷刺的效果。

爲了把自己對這些「必要」的態度表現得更清楚，詩人特別鄭重其事地寫下了末段的四行：

17而既被目爲一條河總得繼續流下去的
18世界老這樣總這樣：——
19觀音在遠遠的山上
20罌粟在罌粟的田裡

一九七八年，臺北書櫃雜誌社舉辦了一個「瘂弦作品賞析會」，包括瘂弦自己在內的十二位詩人、評論家應邀發言②，談論作品之一，正是這首〈如歌的行板〉。眞教人吃驚，詩中十四項分明屬於大家存在時空以外的事物被硬說成「必要」，竟然沒有一個人認爲不合理，更不會有人指出作者諷刺的意圖了。

發言人A說：「表現了十年前的現代人生活的無聊與無可奈何。」③（按：就詩的內容來看，涉及的「現代人」正是黑髮、黃臉，依發言人A的見解，他們的生活方式就是散步溜狗、穿法蘭絨長褲、繼承姑母遺產……。）

發言人B說：「背景大概是香港……所處理的是特殊高度文明社會百態」④（按：背景沒有可能是香港，所處理亦非「百態」，這位發言人全不覺察許多「必要」只是荒謬的意念。）

發言人C說：「痖弦寫這首詩是『存在主義』十分流行的時候，年青人喜歡談點存在、死亡、無望啊，痖弦技巧的把這些現象引用到詩句中，使人產生時代感、節奏感」⑤（按：詩人是否感到荒謬，有無加以諷刺，這位發言人還是沒有道出。）

發言人D說：「使用的動景，是比較為人工化地勉強配在一起的。……這些缺乏內在必然性的「動景」，我們看了總覺得它雖較含有西方人生活的色調與情境，但無論是西方人或是東方人都不易從這些動景中使心感世界能自然地獲得較切實與清晰的感覺，這種在詩中所引起的疏離感，正是因為景在經過想像予以策劃在詩中出現，卻與靠近實際生活中的心，缺乏有機與深切的交換。⑥（按：看出了那是勉強配合在一起的西方事物，卻不知道這是有意顯示此等意念的荒謬以及作者諷刺的意圖。）

發言人E說：「借用很多西洋事物，……以西洋事物入詩是否也是為了保持距離？這首詩表現了中國的中庸精神，各種必要代表一種平凡的生活方式。」⑦（按：分明看出是西洋事物，卻不以強說作「必要」為反諷，反而誤指為黑髮黃臉的生活方式及中庸精神。）

發言人F說：「……以萬般無奈的一種方式去反映生活，因此，十九種『必要』是一種反諷，其實它所指涉的應該是『非必要』，河『總得』流下去，世界『總』這樣，不論什麼樣的戰爭、享受也無非如此而已，那有『必要』可言？」⑧（按：可以看出，這位發言人認為：所指涉的事物並非人們主觀上的必要，無奈卻是客觀上的必然。他並沒有指出，當中許多事物非但不是客觀上的必然，而且簡直是不可能。）

其他發言人沒有涉及這個問題，包括瘂弦自己在內。

這個賞析會的情況，教我們想起國王的新衣這個童話。硬將不可能的事物都指爲必要，卻沒有一個人認爲荒謬，這跟直指無物爲新衣，卻無人敢直說爲無物，不是同樣教人啼笑皆非嗎？

申辯

以不可能爲必要，跟以無物爲新衣，似屬同樣荒謬，可是前者既屬一首現代詩的內容，便不應相提並論，要求像後者那樣一看便清楚。爲了先顯示我個人的見解跟其他論者的差異，上文才誇張地取用了故事化的寫法，並且在一些發言的引文後加上了按語。筆者因何獨持與衆不同的見解？當然非作一番申辯不可。

除了上述賞析會之外，還見過一篇討論此詩的專文，持論跟其他論者相似。下面引錄一個對此詩看法作全面交代的片段，作爲針對一些問題提出商榷的根據：

> 作者帶著詼諧而揶揄的口吻，把許多事情拼湊起來，表面上似各不相干，實際上都被納入同一主流裡，即是：一切均屬必要。……如音樂的節拍一般，將詩的氣氛一下子孕育的非常豐厚，使得最後出現的嚴肅主題，得到調協的相襯。所有的所謂必要正是社會的衆生相，個人在這工業社會中的地位與價值多麼渺小，所具有的影響力也是微

乎其微，不論你喜歡或不喜歡，世界依舊照著它預定的行程推進。⑨

第一：所謂「一切均屬必要」，只是表面的結論，詩人在6至16行的具體內容裡藏著一個明顯的秘密：這14項所謂：「必要」，事實上都是非必要，甚至是不可能，在我們處身的時空裡。

這些內容，都是美國現代文學名著中最爲國人熟識的事物。例如，「歐戰、雨、加農砲、天氣與紅十字會」，全跟海明威生平事跡有關，也是滲透在他的名著《戰地春夢》中的事物；「晚報、穿法蘭絨長褲」等，不止一次在艾略特詩中出現。其他像「證券交易所、姑母遺產、盤尼西林、洋臺等」，亦是在一些美國文學名著中不止一次見過。

似乎衆論者對這14項「必要」事物的時空特點欠重視，因此沒有考慮作者是否有意仿著一些忘記了身份的人底口吻去硬說必要，以達到諷刺他們的企圖。

第二，所謂「必要」不是社會的衆生相，只代表一些人的意念。如果涉及的是黑髮黃臉，這樣的衆生相究屬不可能，要是作他們的意念，倒是很有代表性。論者似乎忽略了：無論前面是一件事情或物件，或者一種行動，加上「之必要」後即成爲一個意念，不再是什麼現象的呈現。全詩自1至16行，都是一個接著一個意念的閃現。

這些意念當中，只有開始2項屬於一般的抽象說法，其他都包括具體事物的描述，如：

10每晚七點鐘自證券交易所彼端
11草一般飄起來的謠言之必要。

（分段）

這種句子維持了詩所應具備的意象性以及與一般語言的距離，卻引致論者的誤解。他們認爲這些必要代表生活方式，其實只能算是對某種生活方式的想法或態度。又有人認爲此詩像瘂弦其他作品那樣，「動景的呈現很具戲劇性」，其實只可能算是具有蒙太奇效果而已。

還有，這些事物本身沒有時空上或者因果上的內在聯繫，那正是一連串閃現意念的特點，而且正需要這樣，才能突出脫離現實的虛妄。只有捉錯用神者才會引爲詬病。所謂「使用的動景，是比較爲人工化地勉強配在一起的」，並且「引起一種疏離感」，其實都不是敗筆。

第三，本詩要表現的對象，還是土生土長的黑髮黃臉，並非沒有一定時空的現代人，也不可能是「高度文明的」或者西方「工業社會中」渺小的個人。從下面二行：

4正正經經看一名女子走過之必要
5君非海明威此一起碼認識之必要

我們可以感覺到屬於我們自己社會環境以及道德觀念的限制，因此人物身份已是十分明顯，第6行開始所顯示的異國情調，只可能是他們意念中的存在，是逃避現實的幻想而已。

除了4、5行以外，跟異國情調有衝突的，還有結論性的末兩行：

19 觀音在遠遠的山上
20 罌粟在罌粟的田裡。

這顯然又把讀者的注意拉回到東方。無論6至16行的超現實性有多強，詩人還是立足在東方的現實上去表現所涉及人物的心態的。

第四，此詩一再出現了轉折，呈現了環境與意念的衝突，並非由始至終的直線發展。「之必要」之間固有衝突而它們亦並非「使得最後出現的嚴肅主題，得到調協的相襯」。依我看來，末段並非承上而下的結論，而是逆著6至16行而作的反諷，儘管末段的調子還是無可奈何的，確如論者所謂「不論你喜歡不喜歡，世界依舊照著它預定的行程推進，像一條容納衆流的大江」。由於東方的現實與意念中的西方之間的對比，我們不應接受以下的說法：

這一句（指17行）與18句，在整首詩中負著承接的作用，一面使第一單元（指19項必要）長串的壓力，到此得到緩衝，一面由此接續出最後的主題⑩

第五，論者似乎都把此詩包括6—16行所表現的意念也看作是症弦的夫子自道，或者作爲他所認同的現代人的戲劇獨白（dramatic monologue）。其實，這首詩的字句不可能看作純粹一個人的內心表白。

這一點從轉折部份的語氣可以看到。首先，從4、5行感到的現實桎梏，一轉而爲脫離現實的意念，一個表示轉折語氣的詞也沒有。在轉入末段時，形式上也只有一個「而」字：

> 17而既被目爲一條河總得繼續流下去的

這麼重大的衝突，卻只平淡地轉來轉去，只有作爲對此等問題早有認識的旁觀者才會有此口吻，一個自道思想矛盾的人是不會用上如此若無其事的語調的。

此詩的表現形式，不過是詩人以旁觀者的身份，對某些人的意念作假想的描述，特別是仿著他們的口吻來道出第6至19項「必要」；第4、5行是提示，末段才說出自己的見解，以作對比，顯示矛盾。由於作者對現實亦抱無可奈何的態度，因此只用輕輕的口吻去嘲諷，而用深深的迷惘去表示人的無能爲力。

節奏

「如歌的行板」（andante cantabile）本來是柴可夫斯基弦樂四重奏第一號D大調第二

樂章的節奏說明。瘂弦借用來作此詩標題，相信爲的是強調此詩的節奏特色。在這方面其他論者未作較具體的分析，筆者冒昧地試作探討，主要是爲這個音樂的標題所吸引，並且要檢查自己對此詩內容的見解能否與詩的節奏協調。

從1至16行，「之必要」三字重覆地出現，產生十分強烈的節奏。每一個「之必要」可以代表一個樂句的終止，而每一行大致上可以代表一定數目的小節，時値相等。基本上一行就是一個樂句，只有10、11、12及13等行是例外——第10至11行間是較長的樂句，12、13每行超過一個樂句。這樣看來，詩行的字數少，即相當於音符的時値長，詩行的字數多，則相當於音符時値短。

詩的開端是整齊而徐緩的

1溫柔之必要

2肯定之必要

然後一行的字數越來越多，逐步發展至可以代表19個音符（包括3個可看作休止符的頓號）的：

6歐戰、雨、加農砲、天氣與紅十字會之必要驟然間，音符的擴散終止了，節奏又收斂爲先前那樣徐緩、整齊的：

7 散步之必要
8 溜狗之必要

因爲節奏完全相同，突出了這兩行與開頭兩行之間的呼應，明顯地加強了本來因內容的對比而產生的嘲諷效果。

樂句接著又開始第二次的擴散，並且連續出現了各種變化：

10 每晚七點鐘自證券交易所彼端
（分段）
11 草一般飄起來的謠言之必要。旋轉玻璃門

這裡一個樂句擴散爲25個字，時值幾乎是其他樂句的兩倍，旋律亦變得繁密細碎，而且連綿不斷。特別突出的，是在間不容髮的當兒，「彼端」之後屹然中斷，未完的句子竟然分行甚至跨段，然後在11行續完，有飛越峽谷之險，令人屏息。

不料在「謠言之必要」後，未起新行便開始了下一個樂句，以示接得很緊，而且又在下

一行出其不意地一口氣出現了4個「之必要」，每個樂句的時值幾縮至一般的四分之一，而且是由最長的樂句（第10至11行）一轉而爲最短，時值對比幾乎是八比一，可見節奏變得急促，使「暗殺之必要」特別矚目。然後從13行開始，節奏逐步回復徐緩，直至收斂爲字數接近最少的：

16 懶洋洋之必要

無論節奏或內容，同樣顯得有氣無力。

經過停頓，到了末段，「之必要」驟然消失了，只押普通的單字行末韻，形式是abba，抑揚效果減弱。作爲樂章的一個部分來看，這可算是第二主題的出現，顯示一種由特殊回復一般狀態的轉變，跟詩句內容的發展，實在配合得很好。

大略地與瘂弦如〈歌的行板〉比較，柴氏同名樂章的第一主題亦有較強的抑揚節奏，開始的時候同樣地較爲單純、徐緩，後來同樣地出現了較爲頻密的變奏，也有近似開始樂句的重覆。音樂主題的情調很富韻味，教人著迷，跟瘂弦詩句表面的超現實色彩亦可算協調。柴氏此樂章第二主題描繪性似乎較強，跟詩末段強調客觀現實的詩句亦頗吻合，節奏上的抑揚亦同樣減弱，旋律沒有第一主題那麼令人印象深刻。由此可見，瘂弦是有意給這首詩配上近似這個樂章的節奏的。

據說，〈如歌的行板〉這個樂章的主旋律，是柴氏對一位壁爐工人邊哼邊唱的節奏，正是一種舒放的抑揚節奏。這首詩正具有相同的特點，題作〈如歌的行板〉，是十分適合的。可是，柴氏這個樂章的第一主題，聽來是純粹的抒情，給人一種完全優美的情調。瘂弦借用了它的名目，而且在節奏上亦近似，是否意味著情調上亦必定相同而且必須相同呢？回答都是否定的。

單就節奏的特點來看，瘂弦這首詩自1至16行都以「之必要」三個字的重覆作爲韻腳，並且四度出現爲行內韻。這樣過重的韻腳只能帶來諧謔式的一搖三擺，不再是一般的眞摯抒情。看來作者是意識到這個特點，因爲到了態度認眞的末段，即回復常態，給人以切實的感覺。這樣諧謔的節奏，跟這部分內容隱藏著的反諷是完全協調的。

通過誇張的模仿去表示諧謔，是常用的手法。在音樂創作上，用這樣的變奏去表現新主題，也是常見的方式。使一首詩具有一個樂章的節奏，已經是夠別緻的嘗試，可是瘂弦更要加以變奏，因爲這樣非但有例可援，而且足以加強詩的獨創性，添上意想不到的妙趣。

串講

全詩19項「必要」，十分突出，帶來強烈的無可奈何的感覺，好像一切都已注定，人是完全無能爲力。涉及的事件，從怵目驚心的歐戰、暗殺、到無聊的穿法蘭絨長褲、散步、溜狗，卻是同樣地無可避免。人類的精神需要，如人與人之間的溫柔和肯定，跟瑣碎的物質需要，如一點點酒、木樨花、薄荷茶，卻一視同仁。這些無可奈何的意念對人類的價值觀念是很大的諷刺。

另一方面，從具體內容看來，許多「必要」分明不屬於我們存在的時空，卻硬插進去，顯得時空錯亂，撲朔迷離，如入迷幻之境，充分發揮了超現實手法的作用。於是一時間覺得無奈、迷惘，不能不讚嘆此詩的感性效果。依照瘂弦自己詩貴可感的準則⑪，這可算是一首成功的作品。

細看之下，19項「必要」可以劃分爲三個部分。開頭二項，溫柔與肯定，是重視精神價值的基本追求，是屬於一種思想。第3至第5項，顯示現實環境與禮教觀念的掣肘，是一種無可奈何的認識。其餘14項「必要」，以剪貼自美國文學名著的一幅斑駁的超現實畫來代表無可奈何的逃避意念。這三者——理想、現實、逃避意念，表面上是渾然一體，實際上卻是彼此牴觸，互相矛盾。

涉及的一連串事物，本身沒有內在聯繫，可是作爲意念的內容，還是可以串合起來，顯示一定的發展層次。

作爲開端，追求的是人與人之間的溫柔，個人與社會之間相對的肯定，即是起碼要求得到愛和尊重。可是現實所容許的，卻是十分有限，把人的地位貶得很低。首先是物質上有限制，然而很有限的一點生活小享受（一點點酒和木樨花）還是爭取的對象，可見人已屈身爲物質的奴隸，而可以換到的卻是可恥的報酬。其次是不能像外國人那樣自由地聽隨自己的志趣去愛、去生活和工作，禮教與環境迫使他認識到：

正正經經地看一位女子走過之必要
君非海明威此一起碼認識之必要

爲什麼要提到海明威呢？因爲大家都知道，他可以依自己的選擇在歐戰中參加紅十字會工作，在二次大戰中作戰地記者，甚至以個人身份參與盟軍對德軍的戰鬥，留下許多英雄事蹟，而且在工作上有成就，成爲諾貝爾文學獎得主。

上述意念顯示的處境，跟「溫柔」「肯定」有明顯的牴觸，於是意念中出現時空的轉移，向西方認同。可是，這並不符合追求的初衷，只是一種存在、失落意識的追隨。我們的逃避者在意念中跟西方人一樣，因一場不可逃避的戰爭而對生命感到懷疑與失望，無可奈何地過著無聊的生活，認爲散步、溜狗、飲薄荷茶等生活細節，都成爲必要。另一方面覺得惟有唯利是圖，出入證券交易所、投機取巧。這種文明社會不得不充滿矛盾，既以進步的醫藥來救人（盤尼西林之必要），卻也在殺人（暗殺之必要）。但這一切都不是爲了什麼，人依然是過著平淡無聊的生活（晚報之必要／穿法蘭絨長褲之必要）。終於還是認爲要發財（馬票、遺產），才能達到躊躇滿志的地步（陽臺、海、微笑、懶洋洋）。

從「溫柔之必要／肯定之必要」的追求初衷，轉爲「溜狗、散步」的追求初步結果，對照之下，已覺得不對勁。再發展到「陽臺、海、微笑、懶洋洋」，那是追求的終點，好像已達到了追求的目的；其實，只有庸俗的人才會把「溫柔、肯定」看作是那回事。這樣的結局顯示：一個人不但對客觀環境無法左右，甚至不能控制自己的意志，只有任由它們發展。其中微妙深刻之處，並非三言兩語可以盡言，例如「微笑之必要／懶洋洋之必要」等，實在捕捉住了具有一點名譽地位以及財富的紳士淑女的表情精髓，其他全部「必要」的內容，都同樣滲透著西方小資產階級的趣味以及迷惘。

末段的出現，有如陽光照臨，迷幻的意念一掃而光，再也沒有什麼必要或不必要。一條現實的長河，理所當然地、不用辯解地繼續流下去。這顯示了現實之所以爲現實，既有過去，亦有將來，無始無終，卻不是爲了什麼，亦不爲人的意志所左右。實際的存在壓倒一切。然而，瘂弦所呈現的現實世界，在掃除了那許多虛幻的「必要」後，卻顯得空洞無物，使人感到更深的無奈與空虛。

觀音，神聖的救世主，只屬信仰或迷信中的存在，比較什麼歐戰、交易所等西方事物更爲虛幻，而在四周的，是「罌粟在罌粟的田裡」。這使我們想起了曾經毒害國人，引起國恥國難的鴉片。那是罪惡的象徵，是屈辱的禍根，是外國人販賣給我們的災難。細想之下，眞教人怵目驚心，儘管作者不作任何提示，顯得若無其事。在寫出14項追隨西方的意念之後，瘂弦在結尾令人想到鴉片，不知是否有更深的用意？

餘音

假如筆者沒有弄錯，瘂弦〈如歌的行板〉要諷刺的，正是一種忘記了本位的現象。那一等人在想到、看到或寫到西方的時候，往往只以「現代」視之，不會去強調那是西方，而不是中國本身。當時一些作家及詩人們，對此已經習以爲常，甚至自己也以西方的觀點看西方的事物，完全忘記了自己的傳統和自身的處境，只要談到「現代」，便沒有了中國這回事。於是，不少所謂現代主義的作品，便完全排除了以自身爲本位的觀點和角度，簡直變爲西方人在寫西方，有時甚至是西方人在寫中國了，因此看來跟外國作品的中譯無異。

假如筆者眞的沒有弄錯，瘂弦〈如歌的行板〉諷刺的對象，正包括了這首詩的衆論者們。創作時把所處理的空間「超越到另一個遙遠的空域中去」⑫並無不可，甚至在「超越」時忘記了或者擺脫了自己的本位，那還是自己的事情。最不可思議的，是對於像〈如歌的行板〉中那樣一時東方一時西方的轉移，竟然看作渾然一體，全不察覺在我們黑髮黃臉當中（即此詩所顯示的本位時空裡）以美國文學名著裡面的事物爲必要之謬。

童話中以無物爲新衣，那是人性的虛僞；衆論者以不可能爲必要，肯定不是虛僞，只可能是因爲習慣而以假爲眞。可是在衆論者言之鑿鑿下，我眞有點不敢肯定自己的見解了。所有「聰明人」都持不同的看法啊，我難道不是唯一的愚蠢的人嗎？

不要忘記，在上述賞析會中，瘂弦自己也在場。可能因爲他認爲：

從嚴格的意義來說，詩唯有自己解釋，否則它就不能解釋。一切圍著那首詩自轉的喧吸之聲，（批評）都是無謂的，偏差或「愚昧」程度的不同而已。⑬

所以聽完衆人「喧吸」之聲後，完全沒有把眞相揭曉的意思。只是他的發言中有一段話，認爲此詩主題涉及社會諷刺的我也許可以引爲註腳：

五〇年代（民國），如果寫東西十分赤裸的話，保守的社會、文學界不接受，政府當局也不可能接受，……。有人說五〇年代的詩沒有社會性，是在自我的追尋中打圈子，說這話的人沒有仔細檢查當時的作品……。⑭

然而，瘂弦畢竟沒有像我那樣指出此詩諷刺的意圖以及衆人的謬誤。我們固然寧願他是隱瞞眞相的騙子，可是，他不是絕對沒有可能是招搖過市，以無物爲新衣的國王：那實在太令人啼笑不得了。

還是希望筆者沒有弄錯吧。

——原載香港「抖擻」雙月刊第四十期（一九八〇年九月出刊）

【附註】

① 此詩刊出日期爲一九六四年六月十日，見《創世紀》二〇期。

② 十二位詩人、評論家姓名及發言內容見蕭蕭編著《現代名詩品賞集》，聯亞出版社，一九七九年，頁一九七—二三二。下面所引均爲發言原文，但不錄姓名，以免讀者對發言人有先入爲主的不良印象。

③④ 同②，頁二〇六。

⑤ 同，頁二一二。

⑥ 同，頁二一六。

⑦ 同，頁二一九—二二〇。

⑧ 同，頁二二三。

⑨ 周寧〈試釋瘂弦「如歌的行板」〉，見文集《橄欖樹》，書評書目出版社，一九七六年，頁九—一〇。

⑩ 同⑨，頁一〇。

⑪ 瘂弦〈詩人手扎〉，見《深淵》，頁二三一。

⑫ 魏子雲〈詮釋管管的三首詩〉，見張默、管管主編《從變調出發》普天出版社，一九七二年，頁一一九。

⑬ 同⑪，頁二四〇。

⑭ 同②，頁二三〇。

試論瘂弦〈無譜之歌〉

何志恒

一、前言

瘂弦（王慶麟）自一九五二年開始寫詩，至一九六五年停止創作，〈深淵〉是瘂弦十五年詩歌創作生涯的一個「總結」。①

對於瘂弦的詩，張默在《中國當代十大詩人選集》中有以下的意見：

> 瘂弦的詩有其戲劇性，也有其思想性，有其鄉土性，也有其世界性，有其生之爲生的詮釋，也有其死之爲死的哲學，甜是他的語言，苦是他的精神，他是既矛盾又和諧的統一體，他透過完美而獨特的意象，把詩轉化爲一支溫柔而具震撼力的戀歌。②

洛夫也認爲瘂弦的詩：

> 語言是甜美的，底層卻是苦澀的，風格是抒情的，抒情的背後則具有思想性。③

張默和洛夫一致認爲瘂弦的語言是甜美的，底層卻是苦澀的，然而是否所有瘂弦的詩都是這樣的呢？爲了進一步探討瘂弦的詩的眞貌，本文以下將就《深淵》詩集卷之三〈無譜之歌〉裡的六首詩的內容主題和語言加以討論，本文的討論範圍將包括〈無譜之歌〉、〈酒巴的午後〉、〈遠洋感覺〉、〈死亡航行〉、〈船中之鼠〉、〈水手．羅曼斯〉六首詩。

二、〈無譜之歌〉之內容主題

瘂弦〈無譜之歌〉裡這六首詩的主題有三：

㈠寫出人們生活之無聊，如〈無譜之歌〉〈酒巴的午後〉

㈡寫出人們對死亡的恐懼，如〈遠洋感覺〉、〈死亡航行〉、〈船中之鼠〉

㈢感慨青春的消逝，如〈水手．羅曼斯〉

在〈無譜之歌〉裡，瘂弦諷刺那些人們都以爲是很有意義的事，如戀愛、結婚、革命，其實都是很無聊的，詩人以爲結婚只是「在同一個屋頂下做不同的夢」和「親那些無聊但不親更無聊的嘴」而已，其實沒有多大意義的。詩人又以爲談戀愛只是「隨便找一朵什麼花插在襟上」「跳那些沒有什麼道理只是很快樂的四組舞」而已。至於那些「蠻有意思的各種革命」就只是「用血在廢宮牆上寫下燃燒的言語」罷了。在這首詩中，詩人寫出了人們生活的無聊，即使是一般人自以爲很有意義的事其實都是很無聊的。

〈酒巴的午後〉也寫出現代人生活的無聊，他們在酒巴「殺死整個下午的蒼白」，他們只是吃粟子、喝菊花茶、抽著廉價煙草、說著很多大家閨秀們的壞話，詩人以「蒼白」來形容下午的空虛、無聊，而且他不只是一個人「殺死整個下午的蒼白」，而是和朋友們一起「殺死整個下午的蒼白」；此外，他不只一天「殺死整個下午的蒼白」，因爲「明天下午／鞋子勢必還把我們運到這裡」，由此我們可以看出這些無聊的生活是普遍的、長久的。〈遠洋感覺〉、〈死亡航行〉、〈船中之鼠〉、〈水手、羅曼斯〉這四首詩都是一九五七年之作品，前三首更是在一九五七年八月十二日至十五日這四天內完成的④，這四首詩的背景是一隻古舊的船兒，前三首詩的主題寫出人們對死亡的恐懼，第四首詩則慨嘆青春之消逝。

活著的人對死亡都存著一份恐懼，特別是身處汪洋大海中時，這種恐懼就更爲強烈了。〈死亡航行〉寫船兒航行在礁區之中，受死亡的威脅，他們「萎縮的靈魂／瘦小的苔蘚般的／膽怯地寄生在／老舊的海圖上、探海錘上／以及船上的圓規上」，那時「暈眩者的晚禱詞扭曲著」「鎭靜劑也許比耶穌還要好一點吧」。

在船上的生命是朝不夕保的，所以〈船中之鼠〉中那隻老鼠對礁石的恐懼遠較對貓的恐懼強烈，「也許貓的恐懼是遠了」，但礁區「更糟」因爲前面的危險「我們知道／而船長不知道」，明知前面有危險而不能逃跑是可悲的；但是命運既然控制了我們的生命，因此憂慮實在是多餘的，正如老鼠想：

我們用不著管明天的風信旗
今天能夠磨磨牙齒總是好的。⑤

這正如〈遠洋感覺〉中，船兒在汪洋中被大浪沖擊得搖幌不定，船上的一切都暈眩了，時間在不知不覺中消失了，但是當「通風圓窗裡海的直徑傾斜著」時，卻「又是飲咖啡的時候了」，人們對死亡的恐懼轉化為「無可奈何」，大家都是「今朝有酒今朝醉」的。上述三首詩都寫出人們對死亡的恐懼。

〈水手、羅曼斯〉的主題是慨嘆青春的消逝，正如那水手時常抱怨著「船長盜賣了我們很多春天」，他要回到岸上，他要愛情來塡補空虛的心靈，「今天晚上可要戀愛了／就是耶穌那老頭子也沒話可說了」。

雖然這六首詩的主題都是一些人生的痛苦：對死亡之恐懼、對逝去青春的感慨、人們生活的無聊；可是，詩中的人物主角仍是堅毅的生活下去，儘管生活是那麼空虛、無聊，「我們用不著管明天的風信旗／今天能夠磨磨牙齒總是好的」可以算是這六首詩中表現出來的人生哲學。這與瘂弦後期的〈如歌的行板〉中「而既被目為一條河總得繼續流下去」的人生觀其實沒有什麼分別，因此我以為其實瘂弦在寫作這六首詩時已建立了他這方面的人生觀，周鼎說〈酒巴的午後〉寫作時，瘂弦的人生觀還未建立⑥，這說法是不確的。

三、〈無譜之歌〉的語言

我們發現〈無譜之歌〉的語言有以下幾個特色：

(一)意象運用

瘂弦很喜歡把一連串意象堆砌在一起，如〈無譜之歌〉有以下一段：

啊啊，風喲，火喲，海喲，大地喲，
戰爭喲，月桂樹喲，蠻有意思的各種革命喲，
用血在廢宮牆上寫下燃燒的言語喲，
你童年的那些全部還給上帝了喲。⑦

在前兩句中，瘂弦一連用了「風」「火」「海」「大地」「戰爭」「月桂樹」「革命」七個意象，它們有的是各不相關的，甚至相反的，如「海」和「大地」是相反的，「戰爭」和「月桂樹」也是相反的，「月桂樹」象徵的是和平寧靜。雖然這些意象本身可能是相反的，但當它們連在一起時不但沒有給人突兀的感覺，反而產生很大的「張力」，使「戰爭」的氣氛更濃厚，使讀者聯想到戰爭不但充滿了「海」，也充滿「大地」，甚至連寧靜的「月桂樹」也遭波及，戰場上充滿了「風」，也充滿了「火」。加上第四行的「血」和「廢宮」這兩種戰爭遺下來的東西，這一連串的意象營造的濃厚的戰爭氣氛使第四行的「燃燒的言語」更爲有力，「燃燒的言語」象徵對戰爭的控訴。此外，「火」和「燃燒」都是一致的，在這裡我們可以看到瘂弦在意象的運用上是十分工巧。

〈遠洋感覺〉亦有一段是把一連串的意象堆在一起的，現引錄如後：

時間
鐘擺。鞦韆
木馬，搖籃
時間　⑧

「鐘擺」、「鞦韆」、「木馬」、「搖籃」這四個意象連在一起是有其意義，因爲它們都是不停的依著「）」這個模式移動，這和「鐘擺」裡的「時間」的移動模式相同。再者，這種定點濃縮的複合意象本身亦造成「）」這個模式，這使時間不絕流逝的感覺更爲強烈。而且「鞦韆」、「木馬」、「搖籃」都是兒童玩具，它們都能夠勾起我們一些孩提時代的回憶，這和後面「一些雙腳接觸泥土時代的殘憶」互相呼應，那些「雙腳接觸泥土時代的殘憶」也許就是童年時代的回憶，從這裡我們可見到瘂弦運用意象巧妙之處。

此外，〈死亡航行〉的第一段，瘂弦用了「夜」、「礁區」、「死亡」、「十三日」這些意象來形容航行的危險。由於「夜」給人神祕可怕的感覺，「十三日」向來都是象徵不吉利的，這些意象連在一起造成了船航行在「礁區」之中眞是「死亡」航行了。

〈水手、羅曼斯〉中有兩句是這樣的：

從火奴魯魯來的蔬菜枯萎了

巴士海峽的貿易風轉向了

第一句「火奴魯魯」的「火」是可以令「蔬菜」「枯萎」的，而第二句「巴士海峽」的「巴士」也可以和「貿易風」一樣的「轉向」，因此瘂弦這樣的安排不但工巧，而且也很有趣味性。

〈死亡航行〉出現了二次「鐘響著」，這個「鐘」有兩層意思，它可能是「時鐘」的「鐘」；那麼「鐘響著」就象徵了時間的消逝，船上的人雖然提心吊膽，但是時間卻在無聲無息中溜走了。其次「鐘」也可能是「警報鐘」，這象徵船兒遇到危險。其實上述兩個可能性都不是互相排斥，而是可以共存的，瘂弦用這個「鐘」字增加了詩的意義。

此外，瘂弦也很善於運用「聯合意象」，所謂「聯合意象」就是透過乙種感覺來表現甲種感覺，而使甲種感覺豐富起來，飽滿起來，由平面而變成立體，由晦暗而變爲鮮明⑩。〈遠洋感覺〉中「嘩變的海舉起白旗」，「嘩變」是聽覺意象，表現了喧嘩嘈雜的情況，「白旗」則是視覺意象，本來「舉起白旗」有投降的暗示，但這裡「舉起白旗」卻象徵白色的浪濤洶湧滔天的情況，如舉起一幅白旗似的，在意象本身來說這已很巧妙，且有反諷意味。而且「白旗」和「嘩變」連在一起就使「嘩變」這感覺更爲鮮明。又同詩「風雨裡海鷗悽啼者」句，「風雨」是視覺意象，使人聯想到漫天風雨的情形，「悽啼」則是聽覺意象，「風雨」和「悽啼」連在一起，使風雨給人的惆悵更形突出。

〈死亡航行〉中「燈號說著不吉利的壞話」也運用了「聯合意象」，「燈號」是視覺意象，「壞話」則是聽覺意象，「燈號」本來是發出訊息告訴船上的人前面危險的消息，「燈號」與「壞話」連在一起，使人覺得「燈號」不只用影象，也用說話來告訴人們前面出現危險，這使「燈號」這意象更鮮明。

此外，瘂弦也很善於把抽象的東西用具體的意象表現出來，〈死亡航行〉，有以下一段：

乘客的萎縮的靈魂
瘦小的苔蘚般的
膽怯地寄生在
老舊的海圖上，探海錘上
以及船長的圓規上 ⑪

「靈魂」是抽象的名詞，但「苔蘚」卻能把乘客們怎樣膽怯的依靠那些「老舊的海圖」「探海錘」和「船長的圓規」形象性的表現出來，這是瘂弦運用意象成功之地方。

在〈酒巴的午後〉中有「我們就在這裡殺死／整個下午的蒼白」，本來「蒼白」是形容不健康的臉色，但現在瘂弦借用具體的「蒼白」來形容抽象的下午的無聊和空虛，表現得非常有力、成功。

有時瘂弦也會以一些比較具體的意象來形容一些朦朧的事物，如〈遠洋感覺〉中，詩人以「腦漿的流動、顚倒」來象徵思想和回憶，回憶和思想都是抽象的，但這裡詩人用「腦漿的流動、顚倒」來形容它們，使它們較爲具體、明晰。此外，〈水手、羅曼斯〉中有「船長盜賣了我們很多春天」和「用法蘭西鞋把春天狠狠地踩著」句，「春天」是象徵青春的，因爲青春是抽象的、朦朧的，「春天」比青春卻較爲具體，而且「春天」是一年四季之始，也是充滿生機的季節，詩人在這裡以「春天」作爲意象，很能把青春表現出來。

㈡音樂效果

瘂弦這六首詩很富音樂性，每首詩都有押韻的地方，如〈死亡航行〉中的「雞」「粒」；〈遠洋感覺〉中的「旗」「憶」押韻、「間」「韆」亦押韻；〈水手、羅曼斯〉中「子」「死」押韻，「膀」「膛」也押韻；〈酒巴的午後〉中「圓」「眩」押韻，「上」「像」押韻，「乳」「午」押韻，「死」「脂」也押韻；〈船中之鼠〉中「糟」「道」押韻，「的」「了」押韻，「禮」「裡」「旗」也押韻；〈無譜之歌〉中「吧」「嗎」押韻，末段全以「喲」字結尾，和〈水手、羅曼斯〉的第二段全用「了」字結尾一樣的富音樂性。

除了押韻之外，瘂弦也用了很多語言技巧，如疊字、重覆句式來製造自然的韻律，使詩歌的音樂效果大大提高。疊字方面，在〈無譜之歌〉有「娜娜」「達達」「啊啊」；〈遠洋之感覺〉則有「茫茫」；〈水手、羅曼斯〉則有「快快」「狠狠」；〈酒巴的午後〉有「點點」。

排句方面的例子更多：〈船中之鼠〉有「我們知道／而船長不知道」；〈死亡航行〉中有「乘客們萎縮的靈魂／瘦小的苔蘚般的」「老舊的海圖上、探海錘／以及船長的圓規上」「而當暈眩者的晚禱詞扭曲著／橋牌上孿生國王的眼睛寂寥著」。〈水手、羅曼斯〉中有「從火奴魯魯來的蔬菜枯萎了／巴士海峽的貿易風轉向了」；〈無譜之歌〉有「擁抱吧，以地心吸力同等的重量／旋轉吧，讓裙子把所有的美學蕩起來」「我要不知道爲什麼的出海了／你要畫金色和青色的裸體了／他要趕一個星夜的詩了」「跟月亮一起上天堂去／跟泉水一起下地獄去」。〈遠洋感覺〉有「嘩變的海舉起白旗／茫茫的天邊線直立、倒垂」「暈眩藏於艙廳的食盤／藏於菠蘿蜜和鱘魚／藏於女性旅客褪色的口唇」，〈酒巴的午後〉中有「雖然女子們並不等於春天／不等於人工的紙花和隔夜的殘脂」「而我們大口喝著菊花茶／狂抽著廉價煙草的暈眩／說很多大家閨秀們的壞話」「復殺死今天下午所有的蒼白／以及明天下午一部分的蒼白」。

此外，瘂弦也運用了重覆句子來製造音樂效果（重覆句子還有強調的作用），如〈無譜之歌〉中「過了五月恐怕要憂鬱一陣子了」出現了二次；〈水手、羅曼斯〉中「今天晚我們可要戀愛了／就是耶穌那老頭子也沒話可說了」出現了二次，「……就是這麼一種哲學」也用了二次；「船長盜賣了我們很多春天」出現了三次；「這兒是泥土，我們站著，這兒是泥土／用法蘭西鞋把春天狠狠地踩著」重覆了二次，一次在詩之開端，另一次在詩之末段，二次出現時次序都倒轉了，這除了造成音樂效果之外，更收到首尾呼應之效。此外「像雄中那樣」和「女人這植物」也各出現了二次；〈死亡航行〉中則出現了二次「鐘響聲」。

此外，在瘂弦這六首詩中，我們也發現有些句子之中是用了重覆的手法來造成「頓」，從而使詩之節奏變得舒緩，如〈船中之鼠〉中「她現在就住在帆纜艙裡」，「現在」和「住在」連在一起造成「頓」；〈無譜之歌〉中「摟她很多人摟過的腰肢吧」用了兩個「摟」字，「親那些無聊但不親更無聊的嘴吧」重覆出現了二次「無聊」，這不但強調了「無聊」，而且使詩的節奏得以舒緩。

〈遠洋感覺〉中有「腦漿的流動、顛倒／攪動一些雙腳接觸泥土時代的殘憶／殘憶，殘憶的流動和顛倒」這句出現了三次「殘憶」和二次「流動、顛倒」，首先是「腦漿的流動、顛倒」，這象徵思想，第二次是「殘憶的流動和顛倒」，這象徵回憶，由思想進展至回憶，循序漸進，而這重覆亦增強了詩之音樂效果。同詩「牠們的翅膀是濕的、鹹的」用了「濕的」「鹹的」使音律緩和。〈遠洋感覺〉開始時「嘩變的海舉起白旗」氣勢凌厲、節奏急促，後來幾句詩就用重覆手法來緩和這急促的節奏，使詩的節奏變得徐疾有致。在〈酒巴的午後〉也有類似的例子，如「議論著清代，或是唐代」。上述疊字、排句、重覆句子和重覆句式都是用來增強詩歌的音樂性的。

㈢修辭

從這六首詩中，我們也可以看出瘂弦詩在修辭上的特色。首先，瘂弦用字很巧妙，如〈

遠洋感覺〉中「嘩變的海舉起白旗」的「舉」字就很形象地表現出巨浪洶湧，有如舉起白旗似的情形。同詩「一些雙腳接觸泥土時代的殘憶」的「殘」字表現出這已是很多年前在岸上時的殘破的記憶了，又同詩末句「又是飲咖啡的時候了」的「又是」兩字表現了這件事的經常性和無聊。〈船中之鼠〉中「枕著海流做夢」的「枕」字本是名詞，但現在變成動詞，卻能生動地表現那老鼠在船上做夢的情形。

〈死亡航行〉中「那銹了的風信雞／啄拾著星的殘粒」，這句類似唐詩人杜甫（七一二—七七〇）〈秋興〉中的「香稻啄殘鸚鵡粒」句，⑫「星的殘粒」象徵微弱的星光，暗示已是深夜接近黎明的時候。「啄拾」把「風信雞」映出「星的殘粒」這現象形象性的表現出來。十分有趣而生動。同詩「暈眩者的晚禱詞扭曲著」的「扭曲」很新奇，但卻能生動的表現了暈眩者在胡言亂語的情況。

〈水手、羅曼斯〉中「用法蘭西鞋把春天狠狠地踩著」的「踩」字很形象性的表現了水手糟蹋和浪費了他的青春，也暗示了水手渴望自己的青春應該在泥土上（岸上）度過的。同詩「船長盜賣了我們很多春天」中「盜賣」一詞用得很好，它說明船長把春天從我們的手中奪去，但不是把盜來的春天留為己用，而是轉賣給第三者——船。此外，「我們一定會反芻這些愛情」中「反芻」兩字也用得很好，因為回憶是思前想後，正像牛隻反芻食物一樣，這個比喻不但貼切，而且也很有創意。

〈酒巴的午後〉中「殺死整個下午的蒼白」一句中，「殺死」兩字能夠形象的表現了人們正在虛度和浪費下午的時間，含有諷刺意味。同詩「鞋子勢必還把我們運到這裡」，「勢必」說明了這事之必然性，「還」說明這事的經常性，暗示了這事的無可奈何。

其次，瘂弦也常用「跨句手法」，如〈死亡航行〉有以下一段：

乘客的萎縮的靈魂
瘦小的苔蘚般的
膽怯地寄生在
老舊的海圖上，探海錘上
以及船長的圓規上 ⑬

第一行只說「乘客們萎縮的靈魂」，但卻沒有說明這萎縮的靈魂的情況怎樣，在第二行詩人說明這些萎縮的靈魂有如「瘦小的苔蘚」，使讀者對乘客們萎縮的靈魂有了進一步的認識。不過仍未清楚這些靈魂在做什麼，到第三行詩人說明這些靈魂「膽怯地寄生在」，可是「寄生在」什麼地方並沒有立即說明，這使讀者心中起了疑問，最後兩行就是這個疑問的答案：原來那些萎縮的靈魂膽怯地寄生在那「老舊的海圖上，探海錘上」「以及船上的圓規上」，跨句手法的好處是造成懸疑氣氛，增加神秘性，讓讀者一步一步的去追尋答案。這種手法很尋常。

再舉一個例子吧，〈酒巴的午後〉有「我們在這裡殺死／殺死整個下午的蒼白」，在第一行結束時，詩人只說「我們就在這裡殺死」是多麼的可怖呢？但是「殺死」什麼卻沒有說明。讀到這裡，讀者不禁會問：到底他們在那裡殺死什麼？原來他們只是「殺死整個下午的蒼白」而已，而那些懸疑氣氛就是藉跨句手法造成的。

同樣運用跨句手法的例子尚有如下：〈死亡航行〉中「那銹了的風信雞／啄拾著星的殘粒」，「而當暈眩者的晚禱詞扭曲著／橋牌上孿生國王的眼睛寂寥著／鎮靜劑也許比耶穌還要好一點吧」。〈船中之鼠〉中有「就想起住在那兒的灰色哥兒們／在愉快的磨牙齒」「曾有一個黑女孩／用一朵吻換取半枚胡桃核」「她現在就住在帆纜艙裡／帶著孩子們／枕著海流做夢」。〈酒巴的午後〉中「他把粟子殼／唾在一個無名公主的臉上」「他們的朝笏總是遮著／另外一部分的靈魂」「明天下午／鞋子勢必還把我們運到這裡」「忽然我們好像／好像認可了一點點的春天」（這句除了運用誇句手法外，又用了「頂眞法」把兩行句子連串起來）。

瘂弦這首詩的修辭技巧還有疊字、排句、重覆句子和重覆句式，剛才討論〈無譜之歌〉的音樂效果時已列舉例子加以證明，故在這裡不另舉例，這些修辭技巧除了造成音樂效果之外，還可以強調一些意象，如〈遠洋感覺〉中「腦漿的流動、顚倒／攪動一些雙腳接觸泥土時代的殘憶／殘憶、殘憶的流動和顚倒」出現了三次「殘憶」來強調「殘憶」。又如〈無譜之歌〉中「親那些無聊但不親更無聊的嘴吧」出現了二次「無聊」，使「無聊」這感覺加強。

(四)敘事觀點

瘂弦這六首詩中，以第一人稱寫的有〈水手、羅曼斯〉、〈遠洋感覺〉、〈酒巴的午後〉和〈無譜之歌〉；以第三人稱寫的有〈死亡航行〉。此外，〈船中之鼠〉運用了「交感手法」(Sympathetic Identification)，詩人藉著交感手法想像自己進入被描寫的人或物去感受外間一切，令讀者更直接、更強烈地感受詩中的經驗。⑭這詩開始時，詩人以第三人稱敘事觀點描寫，他說「看到呂宋西岸的燈火／就想起住在那兒的灰色哥兒們／在愉快的磨牙齒」顯然這時詩人是以第三人稱敘事觀點描寫；可是，到第三段時「中國船長並不贊成那婚禮／雖然我答應不再咬他的洋服口袋／和他那些紅脊背的航海書」，這時「我」已不是詩人自己，而是那老鼠了，詩人進入了老鼠以第一身敘事觀點來寫，這令讀者能夠更深刻的領會船中那老鼠的感受。

事實上，瘂弦在敘事觀點的運用方面很能切合詩的內容氣氛，如〈水手、羅曼斯〉、〈遠洋感覺〉的主題是寫出詩中主角的內心感受，故用第一身敘事觀點來寫，希望藉此讓讀者更能領會詩中主角的感受。相反地，〈死亡航行〉要寫出船上的人對死亡的恐懼，因爲這首詩在意象運用方面已經造成了濃厚的恐怖氣氛，故此詩人採用第三身敘事觀點寫作來緩和這恐怖的氣氛，效果甚佳。

(五)語調

瘂弦這六首詩的語調都是諷刺性的，如〈死亡航行〉中「鎮靜劑也許比耶穌還要好一點」，本來「耶穌」是全能的，沒有什麼做不來，但這裡詩人卻說「鎮靜劑」比「耶穌」還要好一點是帶有諷刺性的，這更表現出船上的人們的可憐，他們的生命遭遇危險，但他們卻不能逃離這險境，甚至連全能的「耶穌」也不能加以援手，他們只有借助鎮靜劑來麻醉自己。同樣的例子還有很多，如〈酒巴的午後〉中「雙腳蹂躪瓷磚上的波斯花園」「他把栗子殼／唾在一個無名公主的臉上」，〈船中之鼠〉中「我們知道／而船長不知道」；〈遠洋感覺〉中「嘩變的海舉起白旗」「神像的盲睛」「通風圓窗裡海上的直徑傾斜著／又是飲咖啡的時候了」，〈無譜之歌〉中「跳那些沒有什麼道理只是很快樂的四組舞吧」「親那些無聊但不親更無聊的嘴吧」「鑾有意思的各種革命」。瘂弦這六首詩不但要表現出生活的無聊和死亡對人們的威脅，而且也諷刺了人生的無聊和人們的「無助」「軟弱」，上述諷刺的語調正好達到這個目的。

㈥**時空跳躍**

瘂弦這六首詩以〈酒巴的午後〉的時空跳躍為最猛烈，這詩把古代和現代生活的實景聯在一起，時而現代生活的無聊，時而古代的波斯，中國的清代、唐代，忽而又跳回現代。忽而波斯花園，忽而中國塔，忽而又回到酒巴中〈船中之鼠〉之時空跳躍亦很大，初寫現在，跟著是一九五四年，再發又回到現在；初是在呂宋西岸，接著是馬尼拉，再後又回到船上。其餘〈遠洋感覺〉〈水手、羅曼斯〉〈死亡航行〉〈無譜之歌〉中空間的跳躍不甚猛烈，時間的跳躍則較快，詩人的目的就是讓讀者感受到時間在不知不覺中消逝了。

(七)顏色感覺

瘂弦這六首詩的顏色感覺以〈船中之鼠〉和〈無譜之歌〉。〈船中之鼠〉出現了「灰色哥兒」「黑女孩」「紅脊背」；〈無譜之歌〉則出現了「金色」「青色」；此外，〈酒巴的午後〉出現了三次「蒼白」和〈遠洋感覺〉出現了「白旗」。詩人用這些顏色意象都能加強詩中的意象的感染力量。

四、總結

瘂弦這六首詩的內容寫出人生的苦悶、無聊、空虛和對死亡之恐懼，瘂弦在《深淵・詩人手札》中說過：

> 一個沒有妻子的詩人會在詩中寫出一位新娘來。詩，有時比生活美好，有時則比生活更為不幸，在我，大半的情形屬於後者，而詩人的全部工作似乎就在於「搜集不幸」的努力上。

他又說：

> 對於僅僅一首詩，我常常作著它本身原本無法承載的容量；要說出生存期間的一切，

世界終極學，愛與死，追求與幻滅，生命的全部悸動、焦慮、空洞和悲哀——總之，要鯨吞一切感覺的錯綜性和複雜性。⑯

瘂弦的「自白」可以解釋爲什麼他的詩裡表現出來的都是一些人生的苦惱、不幸。其實，這六首的內容主題都保持了瘂弦詩的風格，就是內容苦澀但卻有其思想性。而且我們發現瘂弦在這六首詩中已表現出他的人生觀——「我們用不著管明天的風信旗／今天能夠磨磨牙齒總是好的」。

關於瘂弦詩之語言，歷來好評如潮，辛鬱說：

瘂弦詩之所以有魅人之力，主要就在於它的語言。⑰

洛夫說：

瘂弦常常以一種很平常，平凡的語言，做不平凡的安排，他的語言是一種創造性的語言。⑱

不錯，我們發現瘂弦這六首詩雖是以口語寫出，意象又是現代人的生活語彙，但經過瘂弦靈活的編排，都能給人無比的吸引力，他在意象運用方面的技巧非常突出，意象不但貼切，而且很富趣味性。商禽說：

瘂弦的語言有著甜美的感覺，同時它又有多方面的作用，譬如驚奇的感覺，不同程度的嘲諷感覺。⑲

事實上，在瘂弦這六首詩中，我們都發覺瘂弦詩的語言是甜美的，他用了很多語言技巧，如疊字、排句、重覆句子、重覆句式來製造節奏，使詩充滿音樂性，變化多端，徐疾有致，令人讀起來很舒服。另一方面，瘂弦在用字方面也有很大的成就，每有創新的感覺，而且瘂弦這幾首詩的語調都充滿諷刺意味。辛鬱、洛夫、商禽對瘂弦的批評是很合理的，在瘂弦這六首詩中都可以找到足夠的證據作爲支持。瘂弦詩無論在內容或在語言方面都有很高的成就，他的停止寫詩委實是臺灣現代詩壇一大損失。

【附註】

① 楊牧：〈瘂弦的深淵〉，《傳統的與現代的》，臺北：洪範書店，一九七九年九月初版，頁一六五。
② 張默等編《中國當代十大詩人選集》，臺北：源成文化，一九七七年七月十五日初版，頁二六一。
③ 蕭蕭：〈剖析瘂弦作品：既被目爲一條河，總得繼續流下去〉，《現代名詩品賞集》，臺北：聯亞，

一九七九年五月二十日初版，頁二一。

④ 瘂弦《深淵》內每首詩之後都註有寫作日期，〈遠洋感覺〉寫於一九五七年八月十四日，〈死亡航行〉寫於一九五七年八月十五日，〈船中之鼠〉寫於一九五七年八月十二日，〈水手、羅曼斯〉則寫於一九五七年十二月三十日。

⑤ 瘂弦：《深淵》，臺北，晨鐘，一九七五年九月，頁六九。

⑥ 同③，頁二一九。

⑦ 同⑤，頁七一—七二。

⑧ 同⑤，頁六四。

⑨ 同⑤，頁七三。

⑩ 黃國彬：〈周夢蝶的「樹」〉《從蓍草到貝葉》，香港：香港詩風社，一九七六年九月初版，頁一八三。

⑪ 同⑤，頁六五—六六。

⑫ 沈德潛（一六七三—一七六九）：《唐詩別裁集》下冊，上海：上海古籍出版社，卷十四，頁四六一。

⑬ 同⑪。

⑭ 同⑩，頁二七九。

⑮ 同⑤，頁二三三。

⑯同⑤，頁二三四。
⑰同③，頁二〇四。
⑱同③，頁二一〇—二一一。
⑲同③，頁二一三。

【參考書目】

①瘂弦：《深淵》，臺北：晨鐘出版社，一九七五年九月版。
②張默：《中國當代十大詩人選集》，臺北：源成文化，一九七七年七月初版。
③蕭蕭：〈剖析瘂弦作品：既被目為一條河，總得繼續流下去〉，《現代名詩品賞集》，臺北：聯亞，一九七九年五月二十日初版，頁一九七—二三二。
④余光中等：〈詩話瘂弦〉，《中國現代作家論》，臺北：聯經，一九七六年十月，頁一〇五—一一九。
⑤黃國彬：〈周夢蝶的「樹」〉，《從耆草到貝葉》，香港：香港詩風社，一九七六年九月初版，頁二七一—二八三。
⑥沈德潛：《唐詩別裁集》下冊，上海：古籍出版社，一九七九年一月初版，卷十四，頁四六一。
⑦陳義芝：〈很多聲音傷逝在風中——論瘂弦的詩集『深淵』〉，（創世紀）四六期，一九七七年

十二月，頁六三—六八。

⑧ 蕭蕭：〈瘂弦的情感世界〉，《中外文學》，八卷四期（總八八期），一九七七年九月，頁一三六—一四六。

⑨ 蕭蕭：〈瘂弦詩選注〉，《創世紀》，五三期，一九八〇年六月，頁十—十三。

⑩ 梁書業：〈也談瘂弦的「坤伶」〉，《中外文學》，三卷三期（總二七期），一九七四年八月，頁一六五—一六七。

⑪ 楊牧：〈瘂弦的深淵〉，《傳統的與現代的》，臺北：洪範書店，一九七九年九月初版，頁一五九—一六五。

——原刊《創世紀》六十七期（一九八五年十二月）

試論瘂弦的〈深淵〉

張 默

沒有什麼現在正在死去，
今天的雲抄襲昨天的雲。
——瘂弦〈深淵〉第五節

一

在瘂弦的世界中，時空意識是非常遼敻的，意象往往是繁複的，情境往往是戲劇性的，而屬於他個人的，經過他特殊語言構成的世界，既是瑰麗的，又是平實的；既是誇張的，又是諧趣的；既是矛盾的，又是統一的；他是一個活躍在舞臺背後的小丑，一個非常溫順的不折不扣的人道主義的批評者，一個高舉感性大纛的詩人，當萬流急急湧退時，他的靈魂——巨大的、親切的、一顆不屈服的靈魂，遂慢慢地以及十分肯定地抬起頭來。

瘂弦的寫作年代甚爲悠久，遠自民國四十三年他就曾在雄據一方的「現代詩」上發表許多抒情的小品，詩人一開始就顯露其不凡的鋒芒，使廣大的讀者一接觸到他的詩，即自內心深處迸發出一股愛不忍釋的喜悅，此或可稱之爲「瘂弦的魅力」。彷彿他的閃爍的字語，星光燦爛的意象，自成一家的奇特的風格，以及略帶戲劇性的調侃和流泛著彩色聲音的旋律就是與生俱來的。這是一個批評者所不能不正視的事實，如果忽略了這些，可能我們無法再對瘂弦爾後的詩，作更深刻的分析、透視和批判。

在作者長驅直入的創作歷程上，依據筆者多年來緊緊跟隨以及觀察的結果，大概可以劃分爲以下幾個時期。即一、「歌謠風」的抒情時期——自四十三年至四十七年。這時期的重要作品有鬼劫、棺材店、我的靈魂、遠洋感覺、馬戲的小丑、酒吧的午後、在中國街上……。二「從感覺出發」的茁壯時期——自四十八年至五十一年。這時期的重要作品有巴黎、倫敦、那不納斯、從感覺出發、深淵……。三「，超越現實」的圓熟時期——自五十二年至五十五年。這時期的重要作品有非策劃性的夜曲、如歌的行板、焚寄T·H、庭院、另一種的理由，所以一到了晚上、下午……。自五十五年秋天作者應邀赴美以迄五十七年八月返國，在此期間作者也許寫了不少詩，但一直未見公諸於世，所以未便貿然歸納，而所謂時期之劃分也者，僅祇便於評述而已，並非所有詩人都應如此。從上所列，作者第一時期的特色是感情眞摯，旋律優美，自詩人微妙的重重疊疊的獨白中可以捕捉到一種新浪漫的異質。第二時期的特色是重整體的呈現，揭發現代人靈魂的眞貌，幽默多於嘲諷，暗示多於詮釋，從衆多突出以及虎虎生風的意象中放射一股巨大的驚喜。第三時期的特色是滿載個人潛意識的夢，滿載對生存的懷疑與肯定，滿載某些神秘經驗的追探與放逐，在語言上更能從容不迫操縱自如，在意念上更能擊中內在生命的奧秘，在風格上更加走上純粹化與性格化，如此等等也就不知不覺地全力促成作者創作生命的豐沛、圓熟與牢固。

二

〈深淵〉發表於《創世紀》第十二期（民國四十八年七月出版）。依據筆者較正確的推斷，該詩寫作時間應爲四十八年的五月中旬或六月上旬，且是距離作者另一長詩〈從感覺出發〉（見《創世紀》第十一期，四十八年四月出版）的後三個月，在此以前，瘂弦並未有較長的作品的出現，〈深淵〉之推出實爲中國現代詩開拓了一個新里程。

我們欲研究詩人創作〈深淵〉的動機，首先對作者涉獵的文學典籍不能不予檢視。其次、對於當時的時空意識亦不能任其輕輕滑過。瘂弦爲學態度極其認眞謹嚴，他所做的讀書札記，可能詩壇迄今仍無人出其左右，他那以心血和智慧灌溉的一大堆札記，將是他個人最富庶的文學財產之一。筆者於民國四十九年六月應高雄大業書店之邀與他共同主編《六十年代詩選》時，就曾檢視過他所有的札記，譬如波特萊爾、梵樂希、梅特林克、濟慈、許拜維艾爾、加西亞·洛卡、P·艾呂亞、里爾克、E·E·康敏斯、大衛·葛里康，……他都極有系統地予以選錄他們代表性的譯作和評論。同時對我國五四時期以後的詩人，如戴望舒、王獨清、朱湘、廢名、梁宗岱、聞一多、李金髮……等人的作品亦曾作過極精細的研究。《創世紀》

自廿三期起，一連串地發表他的〈詩壇史料掇拾〉，就是重新對五四以後重要詩人作歷史性的回顧與價值的判斷。我們瞭解了這些，瞭解了他所涉獵的範圍，自然可以發現他的足跡是從哪裡來和走到哪裡去。同時由於瘂弦給予早期詩壇所歷過的一陣浪漫的旋風，自四十八年初《創世紀》十一期改版開始，在詩人內心深處亦萌芽了一個巨大轉變的投影，那就是把自己的詩境向前大踏步地推展，浪漫的包袱是應該可以扔棄了，所以跟著在四十八年上半年不到四個月的期間，作者連續推出了兩篇作品〈從感覺出發〉和〈深淵〉，他這兩首長詩一出現，整個詩壇爲之騷動，立即被有識讀者熱烈高舉著，尤其是〈深淵〉一詩，可以說使他創作令譽達到了巔峯的狀態，作者的才華至此已顯露無遺。

〈深淵〉之產生，對作者而言，固然有其不平凡的意義；對詩壇而言，更有其開創新局面與閃著文學史的意識。在四十八年以前，除了極少數詩人的作品略帶知性的傾向之外；大多數詩人還是治遊在小我的抒情天地之內不能自立，直到〈深淵〉一拋出詩壇，大家才憬悟到不能老是走著個人的抒情路線，應該要把眼光放大一點，觀察得深入一點，表現得紮實一點，於是跟隨在〈深淵〉的合唱聲中，詩人們所呈現的多采多姿的世界，才發出了鋼鐵般的吼聲。

基於以上概念的認識，〈深淵〉的確有特殊的時空意識（背景）在，那意識（背景）是與時代的脈搏息息相關，且深植在中國文化歷史的大河流之中，雖然從表面上我們甚難看出作者所企圖表現的是我們這個苦難的世代，但是我們如作深一層的透視，自可看出作者那種進退維谷的迷失的境地，的的確確深刻影射了我們這個不平凡的世代。譬如該詩的第十節——

沒有人把我們拔出地球以外去，閉上雙眼去看生活，
耶穌，你可聽見他腦中林莽茁長的喃喃之聲；
有人在甜菜田下面敲打，有人在桃金孃下……。
當一些顏面像蜴蜥般變色，激流怎能為
倒影造像？當他們的眼珠粘在
歷史最黑的那幾頁上！

是的，「激流怎能為倒影造像，當他們的眼珠粘在歷史最黑的那幾頁上」，這是多麼沉痛的呼聲啊。試問詩人不是站在時代的最前端，為這個悲慘的世紀作著永恒的見證嗎？所以我必須再把自己的視境擴展下去，詩人在〈深淵〉中所表現的雖然是這個時代的迷失，個人情境的迷失，甚至是文化歷史的迷失，但是在那重重迷失所漩迴的音響之中，畢竟欲隱還顯地指出了我們這一世代前進的方向。至於那個方向應該怎樣把握，這是作者內心的企圖，筆者不敢貿然直指，深信明敏的讀者一定能夠感悟得出。

三

『我們必須用力渡過那最初的（革命期的）傳統之揚棄（其實應該說是破壞）與實驗階段不可避免的矯枉過正及表現上的刻意冒險，以建設我們的成熟，或者說，使我們達於成年。假冒的人工的達達主義（Dadasim）和超現實主義徒令我們陷入混亂。舊聯想系統固然有切斷的必要，新聯想系統亦當自作品中予以建立。即令如雪脫維爾姐弟們（The Sitwelles）所謂的「一種高度文明化了的敏感的折光性的媒介」。（係指經驗之提示。）即令是怪異的（並非不可怪異），即令是「沒有用處」的，然必需是眞實的。我是說，超出現實之外的那個眞實。』（見瘂弦〈詩人手札〉。）如果說創作是理論的實踐擴大，則我以爲〈深淵〉在表現上的「刻意冒險」以及切斷舊聯想系統與建立新聯想系統諸方面，誠然已達至某種難以言宣的高度。瘂弦當初心目中那種詩的雛型，〈深淵〉應是一個較完全且具有獨立風貌的作品之一。如果我們想從〈深淵〉中抽出一些具體的形象，至少可以展示以下幾點——

一、「聯想之鎖」在〈深淵〉中已被提升至最有利的位置，作者隨時可以開啓，而不需外力或某種程度的假借或指涉。

二、「內在語言的形」已因作者高度的創新、拓展與發掘而使〈深淵〉達至一種全面的眞實，一種不需詮釋的特異，一種高度文明化了的敏感，以及一種連續的內心爆發的變奏。（如原詩第七節，對「性」的象徵性的呈露，可謂淋漓盡致，但沒有一點不潔的感覺。）

三、「新的情感經驗的塑造」。這一點對於〈深淵〉尤具有特別的意義，如果詩人在詩中所抒寫的「情感經驗」早已爲別人所表現，那與抄襲有何區別？所以平庸的詩人祇能抒寫讀者已從其他詩作中獲得的既有的經驗，而優秀的詩人則創造出別人從來也未曾有過的經驗。詩不是「既定反應」，或爲一種目的束繫著，它的要求永遠是新鮮的、奇特的、創造的（〈深淵〉的每一節幾乎都是如此）。

以上幾點祇是幫助我們認識〈深淵〉初步必經的過程，其實它的優點絕不止此。我們對一首詩的論評，首先必是由於本身對它的喜愛，然後透過客觀的觀察，指出它的特殊性而摒棄其一般性與普遍性，如此一首眞正創造的作品才得以燦然聳立。

四

當我們仔細展讀〈深淵〉，它給予人的第一個印象就是全篇充滿著警句式的獨白，作者企圖以自己編織的密密的語言與意象的網，把讀者的視境團團地圍住。該詩從「孩子們常在你髮茨間迷失」到「沒人知道的一輛雪橇停在那裡」，共十四節，凡九十八行。整首詩的結構十分嚴密，使人沒有一點空隙可鑽。作者長於佈局，精於建設，他的詩不是姿勢，不是襯托，不是引號，而是異常繁密的一個完整的有機體。往往從內心深處把讀者的思維全面地佔領。爲便於探討起見，下面特把全詩抄錄。

我要生存，除此無他！同時我發現了它的不快。

——薩泰（Jean Paul Sartre）

孩子們常在你髮茨間迷失。
春天最初的激流，藏在你荒蕪的瞳孔背後。
一部份歲月呼喊著。肉體展開黑夜的節慶。
在有毒的月光中，在血的三角洲；
所有的靈魂蛇立起來，撲向一個垂在十字架上的
憔悴的額頭。

這是荒誕的；在西班牙
人們連一枚下等的婚餅也不投給他！
而我們爲一切服喪。花費一個早晨去摸他的衣角。
後來他的名字便寫在風上，寫在旗上。
後來他便拋給我們
他吃賸下來的生活。

去看，去假裝發愁，去聞時間的腐味。
我們再也懶於知道，我們是誰。
工作，散步，向壞人致敬，微笑和不朽。
他們是握緊格言的人！
這是日子的顏面，所有的瘡口呻吟，裙子下藏滿病菌。

都會，天秤，紙的月亮，電桿木的言語，
（今天的告示貼在昨天的告示上。）
冷血的太陽不時發著顫，
在兩個夜夾著的
蒼白的深淵之間。

歲月，貓臉的歲月，
歲月，緊貼在手腕上，打著旗語的歲月。
在鼠哭的夜晚，早已被殺的人再被殺掉。
他們用墓草打著領結，把齒縫間的主禱文嚼爛。
沒有頭顱眞會上升，在眾星之中，

在燦爛的血中洗他的荊冠；
當一年五季的第十三月，天堂是在下面
而我們為去年的燈蛾立碑。我們活著。
我們用鐵絲網煮熟麥子。我們活著。
穿過廣告牌悲哀的韻律，穿過水門汀骯髒的陰影。
穿過從肋骨的牢獄中釋放的靈魂，

哈里路亞！我們活著。走路、咳嗽、辯論。
厚著臉皮佔地球的一部份。
沒有什麼現在正在死去，
今天的雲抄襲昨天的雲。

在三月我聽到櫻桃的吆喝。
很多舌頭，搖出了春天的墮落。而青蠅在啃她的臉，
旗袍叉從某種小腿間擺蕩；且渴望人去讀她，
去進入她體內工作。而除了死與這個，
沒有什麼是一定的。生存是風，生存是打穀場的聲音，

生存是，向她們——愛被人隔肢的——
　倒出整個夏季的慾望。

　在夜晚床在各處深深陷落。一種走在碎玻璃上
害熱病的光底聲響。一種被逼迫的農具的盲亂的耕作。
一種桃色的肉之翻譯。一種用吻拼成的
可怖的言語；一種血與血的初識，一種火焰，一種疲倦！
一種猛力推開她的姿態。
在夜晚，在那波里床在各處陷落。

在我影子的盡頭坐著一個女人。她哭泣。
嬰兒在蛇莓子與虎耳草之間埋下……。
第二天我們又同去看雲、發笑、飲梅子汁，
在舞池中把賸下的人格跳盡。
哈里路亞！我仍活著。雙肩抬著頭，
抬著存在與不存在，
抬著一付穿褲子的臉。

下回不知輪到誰；許是教堂鼠，許是天色。
我們是遠遠地告別了久久痛恨的臍帶。
接吻掛在嘴上，宗教印在臉上。
我們背負著各人的棺蓋閑蕩！
而你是風、是鳥、是天色，是沒有出口的河，
是站起來的屍灰，是未埋葬的死。

沒有人把我們拔出地球以外去。閉上雙眼去看生活。
耶穌，你可聽見他腦中林莽茁長的喃喃之聲？
有人在甜菜田下面敲打，有人在桃金孃下……。
當一些顏面像蜥蜴般變色，激流怎能爲
倒影造像？當他們的眼珠粘在
歷史最黑的那幾頁！

而你不是什麼；
不是把手杖擊斷在時代的臉上，
不是把曙光纏在頭上跳舞的人。

在這沒有肩膀的城市，你底書第二天便會被搗爛再去作紙。
你以夜色洗臉，你同影子決鬥，
你吃遺產、吃粧奩、吃死者們小小的吶喊，
你從屋子裡走出來，又走進去，搓著手……
你不是什麼。

要怎樣才能給跳蚤的腿子加大力量；
在喉管中注射音樂，令盲者飲盡輝芒！
把種籽播在掌心，雙乳間擠出月光！
——這層層疊疊圍你自轉的黑夜都有你一份，
妖嬈而美麗，她們是你的。
一朵花、一壺酒、一床調笑、一個日期。

這是深淵，在枕褥之間，輓聯般蒼白；
這是嫩臉蛋的姐兒們，這是窗！這是鏡，這是小小的粉盒，
這是笑，這是血，這是待人解開的絲帶！
那一夜壁上的瑪麗亞像賸下一個空框，她逃走，

找忘川的水去洗滌她聽到的羞辱。
而這是老故事，像走馬燈；官能，官能，官能！
當早晨我挽著滿籃子的罪惡沿街叫賣，
太陽刺麥芒在我眼中。
哈里路亞！我仍活著。
工作、散步，向壞人致敬、微笑和不朽。
爲生存而生存，爲看雲而看雲，
厚著臉皮佔地球的一部份。……
在剛果河邊一輛雪橇停在那裡！
沒有人知道牠爲何滑得那樣遠，
沒人知道的一輛雪橇停在那裡。

我們從嚴密的透視中，赫然發現作者那種特具的創造的熱誠，尤其值得喝采。全詩幾乎每一行都是一個意象，一種引人入勝的境界，一種歇斯底里的焦灼，一種既是形而上的又是形而下的達達。譬如下面摘出的一些詩句：「所有的靈魂蛇立起來，撲向一個垂在十字架上的憔悴額頭」（第一節），「我們再也懶於知道，我們是誰。工作、散步、向壞人致敬、微笑和不朽」（第三節），「沒有什麼現在正在死去，今天的雲抄襲昨天的雲」（第五節），

「在喉管中注射音樂，令盲者飲盡輝芒，把種籽播在掌心，雙乳間擠出月光」（第十三節）

……像以上這許許多多充份展示十足創造的句子，作者一貫所捕捉的飛躍的語言的世界，能不令人爲之深深顫慄！

〈深淵〉中另一個不能掩蓋的特色是迷漫著一種高度知性的「戲劇感」，作者曾經是戲劇界實際的參與者，由於他深具表演的才具，所以不知不覺地把他的詩也摻入一些像是戲劇的影子。譬如他說：「今天的告示貼在昨天的告示上」、「哈里路亞，我們活著。走路、咳嗽、辯論、厚著臉皮佔地球的一部份」。這種對人生略帶戲劇性的批判，是多麼的攝人魂魄啊。〈深淵〉全詩就是以這種詼諧的、天眞的旨趣，製造一次次戲劇性的衝突，而使讀者沉浸在朦朧如夢的境界中。若祇強調戲劇性的衝突，並不足以使〈深淵〉奠定不可搖撼的基礎，同時必須注意詩的張力的融鑄。亞倫·泰特（Allen Tate）曾經指出：「詩的意義，完全在於詩的張力。詩的張力，就是我們在詩中所能找到一切外延力與內涵力的完整有機體」。我們如把「深淵」一行一行予以分析和解剖，自可立即感出一種說不出的壓力，那麼悠然自如地侵入到我們的心性上。（如原詩的第三、五、六、十、十三諸節便是最好的例證。）

優秀的詩作，都是超越「現實」，超越「時間」，超越「個人」而渾然獨立的存在。不錯，前面我們已經指出，作者在「深淵」中所企圖表現的是對世代的迷失，對歷史的迷失，對個人運命的迷失，但是在這些背後，則是顯示著無限的熱望與肯定。可能這就是〈深淵〉的主題。

所謂深度密度與廣度以及技巧云云，這些抽象的概念將會隨著〈深淵〉而猛猛地生長，它像是一個人的一生，從呱呱墮地、幼年、青年、壯年而老年，每一個過程都有一頁美麗的故事，一片不平凡的景象，我們檢視〈深淵〉從第一行到最末一行，雖然看不到詩人特殊的技巧，但自有其剛健的聲響從內裡嘩嘩流出。而促使〈深淵〉這個作品全面的成功，首先應是作者那份天眞爛漫的創作的狠勁，其次應是掌握語言特異的功效，其三應是作者講求嚴密秩序的建立，以及善於剪接，製造精確的對比等等，最重要的是作者將她心中久已融會貫通的觀念，能夠極自然地宣洩，而使每一個字、每一行、每一節，以及字與字，行與行，節與節之間都能緊緊地扣著，緊緊地仰望與緊緊地擁抱。簡言之，一種無形的內在的嚴密，一種誇張的具有強烈的彈性的外射，一種高度的自我之約制，都使我們不得不與「深淵」的作者，共享那空前情感經驗的欣喜。

下面再試著從〈深淵〉的每一節中抽出一兩句，以爲辯解。我們可以從「孩子們常在你髮茨間迷失」（第一節）發現作者許多靈魂的秘密。在第二節中他述說著「他的名字寫在風上，寫在旗上，後來他便拋給我們他吃賸下來的生活」。這也可說是作者對生活意義的看法與詮釋。「這是日子的顏面：所有的瘡口呻吟，裙子下藏滿病菌。今天的告示貼在昨天的告示上」（第三節）這全然是現實最犀利的譏諷。「在鼠哭的夜晚，早已被殺的人再被殺掉，沒有頭顱眞會上升，在衆星之中」（第四節），這該是如何令人發笑的戲謔啊。「我們爲去年的燈蛾立碑，我們用鐵絲網煮熟麥子。沒有什麼現在正在死去，今天的雲抄襲昨天的雲」

（第五節），這種暗暗的對現實以及自我批判的意識又是如何的深刻。「很多舌頭，搖出了春天的墮落。而青蠅在啃她的臉，旗袍又從某種小腿間蕩開；且渴望人去讀它」（第六節），「在夜晚床在各處深深陷落。一種走在碎玻璃上害熱病的光底聲響。一種被逼迫的農具的盲亂的耕作」（第七節），「我們回去看雲、發笑、飲梅子汁，在舞池中把臏下人格跳盡」（第八節）。這幾節都是對「性」作繪影繪聲的描述，雖很細膩，但卻沒有點污穢之感。「接吻掛在嘴上，宗教印在臉上，我們背負著各人的棺蓋閑蕩」（第九節），「沒有人把我們拔出地球以外去；當一些顏面像蜥蜴般變色，激流怎能爲倒影造像」（第十節），「你以夜色洗臉，你同影子決鬥，你吃遺產，吃粧奩，吃死者們小小的吶喊，你從屋子裡走出來，又走出去，搓著手，……你不是什麼」（第十一節）。是的，人算是什麼，也不算是什麼，這幾節可說是對生存的看法與願望作了最怵目驚心的披瀝。「把種籽播在掌心，雙乳間擠出月光！這層層疊疊圍你自轉的黑夜都有你一份」（第十三節），「那一夜壁上的瑪麗亞像臏下一個空框，她逃走，找忘川的水去洗滌她聽到的羞辱」（第十三節），「爲生存而生存爲看雲而看雲，厚著臉皮佔地球的一部份」（第十四節）。這些滿溢在作者心中的一份調侃，一份落寞，一份「厚著臉皮佔地球的一部份」的不得不生存的倦怠躍然紙背。作者在詩首引用了薩泰的「我要生存，除此無他；同時我發現了它的不快」這幾句警語令人頗堪玩味。若說〈深淵〉是圍繞著這個觀念而加以擴大和延伸亦無不可。作者在〈深淵〉中不可避免地把「性」放進去，搔痛人生的癢處，自有其特殊的用意。即由此而牽帶出對生存的不斷敲擊，對情意我世界的不斷發掘，從而對廿世紀的物質文明予以深深的抽打，不然作爲一個人的眞價值究竟何在，〈深淵〉以這個人道主義爲基點，深入這一世代強烈震撼但極薄弱的心臟，穿過若干歲月的洗濯，它可能與屈原的〈離騷〉，里爾克的〈旗手〉，波特萊爾的〈惡之華〉同其不朽。

五

如果說：「僧侶和教授都不配爲詩人畫像」的話，那末筆者以一個同道者的身份，對〈深淵〉所作的探討，可能有「畫虎不成反類犬」之譏了。美國文學批評家Frederick A. Pottle曾經指出：「批評家應該判別作品的高低，應該儘其所能做這件事，但是他們應該知道，他們所眞正批判的：乃是自己的敏感。」假如這話得以成立，我以爲至少本文可給讀者提供以下幾個線索。

第一、〈深淵〉之成功，是建構在作者強而有力的觀察上，由於作者有效地發揮了語言的張力，所以使全詩生氣勃勃，意趣盎然。

第二、〈深淵〉之產生，把中國現代詩截然劃分爲兩個世界，前者是優遊自如的抒情小品，後者是包羅更廣的世界於一刻之飛揚。

第三、〈深淵〉在進程上，好像波浪似的，一波推著一波向前逼進，但是它不是爆發式的，而是很有層次的，等前面的一波平息之後，後面的一波緊接著趕上，全詩凡十四節，好像十四條游龍，在浩瀚的洋面很有秩序地向前翻滾著、旋轉著、飛舞著。（也許這是筆者的幻覺，但我細讀〈深淵〉時，確曾有此感應。）在氣勢上，它散發著一種熱帶植物的異香，一種土黃色的琉璜水的怪味，一種女性髮茨間被擠出的夜色。在節奏上，它摒棄舒伯特式的抒情的旋律，而走著貝多芬交響樂般的豪華的步子，它要吸盡整個世界的燦爛，放出無限的輝煌。

第四、〈深淵〉的技巧是集各種表現手法的大成。諸如象徵、明喻與暗喻、矛盾語法的運用，嚴密秩序的佈建，節奏的不斷變調與跳越，以及內含的廣博與豐厚，……都使該詩佔有一個較大的位置。

沒有人知道牠爲何滑得那麼遠
沒人知道的一輛雪撬停在那裡

而〈深淵〉，而瘂弦的〈深淵〉，而我們的〈深淵〉，它不是正如隆冬的「雪橇」，停在遠遠的地平線上，使我們對它產生一種極其強烈的擁抱的意欲。

——原刊五十八年十一月〈新文藝〉月刊

〈荒原〉與〈深淵〉

無名氏

瘂弦曾被票選爲當代臺灣十大詩人之一。《瘂弦詩集》，評家目爲對臺灣現代詩影響最深遠。儘管他已封詩筆二十八年，其詩集仍持續閃爍光芒，瀰溢香氣，長期深獲廣大讀者喜愛。

〈深淵〉是中國的〈荒原〉

最值得大書特書的是：美國第一號中國通——中國問題教父費正清所編《劍橋中國史》，竟稱瘂弦的〈深淵〉長詩是中國的〈荒原〉。大家都知道，〈荒原〉爲西方二十世紀詩史開創了新紀元，它是諾貝爾獎得主T．S艾略特的代表作，曾經震撼了歐美詩壇，《劍橋中國史》是現代西方研究中國的經典之作，它給予〈深淵〉如此高的評價，不只是瘂弦個人光榮，亦中國文學界的盛譽。遺憾是：迄今尚無人把〈荒原〉與〈深淵〉二長詩作最簡略的評比。爲彌補此一空白，區區願按常識性觀點，試對此二詩作探索性的比較。

十九世紀美國名作家愛崙坡撰的長詩名作〈烏鴉〉節奏鏗鏘，迹近一闋音樂，但他卻很不贊成作長詩，說是吃力不討好，因爲氣勢難一以貫之。據他說，雖經典名作如荷馬的〈伊利亞特〉，也有接不上氣的地方。氣斷乃敗筆，正如中國書畫清規，斷氣即敗筆，爲書畫家大忌。不過，瘂弦從較長的詩如〈春日〉、〈印度〉到長詩〈從感覺出發〉和〈深淵〉，卻全能一氣呵成，語勢緊湊磅礴，結體完整，倒不容易。

《劍橋中國史》稱〈深淵〉是中國的〈荒原〉，儘管作者自謙，似對此詩仍有不愜意處，而另外有學人則譽爲可與〈荒原〉相比，我的初步印象卻是：此詩乃中國新詩的語言藝術的一座里程碑。

數數共九十八行，嚴格檢視一番，只有一句弱一點，即第二節「這是荒誕的」。（其實此是冗句，不妨刪削。）我們不能不肯定作者創造新詩語言的才華，全詩文字幾乎是發光透亮，銀閃閃的。

像下面一節，探照都市肉慾風暴、繪色繪影，實入木三分。它的震撼力量，不禁令人想起法國頹廢派名畫家羅德里克那些凸出肉慾的浪潮畫幅。

在夜晚床在各處深深陷落。一種走在碎玻璃上
害熱病的光底聲響。一種被逼迫的農具的盲亂耕作。
一種桃色的肉之翻譯，一種用吻拼成的
可怖的言語；一種血與血的初識，一種火燄，一種疲倦！

一種猛力推開她的姿態
在夜晚，在那波里床在各處陷落。

作者並未覿面那波里，這是想像力熔化文字藝術和個人經驗在開花。這又是想當然耳的事。當年瘂弦寫〈深淵〉，根本就不會考慮拿〈荒原〉作對手，想和二十世紀那位西方詩壇巨人比武。

不過，按目前臺灣詩人們熱衷追逐、捕捉奇句，奇異意象的思潮，區區倒想戲作下列比對，以博讀者一粲。

比如，我們不妨在〈深淵〉裡挑出下面一些句子：

「所有的靈魂蛇立起來」。「我們用鐵絲網煮熟麥子」。「厚著臉皮佔地球一部分」。「在舞池中把臍下的人格跳盡」。「你以夜色洗臉」。「你同影子在決鬥」。「在喉管中注射音樂」。「雙乳間擠出月光」。「那一夜壁上的瑪利亞像臍下一個空框，她逃走」。「當早晨我挽著滿籃子的罪惡沿街叫賣」。「一種用吻拼成的可怖的言語」。……

（當然，〈深淵〉中的鮮活動人的奇句並不止這些。）

我們再設法在〈荒原〉裡搜奇尋異，比如下面一些詩句：

「我讀得很夜」。「樹葉最後的手指／抓著濡濕的岸邊然後沉下去」。「在紫色的時分，當一些眼睛和背／從辦公桌上翻起」。「在花園中如霜的死寂以後」。「在岩石中的痛苦以名句，而〈深淵〉詩行僅及〈荒原〉四分之一左右，其所擁有的相當輝煌的詩句實不算少了。

對艾略特並無深邃研究，也敢暫時斗膽妄斷，〈荒原〉並未窖藏金山銀山似的奇句、麗句、

區區不妨再作戲語，若以幾十年來臺灣詩人追逐新奇名句及意象的標準來考察，我即使

一度再生了一個碎破的奇里奧蘭奴」①

後」。「那空的教堂，現在只是風的家」。「乾的骨頭傷不了任何人」。「浮游的流言／曾

〈荒原〉極具詩的魅力

現在再從戲語回到眞實。嚴格說來，就語言論語言，兩種語言文字的詩行根本無法作精確比較。一首名詩如譯成另一種文字，其原文的語言生命就消失泰半終遺神存骸。即使大詩人里爾克譯瓦萊里的名詩。五百行〈少司命〉爲德文，傳誦一時，但里氏的詩氣質及風格也不能脫胎換骨爲瓦氏的詩氣質及風格。不過，話說回來，譯詩雖如此艱困，但戴望舒譯波特萊爾與洛爾加，我們多多少少仍可由其譯文呼吸到原詩一縷極稀薄的香味。若就譯小說論，當年穆木天譯巴爾札克，連書名全譯錯，把「貝姨」譯成「從妹貝德」。如此劣譯，在傅雷譯本「貝姨」未出世前，區區讀穆譯，竟在其未譯錯的部分，仍感受到這本不朽名作的震撼。這正是傑作之爲傑作處。它們如萬里長城或金字塔，哪怕你只見到其一小段，也可領略其不平凡處。所以，只要咀味到原作百分之幾的訊息，也可多少嚐鼎一臠。

基於上面認知與經驗，我這才多少以探索心情，試拿瘂弦大作和艾氏名作的名句做一粗

糙比較。從上面艾詩奇句中，多少也可窺探出它們的意象或涵意所指。

自然，〈荒原〉的語言美及其特色，並不全靠單獨的奇句、佳句，它的語言的主要生命在於其現代人的口語腔，和語言的戲劇化，以及它們的原創性的韻味、節奏感、張力，和其他一些因素〈荒原〉那些艱澀與苦心經營的「字謎」，迄今尚未完全被「揭穿」）②，而這些又賴一節詩的綜合集體的和諧表現，而不靠個體個別字句的突出效果。

詮釋艾氏詩語特徵極透徹的是諾貝爾委員會頒獎詞的幾句話，說他「能在用字遣詞、境界理趣上維持不落言詮，它只專心在題旨上求表現，使那些看似樸質生硬的字句不時散發出一種意料不到的、奇妙如天啓式的光芒。」

猶憶四十七年前，在未見艾氏原詩及第一個中譯本（趙夢蕤女士譯，她是詩人陳夢家的妻子，燕京大學神學院院長趙紫宸的女兒）之前，先在上海大公報〈文藝〉副刊上，我讀到王佐良教授譯〈荒原〉章片斷。現在我還能背出下面一段（和葉維廉及杜若洲所譯略異）。

假如有水
無石
假如有石
有水
泉水

池在石間
假如只有水聲
…………③

那時，我即使單單朗誦這一段中譯，亦覺新鮮，至于原詩所閃射的整體和諧的魅力，就更不必說了。

上述頒獎詞也說：「艾略特作品裡，純詩的成分並不多」，這大約也是〈荒原〉不著重形式很突出的奇句、佳句的原因之一。相形之下，瘂弦〈深淵〉似比較著重「純詩的成分」。這裡「荒原」又一次重複一個古老教訓，眞正好詩並不一定全靠奇句、佳句、名句，雖說奇句、佳句、名句亦是創造好詩的條件之一。而詩語的魅力也不全仗個別新奇單句，最重要的仍在整體風格及內涵。唐代賈島那首「尋隱者不遇」就是佳例。

〈荒原〉分量沉重，〈深淵〉富張力

艾略特「論喬埃斯的〈優里西斯〉」說：「用神話，在現代性和古代性之間掌握著一種持續的平行狀態，喬埃斯所用的方法必被後人效法」④據學者們研究，〈荒原〉正是利用古代神話事件與現代生活事件的平行狀態的相聯，組成了〈荒原〉的架構。在這種架構下，此詩用高度象徵的手法，展開扮演「追索者」的詩人。追索愛與信仰，而終於失敗的故事。

艾氏利用神話、歷史和現代生活裡的一些戲劇性故事，作支撐性的鋼筋水泥，這才建築了〈荒原〉這座堅實的現代化詩歌大廈。全詩是「讓一切情緒作有秩序的展露」⑤。這也合乎艾氏個人詩觀之一，他認爲：現代最佳抒情詩都是戲劇性的。（其實西方經典長詩名作多屬史詩、戲劇詩、故事詩。）

總之，〈荒原〉以它複雜奧妙的語言及內涵，爲西方二十世紀詩史率先開創新紀元。研究此詩的論文，幾乎汗牛充棟，區區所以極簡陋的把研究艾氏的學者們對此詩的起碼共識草草再炒一次冷飯，是因爲《劍橋中國史》早已拿〈深淵〉比〈荒原〉，而中國也有人以二詩作比較，我不得不粗糙的綴文，略予提及。何況「他山之石，可以攻玉」若作比較，亦可見〈深淵〉得失。

艾略特的〈荒原〉多借重神話、歷史、戲劇性、故事等等，作爲骨架，支撐全詩，故分量沉重。而所借重的神話，歷史等等，象徵幅度亦頗大，乃廣泛的激起弦外之音。再說，艾氏利用這些支撐體時，藝術手法繁雜，故效果宏富。〈深淵〉一詩，瘂弦首先吃虧在未充分營造較堅實宏深的縝密架構，亦未運用他擅長的炮製戲劇化故事作襯骨，藉以傘撐內核深層，豐富並活潑全詩內蘊，且強化內結構的生命力，以提昇詩的實質，進而深化詩的表現藝術和歷史生命暨宏觀世界現實的結合性，並使詩語更爲強項而富張力。

再說，他所暴露的世界、社會現象大致屬常見，象徵幅度不夠最廣大，而其所蓄主要義蘊、倫理性亦強於邃密玄學性。

單仗才華畢露的語言攻打一些黑暗的城市現實，地球眞實，由于浮現於文字而又相當寄生于文字力量的現象本身已被架空，彷彿一個空心稻草人，故語言文字著力點的持續迴應及投射的耐久彈力不免稍稍虛弱點，雖說臨場效果相當大。

〈深淵〉是中國新詩史上的里程碑

較之〈荒原〉在世界現代詩史上的輝煌成就，無庸諱言，〈深淵〉自尚有一些距離。然而，由于它獨特的獨白形式，燦爛的語言藝術，作爲一個東方詩人的全球性的傾訴，仍應肯定它一定的國際水平。若撇開一切比較文學觀點不談，純就中國新詩觀點而言，我們更應肯定它下列各項成就：

上面已提過，〈深淵〉是中國新詩史上一座語言藝術里程碑。其文字語言的創新，影響、啓發了當時及後來詩人，因而可以說，截至〈深淵〉出現時止，此詩應是中國新詩的一座語言文字高峯。

〈深淵〉誕生後，迄今三十四年，作爲新詩主流的臺灣，（甚至包括近十數年大陸），諸家在詩語空間爭妍鬥艷，但就整體而言——包括詩語的氣勢、情調、音樂節奏感，似罕見後來居上。（比如，近年夏宇在聯副發表的十四首十四行詩，確已呈現新一代詩人的語感，但整體的豐碩性似仍未超過〈深淵〉。而且，人們印象是：她那十四首詩的各首內質、外形，在他首似曾相識。）

還不僅僅是詩語藝術的造詣。七十年來，在中國新詩人群，面對「現代文明的枯燥與虛弱」，「現代人」「心靈的枯竭空虛」，特別是，一個中國智識分子所負荷的特殊時代苦難的載重：民族的、國家的、家庭的、社會的、個人的，甚至是全球性的。分派給每一地球個體承擔的，……面對這些滔滔洪水似的黑暗，痙弦可能是第一個以長詩傾瀉自己的——也是衆多社會人的痛苦感受，憤懣、憎惡、諷刺、抨擊、揭發，加上抗議與哀悼。從這一角度看，〈深淵〉倒眞是中國的〈荒原〉。而且，在這一詩空間內，一時尚無其他現代長詩代替，或奉獻出同樣的詩歌宏效。

再就學者們的共識：艾略特〈荒原〉的人文精神是：「溶和了『生命與死亡』、『眞實與想像』，『過去與現在』」〈深淵〉雖在風格、內涵上相異，但在某種程度上，仍藉有效的藝術傳達，多少也表現了與〈荒原〉相同的人文精神。

再以中國現代詩史上的長詩而言，截至目前止，〈深淵〉仍屬屈指可數的罕見佳構之一。

〈深淵〉具朗誦效果

除了上述幾點，此詩尚可肯定的是：全詩雖不必成于一朝一夕，卻一氣呵成，氣勢充沛，若非出自一股沛然莫之能禦的生命原動力，似不易如此貫氣。全詩以第一人稱，抒寫我思、我見、我聞、我感。這種獨白風格，有點像左拉「我控訴」的體裁，詩一拉長，本來讀者易膩。但由于作者不斷巧妙的轉換畫面、聲音，以及所思、所感，而且所譴責的事物、現象的本質雖有相似，裸裎的形象卻刻意求異，故詩雖長達九十八行，讀來尚不單調。

至於文字語言，作者確已投注最大心血，全詩幾無弱句或頹軟詩行，意象亦多準確，且一擊即中。其他詩人可能要費兩句或三句才完成的一個新鮮意象，有時他只簡潔一句，即水到渠成。而且，通體雖五味甚至十味雜陳，卻仍不乏作爲他詩歌「招牌」的那種獨特情調，即苦中之甜味，以及由此情調駢生的音樂節奏感。

這種節奏感，伴隨詩的張力，在接近詩尾處，幾達到高峯：

這是深淵，在枕褥之間，輓聯般蒼白。
這是嫩臉蛋的姐兒們，這是窗，這是鏡，這是小小的粉盒。
這是笑，這是血，這是待人解開的絲帶！
那一夜壁上的瑪利亞像剩下一個空框，她逃走，
找忘川的水去洗滌她聽到的羞辱。
而這是老故事，像走馬燈；官能，官能，官能！
當早晨我挽著滿籃子罪惡沿街叫賣，
太陽刺麥芒在我眼中。
哈里路亞！我仍活著。

作者得感謝自己是個名演員，像上面一段，即使朗誦，也會感動聽衆的。寶島現代詩羣的佳篇，能經得起這類朗誦的，恐少而又少。

這九十八行詩，可收朗誦效果，不只是回饋了洋溢音樂感的中國古典詩詞，也回答了人們長久以來的一個疑問：現代詩能不能貢獻聽覺享受？不用說，不只〈深淵〉的回答，而整本《瘂弦詩集》的回答，等于爲未來自由新詩的音樂節奏奠定了最初基礎。

有人說，此詩預言了大陸文革，按區區親歷文革經驗，此說大可商榷。因爲，文革那一波波排山倒海的罪惡浪潮，及其魔鬼黑濤，和〈深淵〉的氣勢及其內容尙有些距離。

臺灣詩壇已具世界級水準

前文所以用「戲作」「對比」字樣，其實區區另有涵意。作了前文「對比」後，我是藉此想說幾句久藏于心的話。我是想說，或者，我敢說，中國不愧是詩歌古國，蔚富悠久詩史。純就詩歌的遣詞造字，臺灣一些名詩人的能耐，恐較當今所謂「世界級」名詩人並無愧色，有時甚至可能青于藍勝于藍。只要翻看近年獲諾貝爾獎的幾位西方名詩人的作品中譯本，或零星譯作，就可大致瞭然。（前文已談過譯詩品賞）。目前，由于中華民國臺灣在政治上尙仰承他人鼻息，連帶文化、文學的國際地位一時似也抬不起頭。

其實，西元四七六年，日耳曼傭兵隊長奧多瓦加趕走最後一個羅馬皇帝羅穆斯·奧古斯都路斯後，西羅馬宣告滅亡，從此時起，直到但丁（一二六五—一三二一）這顆巨星昇起止，約當中國南朝宋齊時代。至元朝之崛興，這八百年，從劉宋而隋唐、五代、宋代，中國不知出現多少詩歌名作及許多名詩人，而世界級偉大詩人如杜甫、李白、李商隱、蘇東坡（兼偉大詞人）、陸放翁、偉大詞人辛稼軒等人，也有好幾位。在這段漫長歲月，西方詩歌幾乎一片空白。再由元而明清，中國除繼續誕生一些名詩人詞人外，還出現一度被譽為中國莎士比亞的關漢卿以及其他著名戲劇詩人如馬致遠、鄭光祖、白樸、王實甫、孔尚任等。儘管英國閃爍當年天王巨星莎翁及及二十世紀現代的艾略特，但名詩人數量仍遠遜中國，其他各國更不在話下。

雖說詩重質不重量，但天空較小星斗蝟聚太多，其光芒亦可奪單一的或極少數巨星，何況中國詩史上並不乏巨星，時至今日，我們絕不會再作「五四」時代國粹的尾巴，一味迷古，但今人仍可自豪的說，環顧全球，中華民國堪稱最偉大的詩民族。我們絕不能妄自菲薄。再就現局論，至少，臺灣短詩名篇已具國際水平，應屬定論，而不必請西方文人或漢學家作裁判員或法官。

近數十年，西方漢學家並未眞正吃透中國現代文學。前幾年諾貝爾獎評審委員馬悅然來臺灣，竟謂矛盾小說艾青詩作可獲諾獎，登時遭此間詩人批駁，馬氏乃自認對寶島文學尚缺研究，終又改變態度，親譯商禽詩為瑞典文，英文，並出版，且表示甚喜瘂弦之詩。回溯若干年前，除了《劍橋中國史》肯定〈深淵〉成就外，美國雜誌界重鎮之一著名的《大西洋月刊》，也分別刊出瘂弦的〈上校〉與〈蛇衣〉英譯。近些年洛夫詩作亦有美國人士研究，並受歐洲注意，余光中作品也被歐洲注意，連大陸北島詩篇亦由馬悅然譯爲瑞典文出版。臺灣（包括大陸）的詩作大量湧入國際空間，乃是遲早之事。所可惜的是，我們雖擁有不少專攻西洋文學、語言學的專家，執教西方大學，而國內大學外文系亦不乏飽學之士，卻鮮有人肯下功夫對臺灣現代詩與西方詩作比較研究，撰寫論文，在國際文學會議上宣讀，或在西方學術刊物上發表。亡羊補牢，只有待于來日了。目前唯葉維廉教授勤譯勤介中國現代詩，唯孤掌難鳴，尚待後繼者。

才草完此文，六月二十四日，適見聯副刊瘂弦「年輪的形成——寫在《八十一年詩選》卷前」，其下面一段，倒與我上面管見相近，特輯錄如下：

「可以這麼說，今天的臺灣文學界早已與世界文化藝術潮流同步，我們的文壇，可以與任何國家平起平坐，西方什麼樣子的光怪陸離也嚇唬不了我們。我們再也不像西化時期那樣，對外來的東西頂禮膜拜，照單全收。一種正確的辨別力、批判力是普遍養成了，任何新興事物，我們都可以加以選汰、過濾，進行正常的轉化和吸收。經過了多少年的徬徨；對西方，我們逐漸了解，包括它的缺點和局限；『浪子』和『孝子』都已從世界各地回到了自己文學的原鄉，我們已經尋回自己的信心。」

瘂弦詩——智性與感性結合

在其他文章裡，我已對瘂弦其他詩作略加品鑑。此節末尾，不妨再加三款陋識。其中一款是過去已提出的論點的補充。

一是瘂弦詩心——創作原動力，出自對人類終極的強烈關懷，遂洋溢博愛深情。他的詩篇甚少純寫個人自我。而由于他的一片厚重愛心，甚多作品遂呈強勢抒情性。他曾說：「具有生命力的作品，就是好的作品」。又說：「寫出生命的本然，人人看了以後，心都會『揪』起來。」不用說，強勢的愛心正是人類生命力（生命的本然）的重要馬達（雖不是唯一馬達）。

一是他的詩風格可以說是：又現實、又幻覺、又主觀、又客觀、又幽默、又諷刺、又甜潤、又苦澀、又瑰美、又陰沉、又抒情、又冷肅、又泛愛、又嫉惡、又溫柔、又嚴峻。可以說是五味十味雜陳，衆音齊發，是多樣的統一，其變幻多元化異常凸出。

一是整體說來，他的詩篇形體豐腴，肌肉均勻，有別于某些詩人作品的瘦骨嶙峋。他的某些傑作，幾乎通體亮晶晶的，金子似的。波特來爾說，詩是表現「企望的瞬間」。瘂弦某些有魅力的詩句、滿載這種「瞬間」感，是眞正的「靈魂的抒放」（波氏語）。他的許多句型動感強烈，頗接近音樂性質，卻又是智性與感性的混血，遂產生多義性的複合的詩效。

最重要的是，有別于其他詩人，他的詩句不管形姿如何新穎，卻絕非僅僅一種姿態。（如巴黎時裝模特兒的表演）。在姿態後面，總有相應的實質意義在支撐，所示顯示出紮實。唯一例外可能是「獻給馬蒂斯」。後來他有自知之明，自畫招供，說：「『給馬蒂斯』這首詩頗造作，我們都很『假』。」

這是詩人對藝術流露最大的誠意。此詩確實浮現不少漂亮動人的句子。問題是，姿態重于實質意義。我想，當時詩人恐怕未必見過多少馬氏油畫原作，說不定僅閱覽幾本他的畫冊，而對他本人（包括他的藝術）恐怕也無徹底研究。由于此時他已精熟語言創造技巧，他一時大約相當自信，相信詩句表現藝術的萬能化。不可否認，此詩確實閃射他的語言才華，只可惜「文」遠過「質」。當年法國詩人阿拉貢曾撰短詩獻給馬氏，而愛呂雅則爲畢卡索畫冊題過一些短詩，他們全是畫家好友，感受較深，而短詩亦較傳神，瘂弦寫這類長詩，策略上似乎先就吃點虧了。

——原刊《國魂》雜誌（一九九四年二月出版）

【附註】：

① 引葉維廉譯〈荒原〉。

② 引葉維廉譯〈諾貝爾委員會頒獎詞〉。

③ 事後四十幾年，後面若干行我背不出了。

④ 引葉維廉譯。

⑤ 引葉維廉譯。

瘂弦的三組詩

——為「古今文選」賞析所寫

陳義芝

瘂弦，本名王慶麟，民國二十一年農曆八月二十九日生於河南省南陽縣楊莊營村東莊。青年時代於大動亂中入伍，隨軍輾轉來臺，服務於海軍。後應邀赴美入愛荷華大學作家工作室研究兩年；再入威斯康辛大學東亞研究所，獲文學碩士。早年曾主編《創世紀》、《詩學》、《幼獅文藝》、《聯合文學》等雜誌；現任聯合報副總編輯兼副刊主任，靜宜大學中文系教授。

瘂弦以詩之拓植知名，著有《瘂弦詩集》、《中國新詩研究》，公認爲一代大家，從之者衆，影響最爲深遠。民國五十三年參加「國父傳」話劇演出，飾演國父，展現了他在戲劇方面的才華；同年以詩創作方面的成就當選十大傑出青年。

晚近二十年，瘂弦不再發表詩作，他全身投入文化事業，大力提昇文學編輯的工作意義和莊嚴性；對報紙副刊「探索眞理、反映眞相、交流眞情」的目標，懷有使命，也充滿智慧。

一、讀瘂弦的「北方家園」：〈乞丐〉、〈紅玉米〉、〈鹽〉

這三首詩見《瘂弦詩集》卷之二「戰時」。〈乞丐〉與〈紅玉米〉作於民國四十六年十二月，瘂弦二十五歲時；〈鹽〉作於翌年一月。四十六、七年是瘂弦詩創作最豐收的時期，他同時進行「北方家園」及「外國城邦」兩組不同風味的詩，爲詩壇所矚目。

關於中國北方大陸，瘂弦保留了十分深刻的記憶，所有人事物，他都同情了解、充分感受，並以之經緯他心目中傳統中國人的土地情懷、生命祈願；〈乞丐〉等三首從不同角度呈現二十世紀初葉中國基層社會風貌，具有很深的歷史感喟，足以見出「瘂弦風」裡民謠寫實的一面。

〈乞丐〉第一節寫乞兒對未來生活的想望。春天來了以後，雪會融，鳥會啼唱，狗也感到溫暖而叫跳：春天暗藏著乞兒的希望。

第二節：可是，事實上，乞丐的生活卻不可能有甚麼改變，依舊借住在關廟裡，除了簷下曬曬太陽、無所謂地把襪子曬在關刀上，以及漫不經心地唱「蓮花落」的小調，還能做些甚麼呢？畢竟只是一棵酸棗樹啊——實非美實，材非美材。大家的太陽無私地普照；情況好不了，但也不致更壞。

第三節以自我獨白映現困窘的境遇。「與乎」之後接的是三個詞組：「死蝨般破碎的回憶」、「被大街磨穿了的芒鞋」、「藏在牙齒的城堞中的那些殺戮的慾望」，這三項狀況襯得「一個子兒也沒有」的問題更形嚴重——身世淒涼，點點滴滴像被掐死的蝨子；而行路乞討的鞋破了，肚子也空了。牙齒咀嚼的慾望，要求痛快大吃一餐的想法可是藏也藏不住的！

第四節用籬笆的隔絕，更寫乞兒的無助，然則，天道無私的哲學再度凸顯：只有月光，月光沒有籬笆，月光如牛奶般注在他破舊的瓦缽裡。

第五節是乞兒對金錢和權貴的假想，係承前饑餓之折磨而來。金幣鑄像與朝笏拖在塵埃上，一爲潛意識的嚮往，一爲自我寬慰。

兩個「誰」，都是詩中的「我」：人生的夢編織在依呀嗬的小調裡，這也是窮苦人的一種生命情態。

結尾加上棘杖開花的意象，呼應起首。棘杖開花，不就有果實可食了？——永遠抱著希望，仍是要表現窮人存活的堅韌。但詩人並不下結論，留給讀者自去尋思。

或謂棘杖截自酸棘樹；「依呀嗬」比單獨的一個「啊」字有音樂性。像這些別出心裁的地方都可看出詩人運思落筆的功力。

〈紅玉米〉詩中的「我」判斷是一位近六十歲的老人。年老最容易想家，何況在記憶的屋簷下始終掛著那串紅玉米。藉著那串紅玉米的記憶，詩人引出許多童年的情景，例如：私塾逃學的下午、祖父的死、玩叫哥哥、滾銅環等。

驢、桑、京城、蕎麥田，都可以看作是瘂弦對北方風物的眷戀。

至於私塾空了、戒尺冷了、祖父的亡靈還沒有回來，以及桑樹下一頭驢兒引發的對表姊的思情，在不屬於叫哥哥的季節裡聽到叫哥哥的鳴聲，遙見外婆家就哭了……都含時間遁逝的悲涼，卻又暗藏光景迷離的熱情。

時間定在宣統年間，「宣統」是清朝最後一個年號，短短只有三年，隨即創建了中華民國。因此，「宣統那年的風」對讀者而言，更有遙遠、陌生、滄桑等感覺觸發。

我常想，紅玉米一幕，在詩人心中表徵的也許正是淪落的家園、喚不回的「傳統」，有親人作他記憶的背景及源泉。那些事物不僅他未歷離亂之苦的女兒（身世現代）不懂，即使是對農村情貌有相當了解的凡爾哈崙（外國詩人）也不會懂。

透過瘂弦淡淡哀愁的筆，紅玉米已變成芳馨古老的中國最鮮明的意象。

〈鹽〉是發生在近代中國的一則沈痛故事，其中最突出的還是社會民生問題，當然有詩人對制度的批評，對官僚冷漠無情的抗議。劉紹銘說得好：「二嬤嬤雖無名無姓，在本詩的地位，卻是民國以前一切苦難中國人的百家姓，是陳李張黃何，是歐周胡馬麥。」（見「劉紹銘作「瘂弦的《貓臉的歲月》一文」）

詩人首先以豌豆沒有開花的意象表明收成無著，雖然「天使們在榆樹上歌唱」，但榆花耀眼並不能解饑。這是一個轉折，而且用「天眼」的字眼，含有很深的諷喻性，詩思因此而豐饒起來。瞎了的二嬤嬤耐不住荒年之苦，悲苦地叫著「鹽呀，鹽呀，給我一把鹽呀！」這句話在後二節也一再出現，具有強烈的震撼人心的作用。鹽是生命不可缺的物質，因此鹽是詩人眼中的生命。「鹽務大臣的駱隊在七百里以外的海湄走著」，他們離二嬤嬤太遠，他們絕不會關照到她的哀苦。「天使們嬉笑著跟她開玩笑，二嬤嬤絕望了。武昌起義成功那年，二嬤嬤已上吊走了，「走進了野狗的呼吸中，禿鷲的翅膀裡」，而「那年豌豆差不多完全開了白花」，老太太放著好日子沒過，只留下很多聲音傷逝在風中。這首詩的張力全在悲劇性的釀造，一句一折，一折三嘆，令人激賞！楊牧在「鄭愁予傳奇」一文中讚揚這篇作品是二十年來少數屬於寓憐憫和批判冷肅的新詩，值得細細品味。

需要補充說明的是：二嬤嬤沒見過退斯妥也夫斯基，表示她的窮苦並沒有得到擅長描寫窮苦之人的作家的注意；結尾：退斯妥也夫斯基也沒見過二嬤嬤，表示退氏儘管偉大，卻不可能關切到中國。那麼，瘂弦寫這首詩就頗有以中國退斯妥也夫基自期的意味了。

此外，第二節第二行的「七百里」，不僅實寫她住的地方與海的距離，也形容權貴大臣與民生疾苦離得很遠；第二行「一束藻草」不僅寫二嬤嬤住在北方內陸沒有過藻草，也象徵盲瞳的死白，看不到綠色生命的藻草。

二、讀瘂弦的「外國城邦」：〈印度〉、〈巴黎〉

〈印度〉成於民國四十六年；〈巴黎〉成於四十七年。當時瘂弦仍在海軍服務，船艦航行的情懷與放眼天下的知識渴求，激盪出十三首以海外地名當詩題的作品，見《瘂弦詩集》

卷之四「斷柱集」，這些作品是瘂弦對世界各地歷史文化的心靈省察；是文學的測繪，不是地理的寫眞。黃慶萱教授在《中國文學鑑賞舉隅》書中讚揚瘂弦作品對歷史的感受說「無論其深度和廣度，確已超越所有的古人（按指前人）；此亦時代所使然」。據瘂弦〈詩人手札〉所記：「我們的關鍵是：在歷史的縱方向上，首先要擺脫本位積習禁錮，並從舊有的『城府』中大膽地走出來，承認事實並接受它的挑戰；而在國際的橫斷面上，我們希望有更多現代文學藝術的朝香人，走向西方而回歸東方！」那麼，〈斷柱集〉不正可看作是瘂弦詩想悠遊於西方而回歸東方、大開大闔的一段歷程之成果？

●

瘂弦〈印度〉一詩如聖樂般完美和諧，除得力於「馬額馬啊……」這等祈使呼告的語氣，使情感顯得眞誠急劇；尤貴在春夏秋冬時序之推衍從容不迫，人的一生，從誕生、長養、嫁娶到死亡，也都有邃深的寄意。藉著對聖雄甘地的讚歎，瘂弦寫活了印度取得新生最動人的情景！

以抒情筆法，展現印度的人文景致、歷史氛圍，刻繪教人追思膜拜的聖者境界，我想，是這首詩必將傳世的最大因素。

全詩共分八節。第一節寫嬰兒一生下來（同時也指爭取獨立的印度子民）即體受到甘地的愛與照拂；「讓他們在哭聲中呼喊著馬額馬啊」，聲情在耳。第二、三節：「子宮般的黑暗」，使人聯想到印度在黎明前的掙扎；喜馬拉雅山和孟加拉灣是印度的地理背景，伽藍鳥、小白樺、櫻草花則是符合環境事實的襯物。孩子在自然中（如柿子在柿子樹上「瓜熟」，蘋果自蘋果樹上「蒂落」）接受甘地的祝福，也在印度的經書中明明白白地看了這一位聖者親切的形象。

第四節與第五節是歌頌甘地帶引青少年作人生哲學的思索，使他對印度的前途有更進一層的體悟；從「留下印度，靜默日和你」，我們感覺「甘地幾乎就是印度」。

第六節用菩提樹、香爐、蒲團等證道意象，寫甘地宗教家般獻身的精神，將智慧與仁慈鐫刻在史詩的長卷裡。第七節詩人著力刻繪人倫至美的情態，充滿幸福、喜悅和希望，凸顯出甘地親和平易的一面，且含有禮之大成的意義。說它是印度獨立的暗喻，也未嘗不可。

「衰老的年月你也要來啊」，記述冬的哀思，深沈緜遠。響尾蛇的哭泣、白孔雀的夭亡、恆河的淚光，都在襯托人的死亡。花開過了，歌唱過了，幕落下來了；然而，「在圓寂中也思念著馬額額馬啊」！

將法國巴黎所代表的都市文明提昇到人性精神面去探討的中國詩，至今仍以瘂弦寫於民國四十七年的〈巴黎〉一首，最具典型性，最爲傑出。表面上看，這首詩寫巴黎男女、官能的流行糜爛。深入體會，則不難察覺，追問人類沈淪與救贖的問題，才是詩人的終極關懷。

從詩的開頭引了〈地糧〉的句子，可以想見瘂弦對紀德作品的共鳴與喜好，也如同紀德一般，寫詩是對生命赤誠的詮釋，而不只是本能和慾望的描寫。

〈巴黎〉的結構安排：一至三節爲一組，四至六節爲一組，表現兩種聲色，匯合成一整體。第一組圖景——輭輭的絲絨鞋在這裡指女人性感的嘴唇；「當一顆殞星把我擊昏」，有驚艷、沈迷、墮落等多重指涉。「晚報與星空之間」，就時間言，是黃昏到夜；就空間言，晚報是鋪在地上的，星空是掛在天上的，情慾的發洩，以天爲幕，以地爲席。「在屋頂與露水之間」，指從夜到晨；迷迭香強感官刺激。代表巴黎人的「你」是一個凹陷的谷，是一朵山花，誘人偷嚼的餡餅，或者殘渣。

第二組圖景——面對性的挑激，純潔爲粗暴所摧毀，直理微賤如一莖草。「午夜的罌粟」是一個繽紛狂亂的世界；「鞋底的絲質的天空」映出奢靡的氣息。第四節最後一句是性愛的隱喻。嬰兒莫知所以地出生，母親蒙著臉穿過聖母院，這世界除了汙穢、怨恨，什麼也沒有給他們。是環境的影響，還是命運的悲劇？無可奈何的「你」是必須流下去的河、必須生長的草，甚至是被穿過、蹂躪過就忘了的鞋子。

最後一節，詩人總結對遙遠的巴黎的關注、憂思：在自然與人文之間，在絕望與希望之間，儘管有人墮落、選擇死亡，但仍有超拔聳立的鐵塔，作爲未來期待的表微。

三、讀瘂弦的「人生情懷」：〈給橋〉、〈如歌的行板〉、〈一般之歌〉

〈給橋〉出自《瘂弦詩集》卷六「徒然草」；〈如歌的行板〉和〈一般之歌〉出自卷七「從感覺出發」。這三首詩按序作於民國五十二年、五十三年、五十四年，連同〈下午〉、

〈復活節〉等七首是瘂弦截至目前為止，公開發表的最後一輯詩。五十四年四月底，瘂弦與張橋橋女士結婚，第二年赴美入愛荷華大學作家工作研究兩年；在愛荷華時，瘂弦曾說：「預料回國後當再出一集，那將全係在美國所寫的了。」然而，至今未出。因此，瘂弦的最後一輯詩就特別值得我們珍視尋味了。

在這一輯詩中，詩人性情之甜美及思想的冷肅，有美妙的結合；而主要的精神則是一種人世風霜雨雪的深沈感、哲理性。

●

〈給橋〉是一首戀愛詩，以全新的造境刻繪出詩人心目中女子柔婉的情態；幽思、怨慕和執著；代表詩人深刻的情愛觀。橋是瘂弦對女友、後來的妻子──張橋橋的暱稱。

這首詩在一、四節後各出現一個映襯句「讓他們喊他們的酢醬草萬歲」。這一句用法特殊，如非熟悉西班牙內戰時反政府軍以酢醬草圖案為袖章裝飾，恐不易確切掌握其意義。瘂弦在聯合文學「愛情文學專號」（七四年十月）上，為此曾作說明：我寫「給橋」一詩，正是婚前一年半、「睡在情人膝頭」的時候。所以我說「讓他們喊他們酢醬草萬歲」。我不大相信睡在情人膝頭上的人仍會想著革命與救世；如果真有這樣的人，那就任他去吧──讓他們喊他們的酢醬草萬歲！

第一節，草（牛蒡）、河、雲、天都屬緜緜悠悠、情的意象。加上杜步西的音樂、飄著穀物香的水磨和雀聲，更令人神往；自然就不會有世俗的慾求。「天藍著漢代的藍／基督溫柔古昔的溫柔」，也在形容當下集合所有過去的古典的美；時近五月，正是撩人心絃的暮春季候。

第二節是說，在漫長的一生中縱然暗藏有悲淒的調子、一些不幸的陰影或詛咒，但能夠朝朝暮暮念他、惦他，卻是多麼地美麗！此處不僅顯示鍾情，也宣告人生的價值標準。豎笛和低音簫想係承前之杜步西而來，杜氏作有「詩曲」，末章爲「愛人之死」。

第三節是對她的現況的體貼與繫念，著墨淡而意濃。第四節以自己作例，申述隨意之可喜，期望她也能隨意地歡喜接受。詩中的「他」，即詩人「我」。

五節以後由李清照的「聲聲慢」起興，古今兩種情境化合爲一，極盡纏綿。易安自夫君趙明誠去世後，過著轉徙流離的生活，備感寂苦，「守著窗兒，獨自怎生得黑」和瘂弦的「整整一生是多麼長啊」同予人痛楚感；「給橋」中所謂的「一支歌」，無非「尋尋，覓覓……」那首秋詞；而悔恨，當然是「滿地黃花堆積」之恨。

最後一節，任誰也不說那樣的話呢？詩人不點破，讀者卻不難猜想：是「若誰先死」那樣的話。瘂弦以「遂」字引動惝怳之思，並言失落、遠遠遠遠地，更加教人鏤心。

●

〈如歌的行板〉最特出的是那股流盪的音韻。前兩節十六行中出現十九個「之必要」，藉著句型及節奏的變化，竟絲毫不覺其重覆累贅。十九種必要，各具輻射性，擴散性，擴散開來，幾乎包含了人世一切。由於瘂弦用了溫柔、酒、香花、看女子走過、散步、溜狗、飲茶、面海微笑、懶洋洋等舒緩的人事情態穩定這首詩的速度，因此其間雖插進戰爭、殺戮、商業、賭博、醫藥、死亡……也不致亂了「行板」的章法。

人生境遇一如本詩中所羅列，似零亂又似有機，眞實的面貌正是如此連綴而成的，如歌謠一般。行板，恰代表人生行路的步調。

唯有認清生命的本質，才有繼續生活的方向和勇氣。你我既被目爲一條河，總得繼續流下去；這世界，淡素與絢麗、慈悲與毒害、善與惡，不相爲謀，但恆常並存。「如歌的行板」的啓悟性就在這裡。

還有一點值得提：「××之必要」這種句式，六十年代創自瘂弦，至今在許多場合仍廣爲媒體襲用，詩人的精神和詩的不朽，由是亦可見。

●

〈一般之歌〉即生活之歌，這首詩透露了瘂弦部分（或謂某一時期）的人生觀照。作者隱身幕後，採用客觀投影的方法，將生命歷程裡的場景一幕幕如動畫般呈現出來，語調冷靜，看似不經意的安排，其實環環相扣，皆具有象微意義。國民小學、鋸木廠、菜園、郵局、網球場、火車站、曬衣場……都是我們生活裡直接或間接會接觸到的地方。至於心思，如雲飄在上空，不爲人知的悲哀則躲在伸向遠方的鐵道旁；而不管遭際如何，我們都必須學著承應順受，沒什麼好怨尤也沒什麼好憤激的。

第三節——「五時三刻一列貨車駛過……」，意指黃昏逼臨，生的列車（特別是黑色匣櫃的貨車）駛過了；生命打了個結又去遠了，人最後的走向是荒煙漫草的墳場。世界到此本已悄無聲息（「死人們從不東張西望」），然則，詩人隨即以「那邊露臺上一個男孩在吃著桃子」爲這世界注入一股純稚新鮮之氣，前後光景，形成極大的對照。露臺既是露滴之處也是日照之所；詩人所欲表達的日夜更替、生命循環之理，藉此似也有暗示。

末二句「不管永恆在誰家樑上做巢／安安靜靜接受這些不許吵鬧」，有樂天知命、樸拙渾厚與強韌的積極涵意。詩人在詩中無需呼喊「中國」，而中國人的生活性情即自然地表露出來！

二十年前（一九六七）楊牧寫瘂弦的《深淵》後記時曾說：「我們等著看他怎麼樣從『一般之歌』變化出來。」二十年後，我們愈加焦心地期待，因爲我們深知：他是眞正寫得出好詩的詩人。

——原刊民國七十六年六月二十七日—七月二十五日《古今文選》新第六五七—六五九期

第三輯　詩作評論

瘂弦的情感世界

蕭　蕭

一、完整的瘂弦

能以一本詩集八十七首詩，風行臺灣詩壇，歷數十年而不衰者，大概只有瘂弦吧！

要了解瘂弦，最主要的依據是他於民國七十年出版的《瘂弦詩集》（洪範版）。此書是他先後出版的《苦苓林的一夜》（香港國際圖書公司，民國四十八年）、《瘂弦詩抄》（即《苦苓林的一夜》臺灣版）、《深淵》（五十七年）、《鹽》（英文版，五十七年）、《瘂弦自選集》（六十六年）等書的所有詩作之完整定本，有此一集，可以有系統地了解瘂弦全部寫詩歷程而無遺珠之憾。

不過，《瘂弦詩集》前身各書之出版頗多轉折，詳述如後，或可做爲版本學研究之參考：

瘂弦詩集第一次出版，原名《苦苓林的一夜》，民國四十八年，香港國際圖書公司印行，在臺灣發行時改名《瘂弦詩抄》，包括目前集中卷一至卷三的作品。九年後，民國五十七年，易名爲《深淵》，臺北衆人出版社印行，收詩六十首分爲七卷，前有序詩〈剖〉一首，後附王夢鷗「寫在瘂弦詩稿後面」，葉珊的「深淵後記」，及作品年表，版本比三十二開略小。同年，英文詩集《鹽》（Salt）在美國愛荷華大學出版。五十九年十月二十五日，臺北晨鐘出版社據衆人版增詩九首後刊印，所增之詩爲：〈憂鬱〉、〈歌〉、〈無譜之歌〉（〈無譜之歌〉增入卷之三，卷目即改「遠洋感覺」爲「無譜之歌」、〈佛羅稜斯〉、〈西班牙〉、〈赫魯雪夫〉、〈懷人〉、〈所以一到了晚上〉、〈獻給馬蒂斯〉。並刪去前述王、葉兩篇後記，增入十六節瘂弦的〈詩人手扎〉，書型改爲四十開本。次年，又補上兩篇後記，恢復三十二開本，仍由晨鐘出版社發行。

六十六年十月，黎明文化事業公司出版《瘂弦自選集》（三十二開本），選入《深淵》集中詩作四十一首，卷目依舊，另增第八卷「二十五歲前作品集」，收入〈我是一勺靜美的小花朶〉等四十二年至四十七年間未輯入《深淵》集中的十八首詩。前有素描、生活照片、手跡、年表，後附〈理論與態度〉（羅青作）、〈有那麼一個人〉（范良琦訪問瘂弦）、〈作品評論引得〉等。

瘂弦自民國四十年開始寫詩，至五十四年創作停止，計有十五年的寫詩歷史。發表詩作則是民國四十三年以後的事，第一首發表的詩：〈我是一勺靜美的小花朶〉，刊登於「現代詩季刊」第五期，四十三年二月出版。此詩恬靜柔美，節奏輕快，二十五年後的今天重讀，依然令人讚歎瘂弦之善於把握詩的內在音樂，不僅注意詩句最後一字的韻脚，而且詩章六節的最後一句都重複著「我是一勺靜美的小花朶」，其前面一句則以「墜落」結束，每節的這一句的字數和句法各有不同，使詩的節奏有所變化①，讀至每節的最後兩句，可以讓人感覺到美的輕飄微漾，彷彿身在雲端：

不知經過了多少季節，多少年代，
我遙見了人間的蒼海和古龍般的山脈，
還有，鬱鬱的森林，網脈狀的河流和道路，
高矗的紅色的屋頂，飄著旗的塔尖……
於是，我閉著眼，把一切交給命運，
又悄悄的墜落，墜落，
我是一勺靜美的小花朵。
終於，我落在一個女神所乘的貝殼上。
她是一座靜靜的白色的塑像，
但她卻在海波上蕩漾！
我開始靜下來。
在她足趾間薄薄的泥土裡把纖細的鬚根生長，
我也不凋落，也不結果，

我是一勺靜美的小花朵。

瘂弦最晚的一首詩，應是五十四年五月所寫的〈復活節〉（即〈德惠街〉），流暢的氣勢依然，活跳的語字依然，其中更有沈潛而在的深義，三十三歲的瘂弦是要不同於二十二歲的瘂弦，但其間衍變的痕跡明晰可見：

她沿著德惠街向南走
九月之後她似乎很不喜歡
戰前她愛過一個人
其餘的情形就不太熟悉
或河或星或夜晚
或花束或吉他或春天
或不知該誰負責的、不十分確定的某種過錯
或別的一些什麼
——而這些差不多無法構成一首歌曲

雖則她正沿著德惠街向南走
且偶然也抬頭
看那成排的廣告一眼

寫作最豐的時期是四十六年與四十七年兩年，共成詩四十首左右，佔全集中的十分之六。四十六年的詩給人的感覺是：「當我們掀開那花轎前的流蘇，發現春日坐在裡面」〈春日〉的那種清暢與甜蜜。四十七年則「跳那些沒有什麼道理只是很快樂的四組舞」〈無譜之歌〉。當然，四十七年下半年，對瘂弦而言是一次小小的躍進②，〈巴黎〉（七月作品）、〈倫敦〉（十一月作品）、〈芝加哥〉（十二月作品），陸續推出，像「你唇間輭輭的絲絨鞋踐踏過我的眼睛」，像「乞丐在廊下，星星在天外，菊在窗口，劍在古代」，像「在芝加哥我們將用按鈕寫詩，乘機鳥看雲，自廣告牌上看燕麥，但要想鋪設可笑的文化那得到凄涼的鐵路橋下」，這些詩句膾炙人口，風靡一時，〈巴黎〉一詩且曾獲「藍星詩獎」，而詩風則已稍異於四十六年的清甜柔舒，現實生活的感應，衍展與批判，逐漸揉入詩句中。

奇怪的是，四十七年這一年，洛夫風格也巨幅轉變，〈投影〉（三月作品）、〈我的獸〉（六月作品），都在這一年間完成。四十七年元月，瘂弦發表〈給超現實主義者〉一詩，是爲了「紀念與商禽在一起的日子」，或許，超現實主義的自動語言也給了瘂弦一些啓示，而後才有四十八年的〈從感覺出發〉及〈深淵〉兩詩，〈深淵〉一出，瘂弦在詩壇上地位已穩若泰山，爲群嶽所拱。同年，商禽的名詩〈長頸鹿〉、〈滅火機〉，洛夫〈石室之死亡〉首輯作品，都同時在《創世紀》十二期刊登，猗與盛矣！其中，〈深淵〉名句，長久以來，猶爲人傳誦不絕，如：

哈里路亞！我們活著。走路、咳嗽、辯論，
厚著臉皮佔地球的一部份。
沒有什麼現在正在死去，
今天的雲抄襲昨天的雲。

四十八年，瘂弦寫下〈赫魯雪夫〉、〈瘋婦〉等刻畫人物的作品，極爲出色，他曾於四十二、三年間就讀政工幹校「影劇系」，描繪人物時頗能抓住對象的特質及其內在感情的瞬間變化，引逗出一個蘊含繁複情節的小小輪廓，這是現代詩的一條新的生路。次年，他繼續寫出〈上校〉、〈坤伶〉等詩，一起輯入詩集中的第五卷「側面」，與第四卷的「斷柱集」——詩人心中嚮往的各大都市「想當然耳」的橫切面，成爲《深淵》裡的兩大特色，爲其他詩人其他詩集所無。

此後，瘂弦沈寂了兩年。五十二年而有〈給馬蒂斯〉一詩，這首詩似乎是瘂弦作品中的變調，意象繁瑣，韻律滯塞，瘂弦自己也頗痛恨，認爲是造作的、假的（見葉珊〈深淵後記〉）。

這樣的逆向轉激，可能導致五十三年〈非策劃性的夜曲〉，五十四年的〈一般之歌〉的產生，詩思凝聚，結構緊密，保持早期的輕快調子，再無冗字贅語。其時，洛夫剛剛完成〈石室之死亡〉，商禽正唱著〈逢單日的夜歌〉，然而，瘂弦卻眞正成爲「瘂弦」了，從此不再繼續創作詩，而以整理史料推展詩運，五十五年初，《創世紀》二十三期出版，即開始連載「中國新詩史料掇拾」。詩人的創作生命雖然結束，乃以整理詩史爲其職責，奮鬥不懈，令人感佩！這部分論文資料，後來集成《中國新詩研究》，民國七十年元月「洪範書店」出版。

《中國新詩研究》一書，包括了瘂弦早期的詩觀，當時以〈詩人手札〉零星發表，如今集爲〈現代詩短札〉，可以拿來印證瘂弦寫詩的心路歷程，頗値讀者參考。卷二的〈早期詩人論〉及卷三的〈中國新詩年表〉，則是瘂弦研究三、四十年代詩人的重要結晶，如果再配合他所編寫的《朱湘文選》、《戴望舒卷》、《劉半農卷》、《劉半農文選》等書（均爲洪範版），那就更能看出瘂弦對於早期新詩作品所下的研究功夫，而這些研究應該也是早年瘂弦詩作養分之所來自。

我們一方面相信詩才之天生，一方面更相信後天的深入探研與歷練的重要性，一個詩人的成長，前輩作家、古今書籍的深遠影響，就瘂弦的詩來看，除何其芳外，並未有十分顯明的特殊血緣關係存在，但羅青在「瘂弦研究資料初編」中列舉將近二十位詩人、小說家，認爲瘂弦曾從中吸收養分，因而創立自己的風格，姑存其說，以備查考。羅青認爲：「大陸時期的詩人如廢名、郭沫若、何其芳、卞之琳、辛笛、綠原、蘇金傘等人的作品，都成了他寫詩的養料；臺灣時期的詩人如李莎、鍾鼎文、墨人的作品，對他早期的詩風影響也不小，尤其是明秋水與覃子豪，成了他最親近的指導者，對他的詩作品評修改，鼓勵不斷，是瘂弦成長時期的良師益友。透過翻譯，瘂弦讀了不少詩和小說，對他的詩風也造成了相當程度的影響。較明顯的有美國的愛德加．坡、惠特曼，法國自然主義的小說家，和詩人如愛呂亞等，俄國詩人馬亞可夫斯基，及舊俄的小說家，還有一些拉丁美洲的詩人如奧克他維奧．柏茲（Octavio Paz）等人。」③

二、瘂弦的情感世界

瘂弦，本名王慶麟，民國二十一年（一九三二年）農曆八月二十九日生於河南省南陽縣東庄，十七歲還在讀中學的他，就因時代動亂而在湖南零陵從軍，而後隨軍輾轉來臺。

四十二年，瘂弦入政工幹校（今「政治作戰學校」）影劇系，畢業後服務於海軍陸戰隊，結識張默、洛夫，創辦《創世紀》詩刊，成為「創世紀」之鐵三角，影響臺灣詩壇甚大且鉅。民國五十五年九月他應邀參加愛荷華大學國際創作中心，嗣後入威斯康辛大學獲碩士學位。

瘂弦曾先後主編《創世紀》詩刊、《詩學》雜誌、《幼獅文藝》等刊物，目前是聯合報副總編輯兼副刊主編，對於詩的推廣、後進的提攜，不遺餘力，非惟獨善其身而已，更能兼善天下。他溫柔敦厚的詩風與人格，確實春風化雨了好多晚生後輩，言教與身教的影響，遠超過其他同輩詩人及學院中之執教者。

對於他詩作的特色，辛鬱曾提出四點看法，頗爲中肯：

第一點，辛鬱認爲通常一首詩的語言有兩種型態，一種是敘述性的，客觀的，描寫的語言；另一種是表現性的，一般也稱主觀陳述的語言。瘂弦善於掌握這兩種語言，交互應用，產生非常強悍的、媚惑人的力量，這種力量自然包括了瘂弦詩中音樂性的講求，他透過語言表達了詩的的內涵，烘托了詩的氣勢。

第二點，瘂弦擅長以現代人的生活語彙，靈活的編織意象，有強烈的趣味性，更有一種新鮮感，非常甜美的節奏感，極爲自然流暢。

第三點，應用了西方超現實主義的語言技巧。

第四點，瘂弦的詩有戲劇性的效果，這是由許多單一的動作所構成的，這些動作有些產自人身上，有些則來自事物、事件上，而構成戲劇效果。（以上辛鬱談話紀錄，見之於聯亞出版社《現代名詩品賞集》）

能以簡短語句道出瘂弦特色，予人深刻印象的，大約要以張默在《中國當代十大詩人選集》所寫的讚辭最爲中肯，他說：

「瘂弦的詩有其戲劇性，也有其思想性，有其鄉土性，也有其世界性，有其生之爲生的詮釋，也有其死之爲死的哲學，甜是他的語言，苦是他的精神，他是既矛盾又和諧的統一體。他透過美而獨特的意象，把詩轉化爲一支溫柔而具震撼力的戀歌。」④

這是對瘂弦詩的印象的總體反應，所謂「甜是他的語言，苦是他的精神」，一針見血之論，將瘂弦詩的內在精神與外在形貌表露無遺。瘂弦與鄭愁予、楊牧，雖然同為婉約詩人，寫作「冷肅柔美的詩」各自享有令譽，但其間另有個別差異。鄭愁予內柔外剛，一股對人生對自然堅毅不撓的氣勢貫串在其中；楊牧是吟唱詩人，自吟自唱，對歷史古典懷抱著永遠的虔誠，對眞與美一往情深；瘂弦則臂擁現實的苦難，唇吻大地的傷痕，顯現投入現實泥沼的心意，而恆以短促而響亮的笛音陪伴時穩時蹎的腳步。

因此，我們以流盪的情感來尋求瘂弦的動向，可以發現他的甜與苦表現在五種不同的情的層面上，這五個不同的情的層面形成瘂弦的特殊世界：

一、**情韻綿邈而流盪**：

情韻的綿邈與流盪，瘂弦的表現側重於歌謠式的小調，我們相信他可以吟誦許多北方民間小調，而這些小調轉化為詩，使瘂弦詩中的音樂性增強，最明顯的表現是〈乞丐〉這首：「酸棗樹，酸棗樹／大家的太陽照著，照著／酸棗那個樹。」即使悲涼如〈唇〉，如〈鹽〉，亦然。

即使後期的〈一般之歌〉，也仍然可以感覺出來：

至於雲現在是飄在曬著的衣物之上
　至於悲哀或正躲在靠近鐵道的什麼地方
　總是這個樣子

五月已至
而安安靜靜接受這些不許吵鬧

情感的傳達如果能以線表示：瘂弦是不規則而又諧和不紊，不盡轉折而又圓融的，譬如〈憂鬱〉這首：「蕨薇生在修道院裡／像修女們一樣，在春天／好像沒有什麼憂鬱／其實，也有」。每一次的轉折可能是無理的，但因爲音樂緊密的連串而得其圓融，〈下午〉是成功的作品：「我等或將不致太輝煌亦未可知／水葫蘆花和山茱萸依然堅持／去年的調子／無須更遠的探訊／莎孚就供職在／對街的那家麵包房裡／這麼著就下午了」。不盡的轉折使你覺得情韻的延引和流暢。

二、情調屬北方風光：

早期的瘂弦，四十六、七年間出現的詩，充滿著北方情調，援用許多特殊名詞，形成十分與衆不同的北地風光，包括：哨吶、銅環、陀螺、蒺藜、花轎、流蘇、野荸薺、白楊、蕎麥花、酸棗樹……等等，誠如〈紅玉米〉這首詩所寫的：「好像整個北方／整個北方的憂鬱／都掛在那兒」，一時引起許多年輕人的仿學。嚴格說，瘂弦是屬於先天的天才詩人，可以襲用他的語詞，但學不來彷彿天賦的情調，尤其是南方海島長大的孩子，不曾浸淫過北國的風聲與雪色，如何感覺「很多聲音傷逝在風中」？如何能寫出充滿傳奇性的〈山神〉？

樵夫的斧子在深谷裡唱著
怯冷的狸花貓躲在荒村老嫗的衣袖間
當北風在煙囪上吹著口哨
穿烏拉的人在冰潭上打陀螺
冬天呵冬天
我在古寺的裂鐘下同一個乞兒烤火

三、情節充滿戲劇感：

瘂弦學過戲劇，詩中人、事、物的出現、轉折與消失，有著十分完整的戲劇結構，如上引的〈山神〉：「春天，呵春天，我在菩提樹下爲一流浪客餵馬」，「夏天，呵夏天，我在敲一家病人的銹門環」，幾乎就是一個戲劇雛形的壓縮。「斷柱集」具有異國情調，其中不乏可資索尋的傳奇，「側面」爲人物造形的具體塑現，每一句幾乎都承載著戲劇裡一個小小的高潮。瘂弦說：「在題材上我愛表現小人物的悲苦，和自我的嘲弄，以及使用一些戲劇的觀點和短篇小說的技巧。在「側面」這一輯篇裡，差不多都是寫現實人物的生活斷面。」⑤如〈坤伶〉一詩，姚一葦教授曾加以析釋，評價極高⑥：

十六歲她的名字便流落在城裡
一種凄然的韻律

那杏仁色的雙臂應由宦官來守衛
小小的髻兒啊清朝人爲她心碎

仔細的讀者可能還發現句尾的押韻，自然而然，情韻的綿邈與北國的風色依然迴蕩在其中。

四、情趣帶有反諷味：

瘂弦是一個機智型的詩人，忽然有從天外飛來的詩句，往往從矛盾情境中產生奇趣，羅青爲瘂弦欣賞而拔舉，大約就因爲羅青詩中滿溢的諧趣吧！瘂弦詩中之趣，往往還有反諷的意味，〈赫魯雪夫〉：「又用坦克，耕耘匈牙利的土地，他的的確確是個好人」，這是十分明顯的嘲諷，〈修女〉、〈故某省長〉也隱約可以覺察。〈給橋〉詩中重複兩次的「讓他們喊他們的酢醬草萬歲」，自然也是瘂弦式的俏皮。〈深淵〉三行：「在剛果河邊一輛雪橇停在那裡。」給人突兀的感覺，造成驚奇之趣，也有一點反諷的味道，萬物存在本來就不相違棄，雪橇就讓它停在那裡吧！從中思索，這豈不是〈深淵〉所含蘊的思想之一？

五、情結不免超現實：

「創世紀」詩社一直被一般評論家、讀者，將它和「超現實主義」聯結在一起，超現實主義是好是壞，本難定評，因爲有人因此而寫出極好的詩，如商禽、洛夫、管管，但也偶而不免失敗之作，形成舟橋不濟的隔絕局面，溯自詩經、楚辭，降至今日新起的年輕詩人，誰不偶一爲之？因此，把「晦澀」歸罪於超現實主義是不當的，是偏狹的，尤其在民國四十五年至五十五年間，現代詩壇競出奇句、異想，超現實主義的影響不能說不大，當然，無可諱言的，它也造成混亂與隔絕。換言之，超現實主義因爲使用者的不同，造成或良性或惡性的不同結果。

瘂弦自然不免於這種影響，瘂弦承認「早期的詩可以說是民謠風格的現代變奏，且有超現實主義的色彩。」⑦如〈深淵〉中豐碩的意象與情節，〈如歌的行板〉中不相連屬的各類必要，都算是十分妥切的。而〈下午〉的第二段，〈從感覺出發〉、〈給馬蒂斯〉的大部份，則有堆砌與孤立的弊病，這是時代的弊病。就像六十五年以後淺白俚俗之作，突然充斥在詩壇上，又形成另一種缺憾。

《瘂弦詩集》有小調的輕快，也有深沈博大而悲壯的交響曲，同時展現兩種風格，而能保持瘂弦一貫之特色，其中的微波與洄瀾，均有可觀之處，瘂弦的情感世就這樣開展在讀者的眼前，忽急忽緩地震盪著。

三、如歌的瘂弦

舉一首詩做爲例證，可以了解到瘂弦的詩爲什麼傳唱久遠，歷三十年而猶迷人。

如歌的行板

溫柔之必要
肯定之必要
一點點酒和木樨花之必要
正正經經看一名女子走過之必要
君非海明威此一起碼認識之必要
歐戰、雨、加農砲、天氣與紅十字會之必要
散步之必要
溜狗之必要
薄荷茶之必要
每晚七點鐘自證券交易所彼端
草一般飄起來的謠言之必要
旋轉玻璃門之必要
盤尼西林之必要
暗殺之必要
晚報之必要
穿法蘭絨長褲之必要

馬票之必要
姑母遺產繼承之必要
陽臺、海、微笑之必要
懶洋洋之必要

而既被目爲一條河總得繼續流下去的
世界老這樣總這樣：——
觀音在遠遠的山上
罌粟在罌粟的田裡

——民國五十三年四月

〈如歌的行板〉，可以視爲馬致遠的一首小令〈天淨沙〉（秋思）的一種變奏，前面兩段，十九種必要，彷彿就是「枯藤老樹昏鴉」以至於「夕陽西下」的十個名物，最後一段的「觀音在遠遠的山上，罌粟在罌粟的田裡」則相當於「斷腸人在天涯」。但形式可歸結於此，內容則不相類，要更繁複多了，不僅物類增加，句式的變化也盡其所能靈活轉換。

分析這十九種必要，從物的質材上來分，大約可以分爲三大類：

一是名物：如酒、木樨花、歐戰、雨、加農炮、天氣、紅十字會、薄荷茶、謠言、盤尼西林、晚報、馬票、陽臺、海、微笑。

二是行爲：如散步、溜狗、旋轉玻璃門、暗殺、穿法蘭絨長褲、繼承姑母遺產。

三是態度：如溫柔、肯定、正正經經看一名女子走過、君非海明威此一起碼認識、懶洋洋等。

如果從物的屬性上來分析這十九種必要，也可以有三種類型：

一種是戰爭的意象：如歐戰、雨、加農砲，天氣與紅十字會之必要，暗殺之必要。

一種是無奈的意象：如溜狗、懶洋洋等。

一種是享受的意象：如溫柔、酒和木樨花、陽臺、海、微笑等均是。

這三種意象交互而分置於各句，使人在「戰爭」與「享受」之間不知如何自處，不得不出之以「萬般無奈」的一種方式去反映生活，因此，十九種「必要」是一種「反諷」，其實它所指涉的應該是「非必要」，河「總得」流下去，世界「總」這樣，不論什麼樣的戰爭、享受也無非如此而已，那有「必要」之可言？

其次，我想指出這十九種必要的相互關係，只是一種「物理變化」而已，戰爭使人逃避於生活的縱放與享受，因爲享受之不能全然適意，所以有無奈、虛無、不安的感覺，三者之間相互爲因爲果，有順有逆，時反時合，其間關係是量變而已，到了最後三行始有「化學變化」產生，使得前二段十九種「必要」有其存在之必要，不致落空，否則，只不過是一堆遊戲文字而已，不能有引人的力量。如果十九種必要是主觀的，則後兩行是客觀的；如果十九種必要是西洋的，則後兩行是中國的；如果十九種必要是具體的，則後兩行是象徵的。這也是前後兩段明顯的一種對比。

最重要的對比卻是最後兩行：

觀音在遠遠的山上
罌粟在罌粟的田裡

觀音高高在山上，是神聖的徵象，罌粟卑微在下，是罪惡的代表，這兩者本來不相干，一聖一罪，竟能同生同存而不相悖，這是中國人一貫的生活態度，因此，現代詩的語言或許有西洋的影響，思想倒是純中國的傳統思想，瘂弦詩的可貴處或許就在這裡。既然被目爲一條河，總得繼續流下去，這是中國人順天從命，與天地同生的哲理，「流下去」是生命力堅韌的表現，也是一種隨遇而安的處世態度，生命之歌，或可不同，但總得唱下去呀！

【附註】

① 這種方法爲瘂弦所擅用，如〈在中國街上〉詩分六節，每節的最後一句分別爲「詩人穿燈草絨的衣服」「且回憶詩人不穿燈草絨的衣服」「更甭說燈草絨的衣服」「以及詩人穿燈草絨的衣服」「要穿就穿燈草絨的衣服」「且穿燈草絨的衣服」。再如〈巴比倫〉各節的結句爲：「我是一個黑皮膚

的女奴」「我是一個滴血的士卒」「我是一個白髮的祭司」「我是一個吆喝的轎夫」，句式不變，最後一字皆有相近之音，則是更進一步的變化使用。而〈鹽〉則插在中間叫著：「鹽呀，鹽呀，給我一把鹽呀！」

②楊牧在〈鄭愁予傳奇〉中認爲：瘂弦直到寫成〈懷人〉、〈秋歌〉、〈山神〉以後（一九五七年）才毅然告別何其芳，完全奠定了他自己的風格。（文見《鄭愁予詩選集》序，志文出版社六十三年三月初版。）

③〈瘂弦研究資料初編〉原刊於《書評書目》三十三期，六十五年一月出刊，次期有張默的〈瘂弦研究資料初編補遺〉。

④《中國當代十大詩人選集》，張默等主編，源成文化圖書供應社六十六年七月十五日初版。「瘂弦詩選」的編者讚辭在二六一頁。

⑤參見范良琦訪問瘂弦的文章〈有那麼一個人〉，原刊六十年十二月出版的第四期《臺大青年》，收入黎明文化事業公司出版的《瘂弦自選集》。

⑥參見姚一葦〈瘂弦的坤伶〉，原刊《中外文學》第二十五期（六十三年六月出版）。

⑦同註⑤。

——本文由〈瘂弦的情感世界〉及〈感覺之必要〉二文合成，分別選自《燈下燈》、《現代詩縱橫觀》二書。

中國現代詩壇的一座熄火山

——從瘂弦的詩出發

羅葉

他是上一代詩人中掙騰激烈過的一個。

前言

一、這篇文字的認眞程度令自己驚奇。在撰寫期間我盡力與五六十年代的瘂弦會合，甚至神經質到以爲自己就是瘂弦，這樣子寫出來的解釋難免會偏頗，而我的本意是以爲這樣可以使偏差減少。

二、這篇不應算是詩論性文字。關於瘂弦作品介紹我看過楊牧所寫的《瘂弦詩集》後記，我從瘂弦的詩出發，另用一些文字作比較，這些都是過去的閱讀基礎。所引的詩，集中在幾個詩人身上，一是我看過的集子不多，二是在三天半的初稿期內想聯想到許多詩句，並不容易。有些論斷或許不準確，那是因爲執筆的人不是名家。我少用學院評詩法，儘量以感覺帶動，讀者若非有瘂弦詩的閱讀基礎，某些地方如歸類等是不會懂的，當然很多地方仍是可以不具閱讀基礎的，那是我自己的一些發現及引述，尤其在後半部。三所作介紹按年代排列，覺得重要的詩才加以申述，結尾分幾點歸納。與詩有關的，如馬蒂斯和拉菲爾的畫，我已盡力搜索，企圖有作者的欣賞印象。我努力的原因有二。一是我覺得自己和「瘂弦」有「緣」，所以才會很神經的寫這篇，二是我希望藉此推動建中的讀詩風氣，當然不限新詩。這也是瘂弦上次來校時的一個願望，建中或許以後會出一個詩社吧！

四有一陣子我感覺披頭四沒有我想像中那麼偉大，我懷疑他們的歌，但後來我又肯定他們是偉大的。對於瘂弦的詩也一樣，未寫這篇以前，我感覺他的詩好卻無法確實說出來，在撰寫之間我甚至察覺到某些詩的不真及水準不齊，然而在寫完之後，我靜靜沈思，終而發現瘂弦沒有我想像中的偉大，而他真是有他偉大的一面！

一九八三·四·三十

一九五三

民國四十二年「現代詩」季刊在臺北創刊，紀弦主編，楊喚、鄭愁予、方思、林泠等人開始了他們的影響，同年瘂弦在該刊上發表了〈我是一勺靜美的小花朵〉：

在那遙遠遙遠的從前，
那時天河兩岸已是秋天。
我因爲偷看人家的吻和眼淚，
有一道銀亮的匕首和幽藍的放逐令在我眼前閃過！
於是我開始從藍天向人間墜落，墜落，
我是一勺靜美的小花朵。

羞澀的、含蓄的，她是一勺靜美的小花朵，也是一個調皮的小女孩，因爲偷看別人的吻和眼淚，墜入她美麗而幽藍的放逐。接著詩人敘述她奇妙的星辰之旅，用天眞的口吻繪出長長的一幅畫。這一勺靜美的小花朵，我曾在林泠的「三月夜」中遇見，而最早她是住在楊喚的「童話裡的王國」。

瘂弦和林泠一樣繼承了楊喚的童心（其實每個人都有童心），雖然二者對於自由中國的童話詩貢獻不大，但對其自身的詩產生了不小的影響。由此我們亦可推測「現代詩」早期的風格是清新婉約的。

終於，我落在一個女神所乘的貝殼上。
她是一座靜靜的白色的塑像，

但她卻在海波上蕩漾！
我開始靜下來。
在她足趾間薄薄的泥土裡把纖細的鬚根生長，
我也不凋落，也不結果，
我是一勺靜美的小花朵。

在這裡要注意「我開始靜下來。／在她足趾間薄薄的泥土裡把纖細的鬚根生長」二句。「靜下來」後面加的是句點而不是逗點，顯示了「靜」的表面狀態，同時也爲下一句作了伏筆，長句「在她足趾間薄薄的泥土裡把纖細的鬚根生長」，以長長的句子暗示了鬚根生長的緩慢，同時也更顯得這朵花的「靜美」。這類例句甚多，保留到後文再談。

「我是一勺靜美的小花朵」，從瘂弦的創作歷程來看，是詩人宣告他找到了他的土地，楊牧在「昨日以前的星光」中告白他「在文學浩瀚的大海上找到了我的國土，我眞以萬千驚喜把生命投向了詩！然後我開門出來，晨光是另外一種意義的晨光，星夜是另外一種意義的星夜，我自另一個立足點在宇宙萬物間把握到了生命的價值。」這也正是瘂弦最好的寫照，以後這勺小花朵在詩國的土地上不斷茁壯，終長成現代詩壇的一棵大樹！

一九五五～一九五六

收在《瘂弦詩集》中的作品，沒有一篇成於一九五四年，這和詩人自己的出書態度有關。瘂弦曾對楊牧說：「此集選詩六十首，對過去作一總結，選入的都是我認爲可傳的，沒選入的都是我認爲可恥的。」拿這句話來衡量軟體充斥的今天，不以多產爲務而能沈默於苦心創作的人實不多見！

從一九五五到一九五六年，瘂弦寫下「藍色的井」、「地層吟」、「工廠之歌」、「瓶」、「鼎」、「小城之暮」、「婦人」、「傘」、「劇場，再會」、「詩集的故事」、「葬曲」等，其中「地層吟」唱著含蓄的矛盾，「鼎」是感傷的靜物畫，「小城之暮」是有趣的童話（畫），「詩集的故事」有所感卻不成熟，「劇場，再會」是詩人自己演戲看戲的感想之一。瘂弦十六、七歲於大陸動亂中入伍，隨軍來臺後入政工幹校影劇系，他的詩觀和技巧有許多是從影劇方面出發的，譬如「婦人」一詩的兩個鏡頭：

那婦人
背後恍動著佛羅稜斯的街道
肖像般的走來了

我在臺大附近搜索這幅圖快一上午，結果空手而回。不過瘂弦將婦人的步伐變爲街道的幌動，這幅畫也夠高明了。林良先生曾評過某報文學獎的一篇散文，特別提到一個類似的句子，句意是有個人朝著長廊那頭走了，在這邊有面鏡子映著她，而作者說那人是往鏡裡一直走去，漸去漸淡，原句的感情豐富，可惜我一時找不到。（也許並未集結出版）

如果我吻一吻她
拉菲爾的油畫顏料一定會黏在
我的異鄉的髭上

讀者至此豁然明白，原來瘂弦講的是拉菲爾的油畫啊！這便用的是電影的拍攝技巧，先將鏡頭固定在一小景上，然後鏡頭往後拉往後拉，最後才看到整個場景的眞面目！這眞是夠意思了，好像是導演在「開玩笑」，但其間也牽扯到比例關係。一個「景」的攝影有時要拿副主題來襯托，像有一張照片上是美國中西部的仙人掌，山在遠方，仙人掌彼此並立，何奇之有？但細看之後，發現正前方的仙人掌底部站著一個人，比例大小大概就像火柴棒旁正立著一顆紅豆，這會令你說不出話的！

瘂弦在「傘」中運用了重複技巧。「沒有什麼歌子可唱」重複四次，既可作休止符，又能作爲歌曲的調子，用在這篇，當然有助於他內心的表達，但就內容而言，這樣子的詩是否較適宜於詩人自己回味呢？無可諱言的，這類詩句是瘂弦極明顯的個性，「傘」較之後期同技巧的詩可讀性低、詩質也較薄。瘂弦後來「在中國街上」裡「燈草絨衣服」的各種穿法及

「一般之歌」中「安安靜靜接受這些不許吵鬧」，在技巧的運用及韻味上便高明太多。關於重複技巧，楊牧、方思也都有很好的實驗報告。楊牧「你的心情」中的「你的心情我想我知道」，方思「林」中的「我不知道你的名字」（「林」的不朽當然不在於技巧！），都是很帶感情的。

這時期要特別提到的是「工廠之歌」。在這首詩裡，瘂弦用的是音調強烈的快板。由另外一些後來寫的詩中，可推測瘂弦年輕時的脾氣較一般人「活性大」，他之所以寫出一些很美的詩，得之於他對自己的控制。（且他也有他的感性時間啊！）瘂弦經由鍛鍊的過程，將「憤怒」甚至「暴戾」減至最低，但仍可發現一分不當的話，他在「工廠之歌」中強調工業化的發展使得「舊藝術」老死，哲學像鼠一般的溜走了，但我想瘂弦作詩時並不見得是這麼想，至少「詩」還在他的手中他的心中，他爲的是要加強效果吧？

但詩人在「短歌集」中「神」的三行說：「神孤零零的／坐在教堂的橄欖窗上／因爲祭壇被牧師們佔去了」。我無意爲牧師們說話，但這樣說是不負責的，瘂弦的這種「不負責」也可在其他詩人的作品中發現。例如余光中在「天狼星」中說「大學那種教堂裡，沒有神卻有神父」，這種句子乍聽之下很俏，但，這應該不是自嘲吧！紀弦的「阿富羅底之死」亦有這種毛病，瘂弦、余光中或有所感，而紀弦先生的「音樂」便顯得幼稚而不負責任。也許詩人的「怒斥」是爲了要「衛道」，但我們應該了解，拔劍已經構成自衛，而自衛不見得要將劍鋒送進別人身體。

一九五七

一九五七年是瘂弦轉變的一年，收在《瘂弦詩集》中的作品共三十三首，好詩傾巢而出，「瘂弦風」也就從那時候一直颳到今天。

這一年的作品奠定了瘂弦的用韻，許多重要的聲音都是一九五七年的創作。在「春日」裡詩人用宗教式的祈禱來鋪敘，這種方式的發展，使「印度」一詩莊嚴而富於感情。「秋歌」用簡單的句子勾勒出詩人的情懷，這是給「暖暖」的一首歌：

秋天，秋天甚麼也沒留下
只留下一個暖暖
只留下一個暖暖
一切便都留下了

是的，只留下一個暖暖，一切便都留下了。用最簡潔的文字表達最豐富的感情，瘂弦的技巧和心思進展頗速，他自己一定也感覺到了，這首詩可以算是瘂弦詩史上的里程碑。

繼「秋歌」之後「斑鳩」、「山神」、「戰神」、「殯儀館」、「印度」、「野荸薺」、

「短歌集」、「蕎麥田」、「懷人」、「憂鬱」、「乞丐」、「紅玉米」等都很有味道。

「斑鳩」中用了「我是一勺靜美的小花朵」和「傘」中的重複技巧，多讀幾遍，你不但覺得她有味，也可模擬出「我的夢坐在樺樹上」又爲了什麼「夢從樺樹上跌下來」？「山神」的寫法特殊：

「棧道因進香者的驢蹄而低吟／當融雪像紡織車上的銀絲披垂下來」「生命便從山鼬子的紅眼眶中漏掉」「當衰老的夕陽掀開金鬍子吮吸林中的柿子」「我在煙雨的小河裡幫一個漁漢撒網」「穿烏拉的人在冰潭上打陀螺」「我在古寺的裂鐘下同一個乞兒烤火」。

瘂弦不由正面敘述，將驢蹄聽成棧道低吟，將融雪看成銀絲垂披，又說生命是在山鼬的眼中漏掉，他是花了心思去想的。將墜的夕陽透過雲層照在柿子上，山在水中的倒影被魚網分割，這些景像經瘂弦的眼睛投射後變成了很美的詩句：「穿烏拉的人在冰潭上打陀螺」，這句話聽起很平淡，但「山神」接著說：「冬天，啊冬天／我在古寺的裂鐘下同一個乞兒烤火」，在上句的對比下，「同一個乞兒烤火」未免太悲涼了！

瘂弦的「殯儀館」擁有「殯儀館」所沒有的「同情」。藉一個剛死不久的小孩自言自語，來表達離開熱鬧人間的無靠。

食屍鳥從教堂後面飛起來
我們的頸間撒滿了鮮花
（媽媽爲甚麼還不來呢）

首段簡單的三句便奠定了全詩的基礎。小男（女）孩童眞的話教人不禁產生同情；（媽媽爲什麼還不來呢），瘂弦又使用了重複技巧，而這次竟是這麼感人！凡是童年時得到母愛的人都會有這樣的經驗：當我們的媽媽帶我們到一個較陌生的地方，因某些事要暫時離開而教我們乖乖等她時，用不了多少我們心裡便會著急害怕，（媽媽爲什麼還不來呢？）（媽媽爲什麼還不來呢？）一句句的在我們心裡急轉，急得都快哭了。

有趣的是她說明年清明節
將爲我種一棵小小的白楊樹
我不愛那蕭蕭聲
怪淒涼的，是不
啊啊，眼眶裡蠕動的是甚麼呀
蛆蟲們來湊甚麼熱鬧喲
而且也沒有甚麼淚水好飲的

（媽媽爲甚麼還不來呢）

小孩獨自想像一些事情後，媽媽仍未來殯儀館看她，而且蛆蟲們卻來了，爭著要喝她眼眶裡泫然欲滴的淚，媽媽爲什麼還不來呢？媽媽爲什麼還不來呢？

「殯儀館」寫出了詩的「同情」，卻也忽略了「兒童」的口吻。像「手裡握的手杖不去敲那大地」、「光與影也不再嬉戲於鼻樑上的眼鏡」、「踏青」、「還有枕下的『西蒙』／也懶得再讀第二遍了／生命的秘密／原來就藏在這隻漆黑的長長的木盒子裡」、「到十字路上去看什麼風景『喲』」、「食屍鳥」、「怪淒涼的，是不」，全詩竟有這麼多非兒童的口吻，瘂弦當時對於用字用詞用句的斟酌眞是太疏忽了（誰教他一月裡要寫十一首詩呢！），使得這首在楊喚逝世未滿三年的童詩不能更加完美。想到這裡，不禁爲民國四十三年三月七日上午慘死於中華路火車鐵輪下的楊喚難過。

「殯儀館」肯定了小孩的天眞，就連生死也阻隔不了！藉死去的人說話，鄭愁予的「厝骨塔」是很成功的，而瘂弦在同情的表現上更爲感人。此外楊澤的「秋之電話亭」雖非同樣的口吻，但他的手法是更新穎的，不可忽略。

一九五七年瘂弦作品有「印度」一首，紀念一九四八年死於印度教徒的聖雄甘地。此詩爲瘂弦的轉變期之一，感情較以前更充沛，這當然與甘地自身人格的崇高有關，宗教的氣氛也不弱，是較「春日」更深刻虔誠的祈求。

馬額馬啊
用你的架裟包裹著初生的嬰兒
用你的胸懷作他們暖暖的芬芳的搖籃
使那些嫩嫩的小手觸到你崢嶸的前額
以及你細草般莊嚴的鬍鬚
讓他們在哭聲中呼喊著馬額馬啊

全詩甚長，無法全引。前五段雖然彼此分隔，但經朗誦後發現，緊連著朗誦更能加強祈求的力量。四五段裡有重要的新句：

馬額馬啊，靜默日來了
讓他們到草原去，給他們神聖的饑餓
讓他們到暗室裡，給他們紡錘去紡織自己的衣裳
到象背上去，去奏那牧笛，奏你光輝的昔日
到倉房去，睡在麥子上感覺收穫的香味
到恒河去，去呼喚南風餵飽蝴蝶帆

馬額馬啊，靜默日是你的

讓他們到遠方去，留下印度、靜默日和你

全詩到此是一大段落。接下來有些微的變奏，六七段仍宜緊連著朗誦。七段中「馬額馬啊！以你的歌作姑娘們花嫁的面幕／藏起一對美麗的青杏，在綴滿金銀花的髮髻／並且圍起野火、誦經、行七步禮」，看過電影「甘地」的人絕忘不了這一段美麗的「七步禮」，當外國記者和他朋友造訪甘地時，甘地偕夫人表演了動人的七步禮，他們在七步之間承諾、凝視、導引，使得觀禮者久久不出聲音，十三、四歲時的懵懂歷經數十年竟成永恒不渝的愛！這可以告訴羅蜜歐與朱麗葉什麼叫做愛情！

衰老的年月你也要來啊！馬額馬

……………

他們將像今春開過的花朵、今夏唱過的歌鳥

把嚴冬，化爲一片可怕的寧靜

在圓寂中也思念著馬額馬啊

末段的後半轉爲蒼涼的聲調——，感情在此句中超昇。是的，讓他們到遠方去吧，留靜默日裡一整個印度的苦難給你！甘地一直是沈思的，思考著人的尊嚴，思考著印度人也是人，而他的死也終成爲世界人類「罪惡的最大駁斥」與永恒的思念。

「野荸薺」一詩的第三段值得注意——「不知道馬拉爾美哭泣不哭泣／去年秋天我曾在／一本厚書的第七頁上碰見他／他沒有說甚麼／野荸薺們也沒有說甚麼」——詩句看似無情，其實不然，瘂弦之所以成其瘂弦，這種個性是有關鍵性的。與渡也的「杜斯妥也夫斯基」相比較，「他的心智就是一面落地長鏡，……每次我站在鏡前沈思生活的意義，他便帶著他莊重的一生出現了，杜斯妥也夫斯基在鏡子深處召見鏡外的我。」渡也是主動的，瘂弦是隨機的，渡也是向他的導師叩問，瘂弦是關懷一個萍水相逢的人。

瘂弦在「蕎麥田」中運用了「殯儀館」的技巧，「（伊在洛陽等著我／在蕎麥田裡等著我）」，重複三次，句前的敘述是可聞可見的，括弧裡是心中的暗喜，這種表達余光中的「大度山」是很有名的。當年東海大學的生活，似乎使余光中更年輕喜悅，楊牧向他邀稿，於是校刊「東風」得以刊出這篇很美的「大度山」，「（你不知道你是誰，你不知道）」，余光中的筆把老去的卓文君化粧成美麗的婦人。紀弦的「跟你們一樣」也表達得好。一面用嘴唱，一面用「心」唱，使詩中銜接不當處得以緩衝，不但能分散讀者注意，並可增加一分綺想，用多了有「視（聽）覺暫留」的效果，把一個人變成了兩個人，甚至三個人。

一九五七年五月瘂弦重讀何其芳「預言」後，寫下了一首接近淒美的「懷人」，僅引末段如下：

直到那夜我發現有人
在梧桐樹上
用小刀刻上我的名字
又刻上她的名字
在同一顆心裡
——原來就是去年夏天
在河邊遇見的那個濯足的女子
……後來我們就哭泣了

一至六段給人的感覺是一幕悲劇性的發展，讀完七段後，猛然發現是喜劇的收場，好像一對戀人在最後當他們要分手時，才察覺原來自己眞正愛的仍是眼前的人，結果彼此在對方的眼中表達了自己。値得注意的是，這種戲劇性的發展是無言的，不出一點兒聲音的，在最沈默的氣氛中爆發出內心的激動使情感無條件昇至最高層。

楊牧的「蘆葦地帶」是另一成功表現：

直到我在你的哭聲中
聽到你如何表達了你自己

我知道這不是最後的
等待，因爲我愛你

是的，我知道這不是最後的等待，因爲我愛你！原先所有的陰影一掃而空，什麼都不重要了，因爲我愛你！

以上是「由悲轉喜」的例子，「由喜轉悲」的表現，我想可以中國現代文學大系小說第二輯中一篇作品作說明，那是童貞所寫的「一個乾燥無雨的下午」，故事敘述男女主角分手前的約會。約會前女主角美倫：

她聽見自己在對那片雲說：你來得正是時候，趕快下一場雨吧，一場驟雨，一場叫人出不了門的滂沱大雨。我要雨來幫忙，我自己的勇氣不夠。

但雲飄走了，雨，並沒有下。童貞藉雲來反映人的心情，接著她敘述他們見面經過，最後來到一座小橋下：

美倫，你瞧，那一大片烏雲從南方翻過來……
……
他們靜坐著，好久好久，誰都沒有說話。烏雲在慢慢擴大，一個龐大的、正在發酵的灰色麵粉團。然後牠越過他們的視線，馳向中天。他們祇感到天在暗下來。燃燒的陽光猝然熄滅了，橋洞下幽黯黯的。他們緊緊地挨著、等待著。天氣懊悶不堪，熱的蒸氣從沙灘上冒出來，更熱的是他倆呼出來的氣。天空中醞釀著驟雨，他們內心裡也醞釀著風暴。他們互握著的手沁出了冷汗。突然，陽光從雲層裡掙扎出來，大地又充滿了光流，橋洞下也由幽暗而變成陰涼。天上的雲塊，逐漸消散了——仍是一個乾燥無雨的下午。

童貞用各種外在的來反映內心的，整段都是旁白，也等於整段就是無聲電影，作者的嘴是攝影鏡頭。若是下雨了，主角的感情會和雨水一起流出來，大自然會熔鑄他們的心靈，但是啊「陽光從雲層裡掙扎出來」！無雨，無雨，他們心中的熱望終被乾燥給「澆熄」了！

我們分析這種寫作技巧，作者是在長長的白描後，將故事一下子扭轉，使讀者產生特殊的印象。主持「青春之歌」的余光，在歌曲間的講話平穩，而當他放下一張唱片播報年代和曲名主唱時，一下子將言階提高，呈現遠遠昇去的引力，將聽者的注意力整個地吸走，很是迷人！他用的就是「由悲轉喜」型的技巧。

一九五七年末，瘂弦寫了三首好詩。其中「水手·羅曼斯」講他自己的航海感覺，「乞丐」表現詩的同情。我們不知道一個乞丐的春天將怎樣？他的早飯也許在第二天的傍晚吃，瘂弦在詩中用了地方民謠的唱法：「小調兒那個唱，蓮花兒那個落」、「酸棗那個樹」、「

(依呀呵!蓮花兒那個落)」、「(依呀呵!小調兒那個唱)」好像是聽著他家鄉的乞丐空著肚子唱歌一樣。「紅玉米」中有「一九五八的風吹著」一句,顯示著詩人對年歲逝去的感傷。

一九五八

一九五八年也是瘂弦創作的旺盛期。收在《瘂弦詩集》中共二十首(含序詩),風格繼承了一九五七年而在文字上更加顯露出瘂弦的性格—更自由地表達自己。

這年內有兩首散文詩出現,「鹽」和「廟」,要注意的是「鹽」,瘂弦的同情在詩中表十分深刻,這是他的力作吧!

「唇」刊於剛復刊不久的南北笛二十二期楊喚逝世四週年紀念專輯。六年後鄭愁予爲楊喚十年祭寫了一首「召魂」,分別引述部分如下:

「並且給你/一小朵花/一點點酒/和全部的春天/並且/帶一群鄉下窮人的孩子們/放風箏給你看/並且/要他們啃過窩窩頭的嘴唇/輪流地吻你」——「唇」

「當長夜向黎明陡斜/其不禁漸漸滑入冥思的/是惘然的召魂人/在多騎樓的臺北/猶須披起鞍一樣的外衣/我已中年的身軀畏懼早寒」

「如與我結伴的信約一似十年前／要遨遊去（便不能讓你擔心）／我會多喝些酒／掩飾我衰竭的雙膝」——「召魂」

一九六四年的愁予早已進入他的圓融期，卻因爲這首「召魂」勾起了感傷，現代詩最偉大的抒情詩人以喝酒來掩飾身體惘然佇候於臺北騎樓，此情此景，眞是夠淒楚了。愁予以每個字上裝著快溢出來的情感來表達他的追思，瘂弦則以緩緩的短句細細道出他的懷念，凡是讀過《楊喚詩集》上葉泥所寫楊喚生平的人，都會爲瘂弦「帶一群鄉下窮人的孩子／放風箏給你看／並且／要他們啃過窩窩頭的嘴唇／輪流地吻你」的情思深深感動。

一九五八年瘂弦還寫了一首「馬戲的小丑」，小人物的反映一直在瘂弦的詩中出現，這是早期許多詩人偏重個人色彩的一面鏡子。「苦苓林的一夜」不僅有這種作用，而且還表現了「美」與「善」。（但瘂弦太太看了「蛇衣」大概會罰他跪算盤吧！）

整個一九五八年瘂弦最重要的詩便是「在中國街上」。從「工廠之歌」、「酒吧的午後」、到「無譜之歌」、「京城」，詩人大膽的聲音到此轉入高潮，奠定了一九五九年「瘂弦詩的強打群」的基礎聲音。

夢和月光的吸墨紙

詩人穿燈草絨的衣服

公用電話接不到女媧那裡去
思想走著甲骨文的路
陪繆斯吃鼎中煮熟的小麥
三明治和牛排遂寂寥了
詩人穿燈草絨的衣服
……………………
惠特曼的集子竟不從敦煌來
大郵船說四海以外還有四海
地下道的乞兒伸出黑缽
水手和穿得很少的女子調情
以及向左：交通紅燈；向右：交通紅燈
以及詩人穿燈草絨的衣服

許多人要懷疑：瘂弦「在中國街上」到底看到了什麼呢？是繆斯嗎？是仲尼？是惠特曼？還是伏羲呢？「不懂！不懂！不懂」有人會說：「『燈草絨的衣服』到底要怎樣穿呢？」有這樣看法的人是沒有錯的。詩本來就是要寫給大家看，詩不是將中國文字變爲外國文字！要溝通這個觀念，我想由中國古代的詩歌著手。從詩經以來，詩有五言的、有七言的、有四句的、有八句的、有許許多多句的，其中極明白的有、極教人起爭執的有、極壯濶的有、極教人納悶的有。但是有一個問題——如何知道自己懂或不懂呢？

我們現在買的古詩集，都附有編者的白話譯文，其中當然大部分是各家公認的，對於某些細節的研究，則各有各的說法。而共同的標準，應該是「將一首詩作邏輯性的解釋後，即可算懂了這首詩」，這像是要通過一座大山，可以開一隧道，也可繞道，也可爬到頂端再走下去，只要有邏輯貫通即可。但我們知道有許多詩一直是詩史上的懸案，只能隔著那種透明的距離去欣賞她的美。許多人嘗試走到她的身旁，結果造成了很大的苦惱與浪費（其中當然有人得到了許多，但通常僅止於個人所能感受）。

我覺得瘂弦的不易令人了解的詩，或其他詩人難解的詩，最大的關鍵在於「作者把一己經驗寫入詩中」，自己或和少數朋友共有的經驗若寫入詩中，看懂的人自然少，而且瘂弦的詩後是不加附註的，方思的「海特爾堡」若不附註，可就要令人納悶了。說到這裡，即使不能夠解釋瘂弦在中國街上看到的印象，至少可以肯定那是某一時期內心激動的記錄，而且在這首詩中的趣味、想像、感歎、對現代的反映，已肯定了這首詩的價值。瘂弦從「中國街」的那端走來，沿路聽到了黃帝的喊聲、嫘祖的繅絲歌、聽到了飛機呼嘯、大郵船的說話、他看到李太白寫詩不喝咖啡且能不鬧革命，看到了仲尼的筆記上沒有李耳的版稅問題。

瘂弦是從傳統出發，看到現代社會中霓虹燈取代了老太陽、水手和穿得很少的女子調情，聽到民主小冊子、巴士站、律師、電椅等宣告了舊時代的結束，心裡著實感到難過，以複雜的心情將心中的圖像繪出，所以詩的結構成了叛逆性強的作品。他每換一件燈草絨的衣服，就有一種新的印象，最後他說：

且陪繆斯吃鼎中煮熟的小麥
且思想走著甲骨文的路
且等待性感電影的散場
且穿燈草絨的衣服

瘂弦的心仍是向著中國傳統的，雖然他受西方影響甚大，但他教我們要將中國古代的那件「燈草絨的衣服」找回來穿，這也許不是一首好詩，但卻是一首有感情的詩。

一九五七到一九五八年，瘂弦寫了許多以地名爲題的詩，其中「印度」前面已提過。但有少數幾首不夠眞實（或是說該換題目），我想簡單說幾句便行：對於土地的感情，不是文字所能翻譯的，一個地方的風土，若不親自到那塊地方經驗一番，那麼就僅是測量、攝影、這就好比聽唱片和聽音樂會的差異；更而且，喜歡一塊地方到某一程度，你會產生遠離她的念頭，當這個念頭完全消失後，你才可能是體認到「土地」了。楊牧說：「瘂弦寫斷柱集（卷四）時還沒到過外國，但他的芝加哥是『眞』的芝加哥：不是攝影或測量，而是繪畫，是心靈力量所完成的繪畫。」

這句話有兩點錯誤。一、「芝加哥」寫於一九五八年十二月十六日，而瘂弦在一九五七年八月間即曾去過菲律賓，「海婦」、「船中之鼠」、「遠洋感覺」二首、「死亡航行」等詩可爲證。只是他沒去過芝加哥。二、楊牧稱「芝加哥」是心靈完成的繪畫，試讀下面的幾行：

在芝加哥我們將用按鈕寫詩，乘機器鳥看雲
自廣告牌上刈燕麥，但要想鋪設可笑的文化
那得到淒涼的鐵路橋下

若是將「芝加哥」三字換爲「自由中國」四字，試想可得到多大的攻擊！楊牧是瘂弦好友，有護短之嫌，瘂弦的感情可能是來自書畫，他寫詩的動機是認眞的，但一定有偏差！

一九五九·二月～五月

一九五九年除「協奏曲」一詩外，其餘八首是瘂弦的「強打群」。「赫魯雪夫」諷刺技巧熟練，好像聽到羅青罵別人是豬時說：「你是豬嗎？不是吧！你不是豬啊！」

「那不勒斯」是以地名爲題的一首好詩，不解的是瘂弦在副標題說：「一九四三所見」，那時詩人僅十一歲（這大概是書上看到的。）。此詩和「瘋婦」再次表達了詩的同情，「瘋婦」應是瘂弦眼見和想像的結合，在此詩中我發現瘂弦腦海裡存著一個念頭，試讀「瘋婦」

和「倫敦」的段落：

全非洲的激流藏在我的髮間
我坐著。任熱風吹我
任市聲把我赤露的雙乳磨圓
我坐著。

——瘋婦

你的髮是非洲剛果地方
一條可怖的支流
你的眼如腐葉，你的血沒有衣裳
而當跣足的耶穌穿過濃霧
去典當他唯一的血袍
我再也抓不緊別的東西
除了你茶色的雙乳

——倫敦

「倫敦」是瘂弦，「瘋婦」是他心裡那個印象。非洲↓激流↓髮↓雙乳，這是受到了馬蒂斯影響、或是瘂弦自己喜歡的濃色調呢？這種或類似的圖像在一九五九年時常在這位詩人的腦海翻轉吧。

「從感覺出發」是瘂弦走完「中國街」後一首重要的詩。與「深淵」、「獻給馬蒂斯」同爲《瘂弦詩集》中三首長詩（「血花曲」與「冬天的憤怒」等更長）。「從」詩長一百零一行，「深淵」詩長九十八行，「獻」詩長九十一行。「從感覺出發」是詩人重要的自我告白，我想先引余光中「廈門街的巷子」中「幾柱路燈」來照明：

「在巷底那一排濶葉樹陰裡／這是全世界最隱密的地方／從從容容地讓我走過／有迴聲如遠潮的時光隧道／卻驚見少年的自己竟從巷底／迎面過來，一頭黑髮／滿眼閃著巷外的憧憬／到巷腰我們相遇，且對視／感到彼此又熟又陌生」

歷史的回聲不斷傳來，詩人在追憶的過程中，亦憤怒、亦感傷。請聽瘂弦的出發：

「這是回聲的日子。我正努力憶起——

「這是回聲的日子。一面黑旗奮鬥出城廓——

「噫！日子的回聲！何其可怖——

「光榮的日子，從回聲中開始——

「穿過傷逝在風中的……那些姓氏的白色——

「負載我不要使我驚悸，在最後的時日──
「這便是我，今天流行的新詮釋──
「我是脫下了／曳著灰影的往昔──
「我遂以每一刻赤裸認出你──
「而我回聲的心，將永不停歇──

我們看到詩人對過去的自己遺忘、追索、害怕、感傷、驚悸……詩人是百感交集的。最後瘂弦將一幕幕圖像疊在一起：

如這回聲的日子，自焦慮中開始
在鏡子的驚呼中被人拭掃
在鱘魚盤子裡待人揀起
在衙門中昏暗
在床單上顫慄

在追索的過程裡，瘂弦的鏡頭一直在變，就像是一本書的目錄將篇名盡量拉長了卻不告訴你清楚的內容，除非是瘂弦的好友或有過相似遭遇者，無法了解他的「每面旗子」的顏色涵義，瘂弦自己似乎也察覺到這點，所以他說他「從感覺出發」也請我們要「從感覺出發」！他爲什麼是「在母親的遺囑裡，把以後的夕陽也留給他的／哭聲很大的孩子」？爲什麼他又是「以溼濡的鞋子掠過高高的懸崖／一個患跳舞病的女孩」？瘂弦察覺自己的「危險」，所以他的回聲的日子自「焦慮」中開始。第一遍讀不通時，不要放棄，也許兩三個月後你讀第六遍時，會對詩人產生同情，他眞是一個「患跳舞病的女孩」，這也眞是他的「一部感覺的編年紀……」。

自一九五八的「在中國街上」起，瘂弦進入了一生中最緊要的過渡期，虛空的、憤怒的、矛盾的、轟轟欲爆的空氣將瘂弦整個籠罩，不止瘂弦，商禽、葉珊等人似乎都染上了那種「時代病」，而瘂弦是病得最重的一個！

這時期持續到「從感覺出發」，持續到「深淵」及其以後，一九五九値得注意的是，瘂弦、張默等人悉心策劃「創世紀」擴版二十開，一躍而爲當時影響力強的詩刊，與「現代詩」、「藍星」鼎足三分。「創世紀」在民國四十三年十月十日發刊詞中所標榜的「確立新詩的民族路線」不再提倡，轉而強調詩的「世界性」、「獨創性」、「純粹性」、和商禽聞名的「超現實性」，詩刊路線的改變當然是詩人的改變，且是蓄積已久的，詩人的熱情更浩瀚，不僅淹沒了自己，也淹沒了許多許多讀詩的人（直到今天），這一切，一九五九年的詩可當見證！而「深淵」是瘂弦掙騰的、激盪的情緒達到了最高點，難以想像的病症！「深淵」副標題——

我要生存，除此無他；同時我發現了他的不快。

這是整首詩的焦點，也是前奏。「有毒的目光中，在血的三角洲／所有的靈魂蛇立起來，撲向一個垂在十字架上的／憔悴的額頭。」從這三句起，瘂弦開始挖，開始在挖，開始將他內心的矛盾的睥睨的想一把全部撕裂的東西挖出來，越挖越骯髒，越挖越憤怒——

「後來他便拋給我們／他吃膩下來的生活。——

「我們再也懶於知道，我們是誰。／工作，散步，向壞人致敬，微笑和不朽。／他們是握緊格言的人！

「在鼠哭的夜晚，早已被殺的人再被殺掉。——

「哈里路亞！我仍活著。走路、咳嗽、辯論、厚著臉皮佔地球的一部分。——

「一種血與血的初識，一種火焰，一種疲倦！——

「哈里路亞！我仍活著。雙肩抬著頭，／抬著存在與不存在，／抬著一付穿褲子的臉。

「我們背負著各人的棺蓋閒蕩！——

「當他們的眼珠黏在／歷史最黑的那幾頁上！——

瘂弦眞是熱血沸騰了，他這輩子再也不會像「深淵」時代那樣的激動，因爲他吶喊！他爆裂！他聲嘶力竭！

詩的結尾是悲涼的，好像是聽披頭合唱團的歌聲，唱片在轉！世界在轉！整個人在轉！而當歌聲結束時，唱片沈默——世界沈默——人像坐在海邊的黑石——也沈默。

哈里路亞！我仍活著。
工作，散步，向壞人致敬，微笑和不朽。
爲生存而生存，爲看雲而看雲，
厚著臉皮佔地球的一部分……
在剛果河邊一輛雪撬停在那裡；
沒有人知道它爲何滑得那樣遠，
沒有人知道的一輛雪撬停在那裡。

是的，沒有人知道它爲何滑得那樣遠，沒有人知道的一輛雪撬停在那裡。瘂弦是將心裡的不快挖光了，而他也墜入了「深淵」。

這首詩宣告了一個時代的結束！

我曾問瘂弦，他停筆爲什麼不是在一九五九年，而是在民國五十五年以後，因爲在寫完「深淵」後，一定會有那種「寫詩已經沒有必要」的感覺。他笑了笑，說：「是啊！那時候好像是把心裡所有的話都說完了……。」

「深淵」眞是瘂弦最值得紀念的一首詩了。一九五九年五月他寫了「那不勒斯」、「瘋婦」、「深淵」三首，將「那」詩給了「筆匯」，「瘋婦」給了「藍星」，而「深淵」則見於七月一日的「創世紀」十二期，其中待遇，確有不同。

一九五九·六月～一九六五

「後來朋友們開始憂慮，『深淵』以後，瘂弦應該寫些甚麼呢？」這是葉珊在「深淵」後記中的一段話。可喜的是瘂弦通過了他詩史上最窄的瓶口，也就是說他墜入了「深淵」後又從「深淵」中超昇了。此後七月作「出發」、八月作「夜曲」、「給R·G」，同刊於「創世紀」十三期；一九六〇年八月作「側面」六首，刊於「筆匯」；一九六一「獻給馬蒂斯」；一九六二「戰時」；一九六三「給橋」、「紀念T·H」、「所以一到了晚上」；一九六四「下午」、「如歌的行板」、「非策劃性的夜曲」、「梵寄T·H」、「庭院」；一九六五「一般之歌」、「復活節」等，先後刊於「創世紀」。「復活節」過完後，瘂弦似乎還有若干作品，但都不見於集子，此後就如他自己所說：「五十五年以後，因著種種緣由，停筆至今。」

瘂弦寫完了「深淵」，就猶如鄭愁予寫完了「草生原」，方思寫完了「豎琴與長笛」。所不同的是，方思在「豎琴與長笛」中完成了詩的冷肅與廣濶，與周夢蝶並站在現代詩哲學理念的最高層；又因爲「六十年代詩選」出版後方思廣被模仿，結果方思「被因襲者逼成啞巴」。愁予在他「最見野心」的「草生原」後寫了三首淒美的詩──爲楊喚十年祭而寫的「召魂」以及「旅程」、「邊界酒店」──其中「旅程」一首，建中青年七十一期「淒美事件」極其相似，大概是臨摹之作，但就高中生而言，筆力之美，想愁予見了也當莞爾。而三首淒美詩似乎爲中國現代詩壇最偉大的抒情詩人作了一個淒美的結束（儘管愁予又重新執筆），詩人眞的難以渡過艾略特的三十五歲嗎？

瘂弦與前二者不同。即使在「暴戾」的「深淵」中，仍能見到近「方思句」的語法，他有許多東西尙待追索：凝鍊、圓融、典雅……，而後來瘂弦著實掌握住了。

這使我歡愉。
我站在左舷，把領帶交給風並且微笑。
──出發

我們終於坐在沙發上，
在晚報的那條河中
以眼睛

把死者撈起

——夜曲

他爬上高高的桅桿
到晚上他把他想心事的頭
垂在甲板上有月光的地方

——水夫

而在妻的縫紉機的零星戰鬥下
他覺得唯一能俘虜他的
便是太陽

——上校

十六歲她的名字便流落在城裡
一種淒然的韻律
……………………
一種淒然的韻律
每個婦人詛咒她在每個城裡

——坤伶

鳥和牠的巢，戰爭和它的和平

活著是一件事情眞理是一件事情
——所以一到了晚上

五月已至
不管永恒在誰家樑上做巢
安安靜靜接受這些不許吵鬧
——一般之歌

另外有些詩句使我聯想到其他詩人的感覺，請細細品味：

一、「修女」和楊牧「禁忌的遊戲1」

且總覺有些甚麼正在遠遠地喊她
在這鯖魚色的下午
當撥盡一串念珠之後
總覺有些甚麼
——修女

一個修女在窗内詠誦玫瑰經，偶然抬頭
遠方正緩緩走過一匹流浪人的馬

那馬走得好慢，她已經撥完十二顆念珠了 ——禁1
暗忖著。遂因此分心了……
閉上眼依靠一分鐘的夜
順手將鋼琴上的康乃馨挪開
因它使她心痛 ——禁1

而終於跌落在地上了。她抬頭
看我憂鬱地聽著聽不見的樹葉
在紗窗外輕輕地搖 ——禁1

二、「紀念T．H」和鄭愁予的「鐘」

日光照耀
河水奔流——
窗檻上幾隻藥缽還有一些傢俱
一輛汽車馳過　一個賣鈴蘭的叫喊

並無天使　　——紀念T·H

于是，小教堂的鐘，
安祥地響起，
穿白衣歸家的牧師，
安祥地擦著汗，
我們默默地聽著，看著
安祥地等待著……

——鐘聲

三、「下午」和楊牧的「淒涼三犯」

莎孚就供職在
對街的那家麵包房裡
　　這麼著就下午了
輝煌不起來的我等笑著發愁
那天你來道別

——下午

坐在窗前發愁
天就黑下來了。我想說
幾句信誓的話

——淒涼三犯

鴿子在市政廳後邊築巢
河水流它自己的
　　這麼就下午了
說得定甚麼也沒有發生
每顆頭顱分別忘記著一些事情

——下午

我來不及開口，你撩攏著頭髮
天就黑下來了。「走了」你說
「橫豎是徒然。」

——淒涼三犯

四、「一般之歌」和余光中「少年行」。空間遞移。

鐵蒺藜那廂是國民小學，再遠一些是鋸木廠
隔壁是蘇阿姨的園子；種著萵苣，玉蜀黍
三棵楓樹左邊還有一些別的
再下去是郵局、網球場，而一直向西則是車站

——一般之歌

藍色車長途的途客
玻璃長窗裡多瀟灑的側影
唯我們永遠委屈，在廣告牌下
仰看鋼鐵的風景
建築物灰面的陰鬱症
在火車站在鐘樓那一帶頗流行
在沿河的圍牆邊，我們不快樂
笑聲落在潮濕的街上

——少年行

五、「一般之歌」和建青七十三期的「長溝」

至於雲現在是飄在曬著的衣物之上

至於悲哀或正躲在靠近鐵道的甚麼地方
總是這個樣子

——一般之歌

五月已至
至於承平是站在巷口
日與夜的輪番裡
至於你是住在這些巷子以內
或以外
知道有這麼一則水溝的童話
或不知道

——長溝

六、「從感覺出發」和方思的「豎琴與長笛」，在結構上有相同的味道，詩太長，請自行比較。不可忽略。

另外要談到的是「出發」三、四段的銜接。

且步完甲板上嘆息的長度；在去日的

她用她底微笑爲我鋪就的氈上，坐著，默想一個下午。

在哈瓦那今夜將進行某種暗殺！恫嚇在

找尋門牌號碼。

若是從頭開始讀，到此會被瘂弦嚇到，以爲謀殺的對象就是自己？其實並不奇怪，因爲一、二、三段是平穩的，忽然當頭來了一棒，眞是夠瞧了。就好像有些交響樂一樣，作曲家在長長的慢板後，突然萬絃齊奏，目的就是要嚇醒那些在音樂會裡打瞌睡的人。瘂弦在這裡當然不是開這種玩笑，但的確有這種效果。

從「深淵」中超昇的瘂弦雖然寫了十多首好詩，但這幾年他卻顯得沈默。詩人自言：「四十三年十月，認識張默和洛夫並參與『創世紀』詩社後，才算正式寫起詩來，接著的六、七年是我詩情最旺盛的時候，甚至一天有六、七首詩的記錄。」「一天有六、七首詩的記錄」指的是一九六〇年八月二十六日「側面」六首。其中的「坤伶」眞是夠淒美的。但整個一九六〇年瘂弦僅完成這一天的六首，實在也夠沈默了。難道「深淵」眞的使瘂弦無言了？當然不是！「出發」和「夜曲」已經告訴我們瘂弦從「深淵」中超昇了，但瘂弦的沈默是事實，看來這二首是「大地震」後的「餘震」了？也許一九六〇年到一九六一年秋瘂弦全心全力地「獻給馬蒂斯」，但一九六一也僅發表了「獻給馬蒂斯」，而一九六二唯一的一篇「戰時」

絕對用不了那麼長的時間去寫。——我想這段日子是瘂弦的「反省期」吧！

一九六三有三首作品：「給橋」、「紀念T·H」、「所以一到了晚上」。瘂弦對他的愛情眞是很認眞的。（不像紀弦寫了「葉子姑娘」又寫「瑪麗亞」，且將二者並列於「檳榔樹乙集」三十二、三頁）。「給橋」成於十月，直到一九五六年才和「一般之歌」、「復活節」刊於「創世紀」二十二期，是放得夠久了。愛情的力量使瘂弦改變，也使他得到滋潤，我們追述這段歷史是有詩可證的。在圓融方面，瘂弦已追上愁予（其實「瘂弦式」的圓融是愁予莫及的），在冷肅方面也有了方思的聲音（從詩中可看出德國之旅使方思更冷肅，而瘂弦早期崇拜德國詩人里爾克）。這時期內「紀念T·H」、「焚寄T·H」是爲逝去的覃子豪而寫①，「庭院」和「復活節」相似而較成熟，「所以一到了晚上」和「非策劃性的夜曲」令人讀了不快。瘂弦似乎在說他過著機械化生活，他的「冷漠」顯現出來了——這樣說也許不適當，因爲瘂弦有時故意表現冷漠而內心是熱情的，若果眞是這樣，這要推求他作詩的態度，他是不是將詩看得很嚴肅？他知道他的脾氣較一般人火暴，所以刻意制限自己用冷漠的外衣來平衡及減少可能的傷害？而且不僅是這兩首，「下午」及「深淵」以前的詩都可以作例子，當然，這也是他的特徵之一；這種帶著「無奈的」、「懶洋洋的」「瘂弦句」就是他的特徵，所以一定要多讀、多設身處地去想，否則你會誤會他，或僅將它當「作品」！

「深淵」之後瘂弦最重要的詩我想是一九六一年的「獻給馬蒂斯」、一九六三「給橋」、一九六四「如歌的行板」。

馬蒂斯從後期印象派出發，以強烈顏色和大膽變形開創野獸派而成二十世紀繪畫世紀的偉大創始人。野獸派揮著——表現主義的大筆，強調自己和世界的感情，注重「人性溝通」，把感情放在「整個繪畫的安排」及「空間比例」——我到重慶南路搜索一下午的結果，終於看到了兩幅馬蒂斯作品，「生命的喜悅」畫底評爲「最能總括野獸派的一幅畫」，其中內容瘂弦在詩中描述甚多，她們眞像是一團「赤裸的野獸」！

摸到了「野獸」派的毛皮，再來讀「獻給馬蒂斯」便較清楚。而所得印象有二：一、「獻」詩中瘂弦的個性表現不如「深淵」，請注意，我無意指要像「深淵」一樣「強烈」才是好詩。二、瘂弦對馬蒂斯的認識在那時或許還不夠深刻。所以雖然「創世紀」擴版後所強調「世界性」和「獨創性」可將馬蒂斯精神迎娶入門，但馬蒂斯仍和他們有距離，難怪四十八年言曦在中央副刊一連四天發表「新詩閑話」指自由中國新詩人是法國象徵派末流，引起余光中、張健等人的答辯駁斥，言曦所言並非完全不可採的。

瘂弦後來對楊牧說：「『獻給馬蒂斯』這首詩頗造作！我們都很『假』。」②我想瘂弦一定爲這首詩難過了很久。

至此我們知道爲什麼瘂弦在一九六一以後會沈默得比他寫詩時更爲人所注目。這以後瘂弦的詩質又再昇華，一九六三年「給橋」這首情詩出現，一九六四他寫下著名的「如歌的行板」。

「給橋」是瘂弦唯一的一首情詩（「獻給馬蒂斯」是不是？），錯認瘂弦僅是粗獷者可由此詩感到他內心甜甜的情意。瘂弦細密的心思與不可言的愛在此詩中表達十分透徹。「常喜歡你這樣子／坐著，散起頭髮，彈一些些的杜步西」——「橋橋」夫人永遠永遠也忘不了這些話吧。瘂弦一句句的低訴，使讀者也進入了寧靜而富於情意的感情世界。

「整整的一生是多麼地、多麼地長啊／縱有某種詛咒久久停在／豎笛和低音簫們那裡／而從朝至暮念著他、惦著他是多麼的美麗」——詩人是不是在作些什麼承諾呢？這時他含蓄的表達已使聽他傾訴的人心動了嗎？

「美麗的禾束時時配置在田地上／他總吻在他喜歡吻的地方／可曾瞧見陣雨打濕了樹葉與草麼／要作草與葉／或是作陣雨／隨你的意」——瘂弦最羅曼蒂克的句子莫過於此，若是還有更美的句子，那便是我的疏忽了。

「下午總愛吟那闋「聲聲慢」／修著指甲，坐著飲茶／整整的一生是多麼長啊／在過去歲月的額上／在疲倦的語字間／整整一生是多麼長啊／在一支歌的擊打下／在悔恨裡」——愛情眞是使人疲倦的，什麼也別說了，就這樣靜靜地聽著你，看著你，以一生的愛來伴著你。這樣的付出眞是沈重得令人「悔恨」了。

「任誰也不說那樣的話／那樣的話，那樣的呢／遂心亂了，遂失落了／遠遠地，遠遠遠遠地」——但是我並不說悔恨的話，妳也不說，那樣的話使我們心亂、失落，那樣的話那樣的「愛情」都離我們遠遠遠遠了，我不再去追憶，我只要，這樣靜靜地看著你，因爲我是知道的——我愛你。

瘂弦這首「給橋」眞是美極了！其他名作如愁予的「賦別」（軍中之聲，「良宵之音」主持人姜涵曾將此詩配合音樂分段朗讀，很有感情）、楊喚「懷劉妍」、楊牧的「南垓」、「蘆葦地帶」、「水田地帶」、「淒涼三犯」（其中「南垓」和「賦別」有極相同的韻味，有心人不可忽略），紀弦的「葉子姑娘」（③），但要注意的是——有些詩人雖然寫了許多美麗情詩，但卻令人難以相信詩中的愛情，寫情詩應該有愛情作基礎吧！沒有愛情的情詩是很不負責的文字遊戲！

這篇文字最後要提到的一首詩是「如歌的行板」。

我想「學院派」的評論家拿這首詩開刀前，總得準備很久吧！我們從第一句讀到倒數第五句，所得到的印象是「之必要、之必要、之必要、之必要……。」

「溫柔之必要／肯定之必要／一點點酒和木樨花之必要」——溫柔？肯定？一點點酒還有木樨花？這個人大概是多情人哦？

「正正經經看一名女子走過之必要／君非海明威此一起碼認識之必要／歐戰、雨、加農砲、天氣與紅十字會之必要」——一名女子走過面前還得正正經經去看？活著還得起碼知道自己是不是海明威？這可夠學院了ㄡ？歐戰？雨？加農砲？天氣？紅十字會？股票什麼時候又多了這麼多種ㄌㄟ？

「散步之必要／溜狗之必要／薄荷茶之必要／每晚七點鐘自證券交易所彼端／草一般飄起來的謠言之必要。」——還得散步？還得溜狗？還得來一杯薄荷茶？蠻會過日子的ㄡ？每天晚上七點鐘證券交易所那邊的行情會像草一樣飄起來?瘂弦先生，這是開玩笑嗎?

「旋轉玻璃門／之必要。盤尼西林之必要。／暗殺之必要。／晚報之必要／穿法蘭絨長褲之必要。馬票之必要」——旋轉玻璃門進去買盤尼西林?暗殺之後在晚報上接受誇獎?穿著法蘭絨長褲去賭馬賽?哎!「星空怎麼這麼希臘?」

「姑母遺產繼承之必要／陽臺，海，微笑之必要／懶洋洋之必要」——姑母遺產不是該姑爹去領嗎?繼承了姑媽的陽臺跟海，獨自在喜笑嗎?繼承了姑媽的遺產也一起繼承了舒適的生活，骨頭也跟著懶洋洋嗎?

而既被目為一條河總得繼續流下去的

世界老這樣總這樣:——

觀音在遠遠的山上

罌粟在罌粟的田裡

既是一條河那麼就流吧!不管流到那個角落總得繼續流下去的，老天爺何曾說些什麼呢!而四季自然運轉無一刻停息，老天爺那裡吐過隻字片語呢!而萬物自然生長無一類欠缺。觀音已在遠遠的山上就在遠遠的山上，罌粟已在罌粟田裡就在罌粟田裡。

「如歌的行板」代表的是瘂弦對生活的認知與回應!

他由前面許多生活鏡頭的導引，說出心中的四句話。我們彷彿聽到孔子說：「予欲無言。予欲無言。」這種層次已非昔日的痙弦，他在行板中譜出了圓融的生活體念，全詩到此，則前面敘及的溫柔、肯定、薄荷茶、懶洋洋等，都不重要了。

有人喜歡她，說她美麗；有人不喜歡，說是唸經！這句話是林懷民說的，但也不算是林懷民說的，是他養的那隻「蟬」說的——

（歌聲）

莊世桓：劉渝苓，妳吟什麼經啊？

劉：Beatles的歌，Blue Jay Way，你沒聽過嗎？

莊：披頭？不像！和尚唸經一樣，我以爲他們只會吵吵鬧鬧。

劉：以前我也不喜歡他們，可是他們最近的歌很耐聽，裡頭有好多東西。

莊：什麼東西？

劉：生命、生活、天知道！

（接著劉又背了Beatles的A Day in the Life）

莊呵呵笑了，頭一溜，衝著劉渝苓沒頭沒腦地說：

「溫柔之必要
肯定之必要
一點點酒和木樨花之必要
正正經經看一名女子走過之必要
……………」話語如泉，淙淙淙淙淌下去

（莊唸完之後）

劉渝苓雙眼發直，嚷嚷起來：

「你搞什麼鬼？莊世桓，你自己才在唸經！什麼觀音菩薩？！」

林懷民的文字老練、準確，他跑去跳舞是小說界一大損失！林懷民自己喜歡披頭跟瘂弦，又要藉兩個人來貶他們，眞是夠壞了！

在這裡要特別提到本詩的兩處技巧。一是一、二兩段的銜接。將一句話分開，前部放在一段末尾，後部爲下段開頭，我給他取了個名字「隔島躍進」。她的優點在於將兩段緊緊聯繫，讀者在朗誦時，中間暫停的時間使這句話受注目並產生趣味，用來強調一個意念是很不錯的。瘂弦無非是要強調「草一樣飄起來的謠言」。這句大概是詩人偶得，較「非策劃性的夜曲」中「夜在黑人的額和朱古力之間」毫不遜「色」！

楊牧在「淒涼三犯」中也得了很高的實驗分數：

天就黑下來了。「走了，」你說

「橫豎是徒然。」……

千萬別小看「橫豎是徒然」這句，淒涼三犯的「第二犯」便是「犯」在這裡。另外一個重點是「而既被目為一條河總得繼續流下去的」——她的「修身的軀體」是我現在的焦點。

這句是全詩的關鍵句，瘂弦將這句拉長，表現了兩層意義：一是河流的細長，二是河水不斷不斷地流去。綿綿不絕的水流在細細長長的河身中，之必要之必要之必要地低訴著，從「溫柔」一直流到「懶洋洋」，好似歲月的長河一聲聲呼喚，詩人聽到了這聲音，將她低低吟唱出來，他是在抒發心中的情感——

而這更顯示了他安於生活的決心！

讀到這句，想起愁予一九五四年所犯的「錯誤」。

我打江南走過

那等在季節裡的容顏如蓮花的開落

季節是一朵蓮，日子一天天過去如花瓣掉落，「等待人」的容顏也一天天如花瓣般衰褪，而時間無言，靜靜讓花瓣漂走。愁予的心思是巧的。羅大佑在專輯「之乎者也」中，將「錯誤」譜成歌來唱，便把握到這句所潛伏的效果。此外，李白「將進酒」中「君不見黃河之水天上來奔流到海不復回？君不見高堂明鏡悲白髮朝如青絲暮成雪？」；杜甫「兵車行」中「君不聞漢家山東二百州千村萬落生荊杞？」

黃河流水滾滾直奔大海而去，高堂絲絲白髮纏繞子女心中，山東二百州土地上萬千村落雜草橫被，再三詠誦，不禁為它一貫的氣勢撼動。

而一首詩中全是長句的例子可舉紀弦「夜讀書」為例：

不是威爾遜山天文臺巨型望遠鏡裡的新發現，亦非顯示於那些歐几里德或非歐几里德幾何學者筆下的數字天使之奇蹟，今夜，帶來了宇宙遠方之消息而給我以大苦悶解除後不可思議之狂歡的，乃是當一塊小小的殞石墜下並擊碎了塗抹著薄薄的月光的我的書齋的屋頂上的瓦片時所發出的一種難以形容但極其有個性的音響。

第一句的「巨型望遠鏡」我們將它整個拉開，第二句的「數字天使」（天文數字）我們將它一字排開；第四句的「宇宙遠方的消息」、「不可思議之狂歡」，末句（共五十六字）的「難以形容但極其有個性的音響」，有極遠的空間、有思想追索不到的情味，這些使紀弦感覺「餘音繞樑，『三日』不絕」，甚至是「『三月』不知肉味」，難怪他以這樣的長度來表達「夜讀書」時聽到的聲音。

但這是就技巧說的，就涵義看，第三句「今夜」二字是最長的句子。——試想在一夜之間讀完這麼多長長的句子，那麼「今夜」豈不是最長！

音樂性與圖畫性

楊牧認爲瘂弦詩中的音樂成分濃於繪畫成分，這是可以成立的。

瘂弦詩中描繪到圖畫的部分，用整首詩去繪一幅畫的，如「婦人」、「三色柱下」、「希臘」、「C教授」、「上校」、「修女」、「一般之歌」、「小城之暮」、「短歌集」中的「晒書」、「流星」、「神」等；而一首詩中一個個鏡頭不斷變換的，如「從感覺出發」、「在中國街上」、「無譜之歌」、「阿拉伯」、「給超現實主義者」、「如歌的行板」、「深淵」、「劇場，再會」等。其中「從感覺出發」是較特殊的，因爲她的一幕是一段而非一個名詞或片語，就好像是一座大花園裡開著各類的花，一隻蝴蝶輾轉於群花之間，她隨意地飛了又停停了又飛；就好像是影片「黃色潛水艇」中的一條長長的走廊，它兩旁是一扇扇的門，而打開一扇門有一扇門的驚奇，打開一扇門你進入另一個新世界；但門一關你便被帶到另一扇門前。

羅大佑有一首歌叫「光陰的故事」，我們若將歌詞列出，再將它唸出來，則可發現唸快一些時，自然像唱他這首歌一樣。我想這首歌是先有詞再有曲的。

瘂弦的詩中也可以找到這樣的效果。他的詩的確有他的基礎音色。大致分析如下：

一、祈禱的聲音。如「春日」、「印度」、「京城」等。

二、民謠的聲音。如「乞丐」等。

三、快板：多鏡頭變換的詩即是，但也有行板。

四、重唱：運用重複技巧等詩。也有快板。

五、行板：「如歌的行板」、「阿拉伯」、「三色柱下」等。

六、感傷的聲音。如「野荸薺」、「殯儀館」、「紅玉米」、「紀念T·H」……數目最多。

要細分仍不易，音韻還是靠自己讀才能品味。

變遷期

楊牧在後記中指瘂弦詩的變遷次序是：

「我是一勺靜美的小花朵」↓「秋歌」↓「印度」↓「給R．G」↓「深淵」↓「一般之歌」↓

其中「深淵」作於四十八年五月，「給R．G」作於四十八年八月，楊牧顯然將時間記錯了。我想瘂弦詩的轉變次序是：

「我是一勺靜美的小花朵」↓「秋歌」↓「印度」↓「乞丐」↓「在中國街上」↓「深淵」↓「給橋」↓

瘂弦停筆後，致力於詩論及史料整理，依他現在的職分，當可獲得較多的人力物力支援。他早年崇拜何其芳，卻因何其芳的晚節不好而難過地說：「世界上最大的悲哀，就是偶像的幻滅。」但瘂弦仍然是從何其芳走出來的，年輕時的何其芳，仍有他值得懷念的地方。

另外聽到不少同學對聯副有意見，我想這不能全往他身上推，那似乎是很重很重的擔子。我希望瘂弦以前對某些稿件的取捨是像宗教人物聖．方濟的處世態度，否則，那又將是另一種幻滅了。

瘂弦自己曾說：「此集（瘂弦詩集，洪範版）選詩六十首，選入的都是我認爲可傳的，沒選入的都是我認爲可恥的。」詩人自己誤記了，「瘂弦詩集」選詩近九十首。而「選入的都是我認爲可傳的」，不一定是指詩質的好，也有就紀念價値來看的。如果眞要傳世的話（「眞」注意），如果眞要傳世的話——近九十首的詩可刪至十首。其實未選入的詩也不必就是可恥的。那也許是磨鍊得不夠，詩人是不必如此自責的。（這是一種嚴肅的審己觀念）。

睡火山與死火山

瘂弦停筆寫詩已近二十年，十多年來自由中國的詩社蓬勃發展，新詩人的名字更是多之又多，早年和他一起寫詩的，如今都已是詩壇盟主了。周夢蝶從「孤獨國主」更禪化爲「還魂草」；楊牧追求格律，進入民族史詩的層次；羅青所扮演的神州豪俠開創中國武俠詩的世界；渡也爲散文詩走出了一大步；施善繼改變舊路，關心層面廣及大衆；「創世紀」更從白先勇所說的「九命貓」革新爲精美的五十九期——而停筆十數載的瘂弦在想些什麼呢？這些是否令一個曾經爲現代詩發展搖旗吶喊的人物欣喜而更激勵他的創作呢？或是這些這些使得一個久不寫詩的詩人恐懼猶豫而更加衰老？

瘂弦詩集自序中有「雖然熄了的火山總會盼望自己是一座睡火山而不是死火山。」，我曾問瘂弦他是「睡火山」或「死火山」，他低頭思索，笑著回答說：「大概是睡火山吧！」

也許很多人這樣問，他都這樣回答，但這樣的回答卻也令人高興了。關心現代詩的人都希望中國現代詩壇的這座睡火山能夠再隆隆爆發，以更豐富的感情更細密的心思爲更廣泛的人群而寫。而詩人自言：「就在努力嘗試體認生命的本質之餘，我自甘於另一種形式的、心靈的淡泊，承認並安於生活即是詩的眞理。」

瘂弦是否還能爲現代詩更盡一分心力呢？或是他只是默默做著幕後推動者？這些就讓時間來解釋吧！他是最沈默的，而他也可能是有最多話要告訴我們的。

在這個時辰，似乎又聽到了他那堅定有力的聲音喊著：

哈里路亞！我仍活著。工作、散步、向壞人致敬、微笑和不朽。

哈里路亞！我仍活著。工作、微笑和不朽。

哈里路亞！我仍活著。

哈里路亞！

哈里路亞！

哈里路亞！

……………

瘂弦作品年代發表園地一覽表

篇名	完成日期	發表園地
我是一勺靜美的小花朵	42年	現代詩
藍色的井	44年3月	
地層吟	44年3月	
工廠之歌	44年春	
瓶	44年8月	
鼎	44年8月	
小城之暮	45年4月1日	
婦人	45年6月	南北笛第八期
傘	45年6月	
劇場再會	45年9月	
詩集的故事	45年12月1日	
葬曲	45年	
春日	46年1月	今日新詩第四期

土地祠	46年1月4日	「藍星」宜蘭版
秋歌	46年1月9日	「藍星」宜蘭版
斑鳩	46年1月12日	「藍星」宜蘭版
山神	46年1月15日	「藍星」周刊一六九期
戰神	46年1月17日	「藍星」周刊一六九期
巴比倫	46年1月18日	「今日新詩」
殯儀館	46年5月20日	「現代詩」
阿拉伯	46年1月27日	「今日新詩」
印度	46年1月30日	「今日新詩」第三期
耶路撒冷	46年1月31日	藍星詩選第一輯
野荸薺	46年2月2日	「藍星」宜蘭版
希臘	46年2月3日	藍星詩選第一輯
歌	46年2月6日	藍星周刊一六五期
一九八〇年	46年2月9日	今日新詩第四期
短歌集	46年3月	
羅馬	46年3月	藍星周刊
懷人	46年5月	今日新詩六期

我的靈魂	46年6月	
憂鬱	46年7月5日	「今日新詩」八、九合刊號
蕎麥田	46年秋	
海婦	46年8月10日	
船中之鼠	46年8月12日	「藍星周刊」一六六期
遠洋感覺	46年8月14日	「藍星詩選」第二輯
死亡航行	46年8月15日	「藍星詩選」第二輯
遠洋感覺	46年8月18日	「藍星詩選」第二輯
乞丐	46年12月12日	「文星」雜詩第一卷第五期
紅玉米	46年12月19日	「文學雜詩」第三卷第五期
水手・羅曼斯	46年12月30日	「南北笛」第十八期
三色杜下	47年1月4日	「藍星詩頁」
棄婦	47年1月8日	「大學生活」
鹽	47年1月14日	「南北笛」
給超現實主義者	47年1月29日	「南北笛」
酒吧的午後	47年2月4日	「藍星周刊」
馬戲的小丑	47年2月7日	「藍星周刊」一九三期

唇	47年2月22日	「南北笛」廿二期 紀念楊喚逝世四週年專輯
西班牙	47年2月	「大道」月刊
蛇衣	47年3月3日	「文學雜詩」第四卷第二期
無譜之歌	47年3月23日	「創世紀」第十期
廟	47年3月24日	
佛羅稜斯	47年3月	「大道」月刊
京城	47年4月12日	「藍星周刊」一九六期
剖	47年4月	「創世紀」第十期
苦苓林的一夜	47年5月4日	「藍星周刊」一九八期
早晨	47年6月21日	藍星詩頁創刊號
巴黎	47年7月30日	「文學雜詩」第五卷第一期
倫敦	47年11月18日	「文學雜詩」第五卷第四期
在中國街上	47年11月	藍星周刊
芝加哥	47年12月16日	「文星」雜誌
赫魯雪夫	48年2月	聯合副刊
從感覺出發	48年3月23日	「創世紀」第十一期

協奏曲	48年4月15日	
那不勒斯	48年5月10日	「筆匯」月刊
瘋婦	48年5月30日	藍星詩頁
深淵	48年5月	「創世紀」第十二期
出發	48年7月	「創世紀」第十三期
夜曲	48年8月	「創世紀」第十三期
給R・G	48年8月	「創世紀」第十三期
詩人手札	49年2月	「創世紀」第十二期
C教授	49年8月26日	筆匯月刊
水夫	49年8月26日	筆匯月刊
上校	49年8月26日	筆匯月刊
修女	49年8月26日	筆匯月刊
坤伶	49年8月26日	筆匯月刊
故某省長	49年8月26日	筆匯月刊
獻給馬蒂斯	50年秋	「創世紀」第十八期
戰時	51年5月1日	「創世紀」第十七期
給橋	52年10月	「創世紀」第廿二期

紀念T・H	52年10月14日	「創世紀」第十九期
所以一到了晚上	52年12月	「創世紀」第十九期
下午	53年4月	「創世紀」第廿期
如歌的行板	53年4月	「創世紀」第廿期
非策劃性的夜曲	53年5月	「創世紀」第廿期
焚寄T・H	53年9月	「創世紀」第廿一期
庭院	53年10月	「創世紀」第廿一期
一般之歌	54年4月	「創世紀」第廿二期
復活節	54年5月	「創世紀」第廿二期

【附註】

① 「覃」字有「ㄊㄢˊ」「ㄒㄩㄣˊ」二音，皆可爲姓。關隴地方爲「ㄊㄢˊ」，嶺南蜀中地方爲「ㄒㄩㄣˊ」，嘗聽同學唸「ㄊㄢˊ」，錯誤，自己也一直唸錯。「覃」子豪先生是川人，應唸「ㄒㄩㄣˊ」，這是有詩爲證的。愁予在一九六二寫了一首「一〇四病室」，那是覃先生病逝處，序言——有一次在閒話中談到還鄉的方式因子豪是川人，我建議說：「拉縴回去」——茲可爲證。

② 其實瘂弦不必說「我們都……」，懺悔只須要講自己，我所以要說明的原因是，楊牧的詩也是我喜愛的。

③ 創世紀六十期「詩壇秘辛」中提到紀弦的「葉子姑娘」，引文「我夢中的葉子姑娘……」有小錯，原文是「而夢中的……」。另外言及（一九五四年作，收入「檳榔樹甲集」），有大錯。「葉子姑娘」收入一九六七年八月初版的「檳榔樹乙集」。

——原載《建中青年》七十八期，一九八三年六月出刊

走向西方，回歸東方

——論瘂弦的詩歌創作藝術及其詩論

馬德俊

瘂弦，原名王慶麟，筆名有王麟、伯厚等。河南南陽東莊人。一九三二年生，小時在楊莊營小學讀書，畢業後，先後入河南南陽私立南都中學、豫衡聯合中學讀書。一九四八年八月在湖南零陵參加國民黨部隊，同年隨軍隊到臺灣，畢業於政工幹校影劇系，是《創世紀》詩刊創辦人之一。一九六六年秋瘂弦曾赴美國愛荷華大學作家工作室研習兩年。一九六九年主編《幼獅文藝》。一九八〇年聶華苓夫婦主持的愛荷華「國際寫作中心」邀請瘂弦、王拓參加「中國周末」活動，被臺灣當局阻撓未能成行。瘂弦一生寫了大量詩作，結集出版的主要著作有：《瘂弦詩抄》（一九五九年香港圖書公司）、《深淵》（一九六八年臺北衆人出版社）、《血花油》、《印度》等詩集。一九六一年與張默合編了《六十年代詩選》，一九六七年再次與張默合編了《中國現代詩選》，同年與張默、洛夫合編了《七十年代詩選》，還與張默、洛夫合編了一本《中國現代詩論選》。他的文學評論文章雖不多，但卻有獨到的見解與洞燭機先的探索精神。他的評論著作有：《詩人手札》（一九六〇年）、《詩人與語言》（一九七一年）及《新詩史料掇拾》等。《詩人手札》是瘂弦早期詩歌觀念的代表作，《詩人與語言》和《新詩史料掇拾》則顯示了他一九六五年停止詩歌創作後，詩觀念的轉變。瘂弦對臺灣詩壇的重要貢獻是對於二十多年來臺灣詩歌的「文化斷層」現象作了大量的彌補工作，他的努力不但喚起了「新生代」對於二、三、四十年代詩人及詩作的注意，也使大家對他們有了更爲正確的認識，同時也引起了研究臺灣本土新詩史的興趣。可以說，瘂弦確實是一位詩史研究的先驅，他在這方面的遠見、勇氣及成就超過了他在詩歌創作上的成就。

瘂弦約在一九五〇年前後開始試著寫詩，一九五二年開始投稿，一九五三年在《現代詩》刊上發表了〈我是一勺靜美的小花朵〉，一九五四年十月認識了張默與洛夫，並參與創世紀詩社活動後，才算正式寫起詩來。接著的五、六年是他詩情最旺盛的時候。一九六六年以後，停筆十餘年，直至一九八一年。在幾十年的詩歌生涯中，他常常喜歡說的一句話就是「一日詩人，一世詩人」，又說「人生朝露，藝術千秋，世界上唯一能對抗時間的，對我來說，大概只有詩了。可是這麼薄薄的小冊子，如何能抗拒洶湧而來的時間潮水？而在未來的日子裡，在整日爲稻粱謀的歲月裡，我是不是還能重提詩筆，繼續追尋青年時代的夢想，繼續呼應內心深處的一種召喚，並嘗試在時間的河流裡逆泳而上呢？我不敢肯定。雖然熄了火的火山，總會盼望自己是一座睡火山而不是死火山。」（見《瘂弦詩集序言》）詩人內心的蒼涼和不甘於沉寂的奮起精神，不言而喻。

瘂弦早期的詩裡在所難免地有著模仿的痕迹，他說：「寫作者的青年期是抵抗外來影響最弱的年齡，免不了有模仿的痕迹，有些是不自覺的感染，也有自覺的如畫的臨摹。在我初期的詩裡，關於這類作品，我一一存眞，以紀念自己學習的歷程」。這是詩人的自白，也是深刻的反思。他早年最崇拜的是德國詩人里爾克，讀者不難從他的詩作中找到里爾克的影子，如〈春日〉等詩，在形式、意象、音節上都有所模仿。國內，對他早期詩歌創作影響最大的是三十年代詩人何其芳，瘂弦的〈山神〉等詩便是在何其芳詩的強烈籠罩下寫成的。他是一個前衛詩人，但他所具有的前衛意識不是全盤西化式的，而是具有觀念上的獨立精神。他對現代詩的走向的態度是「向國際水準看齊，進而超越國際水準；向世界詩壇學習，進而影響世界詩壇。」在這個看齊、超越與影響的進程中，瘂弦勤奮地吸取各國的文學養分，他幾乎對美、英、法、德、俄等國二十世紀的重要作家大都認眞學習過，對於西方現代潮流的影響，他持開放與愼重並舉的態度。在對於超現實主義與達達主義流派的關係上，他指出「超現實主義絕非達達主義的反動，而是它的修正和延長……二者同屬一血緣、同一家系。」在認清了這兩個流派實質的同時，他仍接受它們所具有的新的技巧和養分，並找到了克服「超現實主義」副作用的良藥——感性的眞實。他早期的詩作過於偏重對語言和技巧的追求，而不太注重對詩之內容的關心。他認爲眞正的藝術品（詩），其本身應成爲一個「自足的存在」：「詩唯有自己解釋，否則它就不能解釋」。在瘂弦所主張的「看齊、超越與影響」的進程中，未能避免地出現了操之過急的情況，這表現在他對文藝大衆化的看法上。他說：「所謂大衆化云云，只是一個膚淺的方程式，詩人在此問題上納悶是多餘的。不必對讀者存太多的顧慮，你盡量向前砲，他們會追得上你。今天追不上，明天會追上。」也就是說，詩人寫詩不必去顧慮讀者懂不懂的問題，因爲「現代詩……的困難（並非它本身的困難），是它所展示的常不是大家共有的或舊有的情感經驗、或大家早已具備而不自覺的情感經驗。」這樣的思想恐怕與他所接受的達達主義的「經驗過的是否值得我們再經驗一次，這是個問題」的立論有直接的關係。

在創作方式上，瘂弦自有一套獨特的體系，即「搜集不幸」。在他看來，「當自己眞實地感覺到自己的不幸，緊緊地握住自己的不幸，於是便得到了存在」。他要求詩人搜集人生負面意義，冀望在痛苦中提煉喜悅。這樣，生命中負面的力量，漲滿了字裡行間。對於一首詩來說，瘂弦要它承載本身無法承載的容量，要它說出生存期間的一切：世界終極學、愛與死、追求與幻滅、生命全部悸動、焦慮、空洞和悲哀！總之，詩要鯨呑一切感情的錯綜性和複雜性。如此貪多，如此無法集中的一個焦點、一首詩如何能承載得下呢？於是詩的外衣漲破了，它所包裹著的錯綜與複雜的情感暴溢出來，流淌、下落、跌入了〈深淵〉。

〈深淵〉可以說是瘂弦傾向「感性」和「文字」技巧發展的代表作，雖然它不是瘂弦最好的詩，但卻是他最重要的詩之一。在一段時間裡，它曾給臺灣現代派詩以很大的影響。臺灣評論家羅青認爲，余光中的〈天狼星〉、洛夫的〈石室之死亡〉都受其影響，當然前者是好的影響，後者是惡的影響。瘂弦在〈深淵〉的詩題下引用了薩特的「我要生存，除此無他；同時我發現了他的不快」。在〈從感覺出發〉一詩的題下引用了W·H·奧登的話「對我來說，活著常常就是想著。」從這兩則引語裡可以了解到瘂弦在這些詩裡所抒發的不是大家共有的「情感經驗」，而是詩人所獨具的情感世界。詩人所感知的世界大多是屬於生命負面的東西。在〈深淵〉一詩中充滿了這樣的物象：「有毒的月光」、「靈魂蛇立」、「時間的腐味」、「瘡口呻吟」、「冷血的太陽」、「貓臉的歲月」、「鼠哭的夜晚」、「脅骨的牢獄」……而正是這些東西充塞「在兩個夜夾著的／蒼白的深淵之間」。在這個深淵裡，春天「墮落」了，活著的人失去常態，連頭一天還爲死了嬰兒而哭泣的母親，第二天，「我們又同去看雲，發笑，飲梅子汁／在舞池中把剩下的人格跳盡。」「我們背著各人的棺蓋閑蕩！」「這是站起來的屍灰，是未埋葬的死」。人們過著渾渾噩噩的生活：「一朵花、一壺酒、一床調笑、一個日期，」這樣打發著日子，每當早晨，只能挽著滿籃子的罪惡沿街叫賣。這是深淵，這是恥辱的生活。詩人痛苦而又無可奈何地呼喊：「哈里路亞！我仍活著，走路、咳嗽、辯論，／厚著臉皮占地球的一部分。／沒有甚麼現在正在死去，／今天的雲抄襲昨天的雲。」「哈里路亞！我仍活著。／工作、散步、向壞人致敬、微笑和不朽。／爲生存而生存，爲看雲而看雲，／厚著臉皮占地球的一部分……」詩人在這裡把所接觸過的社會，甚至把人類所居的世界都看成是一個冷酷的、墮落的、連赤道上的剛果河都冰凍了的星球。他哀嘆人心如江河日下，狡詐、虛僞、權勢、阿諛充塞著整個有人居住的地方。詩人表現出一種氣惱、憤懣的心情，同時，在這個黑暗現實面前又感到無能爲力，感到絕望。這首詩交集著詩人極其複雜、矛盾的痛苦心緒。

臺灣文壇對《深淵》褒貶不一。羅青說：「自五四運動以來，在詩壇上，能以一本詩集而享大名、且影響深入廣泛、盛譽持久不衰，除了瘂弦的《深淵》外，一時似乎尚無他例。」（羅青《理論與態度》）葉珊也說：「幾年來影響中國現代詩很深的〈從感覺出發〉和〈深淵〉都發表了，關心現代詩的人極少不讀過……瘂弦的詩甚至成為一種風尚、一種傳說，抄襲模仿的人蜂湧而起，把創造的詩人逼得走投無路。」（葉珊〈深淵後記〉）以上評論，說明了瘂弦的〈深淵〉及其以之命名的詩集在臺灣詩壇所產生的強大影響。

由於瘂弦過分強調藝術是感性的、是訴諸感覺的，忽略了「知性」在藝術中的調節作用，致使感性泛濫而導致了矯飾的弊端，在《深淵》這個集子裡，就可以發現大量奇特怪異的意象以及不連續的支離破碎的形象組合，時空無端跳躍，語言冷僻，加之內向的「自剖式」使詩旨的不確定性等等，造成了詩意的晦澀難懂。這種風格特點較之瘂弦早期的「甜美飽滿」的風格已有了很大轉變。原來的「甜味」淡了，消失了，這種情況使臺灣文壇不少人為瘂弦〈深淵〉以後的創作而憂慮。但是瘂弦的可貴之處正在於他能夠清醒地認識到〈深淵〉的弊端，他誠懇地自剖說：「粗浮的觀照和生澀的傳達技巧重重限制下，這觀念造成我的失敗。」他嚴厲地批判了自己，他曾對葉珊說：「〈給馬蒂斯〉這首詩頗造作！我們都很『假』。」這種嚴於反省的態度促使瘂弦不斷創新，六十年代他創作了〈側面〉、〈非策劃性的夜曲〉、〈出發〉等一系列詩作，依然成為臺灣詩壇的新音。到七十年代，瘂弦的詩觀趨於成熟，一九七三年他寫文章評論戴望舒時，對大衆化的問題作了修正，他承認「社會意義是文學的重要品質之一，但卻不是唯一的品質；社會意義是批評文學作品的重要標準之一，但卻不是唯一的標準。」並說「我始終堅信文學是『質』的問題，不是『量』的問題」。社會要求與藝術要求達到了平衡境地，這是瘂弦由早期的偏頗到後來深刻的理性認識，應該說是一個重大進步。

早期的瘂弦是相當迷信語言技巧的，他早期詩作很重視語言的選擇與推敲，像〈蛇衣〉、〈死亡航行〉、〈水手·羅曼斯〉等詩，可以看出詩人是精心地擇錄著詞句傳遞出他的感覺的。「桅杆幌動／那銹了的風信雞／啄食著星的殘粒／而當暈眩者的晚禱詞扭曲著／橋牌上攣生國王的眼睛寂寥著／鎮靜劑也許比耶穌還要好一點吧」（摘自〈死亡航行〉，一九五七年八月十五日）。這幾句把進行著死亡旅行的人們的心理，恐懼的感覺表達得非常形象、具象，而「船長盜賣了我們很多春天／用法蘭西鞋把春天狠狠地踩著／我們站著，這兒是泥土，我們站著。」（摘自〈水手·羅曼斯〉一九五七年十二月十三日）則把水手內心的悵然與憤懣的情緒傳遞了出來。〈深淵〉一詩強有力地證明了他駕馭文字的功力，但由於在語言上過分追求而陷入技巧主義。一九七一年，瘂弦宣稱：「通常我們說詩是語言的藝術，只能當作語言在詩中重要性的一種強調；事實上語言並不是唯一的、絕對的、第一義的存在。」他又說：「決定一首詩誕生的因素，在於內容的情感經驗的變化，而不在於形式的語言文字的流動；永遠是內在的藝術要求決定著遣詞用句，而非遣詞用句決定著內在的藝術要求。」他承認「任何詩人寫作初期總免不了對形式的沾戀，而當他一旦達到美學上的成熟，他便應該揚棄語言的皮相遊戲，自作品整體性的把握上追求更高層次的說服力。」（見瘂弦〈詩人與語言〉）這說明瘂弦在詩的觀念上的巨大變化。他還認爲：臺灣三十年來「新詩變化最大的，莫過於語言，在詩的藝術成就最大的，也是語言」。他尖銳地指出：「中國新詩所面臨的危機，恐怕也是語言。」他說有的詩人「以徒然的修辭上的拗句僞裝深刻，用閃爍的模棱兩可的語意故示神秘，用詞彙的偶然安排造成意外效果，只是一種架空的花拳綉腿，一種感性的偷工減料，一種詩藝的墮落。」這一段話對創世紀詩社的詩風做了嚴厲的「自我批判」，也是對現代詩通盤檢討的第一聲，可稱得上震聾發聵的一聲。瘂弦雖然是個前衛詩人，但他卻無意對任何流行過的思想再作膚淺的效顰。他意識到「革命」期間「表現上的刻意冒險」與態度上的「矯枉過正」是無法避免的，但他又清楚地認識到，這樣的一個「革命期」決不可久留，而需要盡快設法度過，以期達到「成熟」和「成年」階段，而後便應更多去吸收傳統。他號召現代文學藝術的朝香人，走向西方回歸東方，向「中國古典詩的優美傳統」學習。可見，瘂弦對西方現代文學潮流的態度是既不拒絕，也不全部吸收，而是有選擇地爲我所用，終至擺脫皮相的模仿而回歸東方；他對五四以來的新詩傳統，採取的也是先辨別、再承認，繼而發揚光大的做法；關於對詩歌創作觀念，他先是傾向「感性」和文字的單向發展，後傾向「理性」與「內容」的藝術控制，看法由狹隘而寬闊，精神由排斥進而包容。瘂弦是一位在中國古典詩歌、中國新詩上都很有功底的詩人。他還敢於將西方現代詩拿過來、選擇、吸收和揚棄。他是一位勇於探索、揉合中西詩歌藝術爲一體、自成格調、別具詩風的詩人。

瘂弦後期詩歌觀念變化很大，但他詩的風格仍是一致的。余光中說瘂弦的詩有種「甜味」，這個形容是很得體的。〈春日〉、〈我是一勺靜美的小花朵〉等許多詩中都充滿了甜美的話語，即使〈憂鬱〉這類詩也不例外：「我曾在／跳在桌子上狂舞的／葡萄牙水手的紅色鬍瓣裡／發現憂鬱／和粗糙的苧麻繩子編在一起／一個紅歌女唱道／我快樂得快要死了／她嘻笑。憂鬱就藏在／曼陀鈴的弦子上／雖然，她嘻笑／傍晚時候主婦們關門／憂鬱銜著羊子們的尾巴／進了欄柵／又鎖著嬰兒的眼睛／四瓣接吻的唇／夾著憂鬱／像花朵／夾著／整個春天」。長期航行在茫茫海洋上的水兵們，登上岸便要狂歡一番的，但是，詩人從他們狂舞時抖動的鬍瓣裡發現了憂鬱、惆悵。是的，他們可貴的年華將在單調、寂寞的海上消磨掉，詩人從粗糙的苧麻繩上發現水兵們的憂鬱、苦情。詩人還從歌女曼陀鈴弦上的曲調中，在年輕媽媽與嬰兒接吻的嘴唇上，都發現了憂鬱。整首詩所表達的情感是眞摯的、感人的，寫景狀物、抒懷感嘆之間流露出了一股甜美得感傷的格調，這種甜美是瘂弦獨有的，它不是發膩的甘甜，而是夾帶著淡淡鬱傷的帶著甜味的靜美，一種超脫了俗味兒的清香之美。

瘂弦的抒情詩大多具有戲劇性的效果。這與他在學校時學習、研究戲劇，並有一段登臺演出的經驗有密切關係。艾略特曾經說過：現代最佳的詩都是戲劇性的。這指的是戲劇性在詩中的重要位置。瘂弦深解個中三味，他將自己的戲劇修養都運用到詩中去了。無論小丑、乞丐、水手、賭徒、妓女，還是土地祠裡的土地公公、海船上的老鼠，在瘂弦的詩中，都得到了鮮明的戲劇性的表現。特別難得的是瘂弦讓這些小人物的各自特殊身份，通過現代人的口語腔調來表現詩中抒情主人公的思想情感。在〈馬戲的小丑〉一詩中，詩人生動地描繪了這位丑角的形象：「仕女們笑著／笑我在長頸鹿與羚羊間／夾雜的那些什麼／而她仍蕩在鞦千上／在患盲腸炎的繩索下／看我像一枚陰鬱的釘子／仍會跟走索的人親嘴／仍落下／仍拒絕我的一丁點兒春天」。詩人懷著同情與憐憫，同時又不無諷刺地刻畫了這位卑微的、可憐的丑角的滑稽表演。「一丁點兒春天」，象徵著戲丑卑怯而知趣的求愛，揭示出了小丑的心態。在另一首〈酒巴的午後〉一詩中，瘂弦對那些每天到酒巴間度過一個又一個蒼白的下午的一群人作了繪聲繪色的描繪，展現在我們面前的無疑是一幕戲劇中的一個群體場面。在這樣一個具體的時空有這樣一幫人；他們在繪有波斯花園圖案的瓷磚上亂跳，把栗子殼唾在舞女臉上，他們大口大口地喝著菊花茶，狂抽著廉價的草煙，說很多大家閨秀的壞話。他們在這裡殺死今天下午所有的蒼白，也將殺死明天和後天……的蒼白。詩裡用了幾個戲劇性的鏡頭，揭示了由於種種原因，使得這些人只得百無聊賴的生活著的情形。當然，這也是一個社會場景的縮影。工業社會人們精神空虛、靈魂乾枯、無所寄托、無所事事的頹廢，昏暗的社會心理，被瘂弦用幾組鏡頭就活如劇幕般地作了亮相。

瘂弦善於將現代人的詞語運用到詩裡去，如「仍然跟走索的人親嘴」，這句話俗得有趣，如果改成「接吻」，反而隔了。「我不愛那蕭蕭聲／怪凄涼的，是不」（〈殯儀館〉）。「看到呂宋西岸的燈火／就想起住在那兒的灰哥兒們／在愉快地磨牙齒」（〈船中之鼠〉）等等，都是詼諧貼切的。瘂弦的語言是活鮮的，有生命的，並且具有與現代人相適應的節奏，能夠很好地表現現代人的思想感情。

瘂弦在詩歌語言上，還善於用重疊的句式。重複是詩的一種技巧，疊句、半疊句固然是重複，腳韻、雙聲、半諧音、行內韻等也都屬於重複。如〈水手·羅曼斯〉這首僅十三行的詩，就三次出現「這兒是泥土，我們站著，這兒是泥土」，在行內重複，又在幾節中重複。這樣寫法，大大加強了水手們對陸地的嚮往和對單調枯燥的甲板生活的極度厭倦，突出了「船長盜賣了我們很多春天」的詩旨。又如在一首詩中描寫一位遠行客下了馬鞍，說是看見一棵酸棗樹，詩人再三地重複這棵瘦而澀的樹和棗子。這種重疊的寫法，很像魯迅〈秋夜〉裡反複寫那棵棗樹的筆法，加濃了氣氛，加深了讀者印象。

瘂弦的詩歌常把音樂與繪畫的一些手法和技巧運用進去，使詩中具有濃郁的色彩的畫面和音樂的旋律。有人評論說瘂弦詩歌的音樂性大於繪畫性，這一點我們不難從他的詩中見出。但更爲主要的是，他的詩作都帶有一種基礎音色，它是瘂弦式的音樂構成。籠罩於詩上，藏於詩的背後的是「一種極廣闊深入的同情」，在〈殯儀館〉、〈乞丐〉、〈水手·羅曼斯〉、〈馬戲的小丑〉和〈庭院〉、〈巴黎〉等詩中，我們見到的是從他的血液中流出來的樂章，是他以全部心靈的激情創作出來的畫面，故而這詩句擲地有音，閃爍出光譜中各種色澤。「去年的雪可曾記得那些粗暴的腳印？上帝／當一個嬰兒用渺茫的凄啼詛咒臍帶／當明年他蒙著臉穿過聖母院／向那並不給他什麼的、猥瑣的、床笫的年代」。（〈巴黎〉）這種深深的詩人特有的同情與感嘆，與瘂弦文字的戲劇、音樂、繪畫的修養揉合在一起，譜寫出了許許多多的臺灣詩壇的美文。評論者認為瘂弦之詩從開始到〈一般之歌〉有五個變化，這大約是指他詩的傾向而言，多歸屬題材與內容範圍。但縱覽瘂弦的詩作，我們不難發現，他的詩風中，蘊藏著一位詩人勇敢的率先奮鬥的精神，也正是這樣，他才能不斷地在現代詩壇上譜寫出時代之詩的新音。

——選自《當代詩歌藝術》（馬德俊著．一九八九年四月河北人民出版社出版）

論瘂弦的詩

熊國華

瘂弦是臺灣詩壇的一座重鎮，以現代詩之拓植知名。他的創作量不算豐富，但品位很高，以質取勝，曾膺選爲臺灣十大詩人之一，被公認爲是「一代大家」，在臺灣現代史詩上占有重要地位，影響至爲深遠。

瘂弦，本名王慶麟，一九三二年八月生於河南省南陽縣楊莊營東莊。曾就讀於南陽私立南都中學和國立豫衡聯合中學。一九四九年八月在湖南零陵從軍，旋即經廣州去臺灣。一九五四年十月，瘂弦畢業於復興崗學院影劇系，分發到臺灣南部左營的海軍陸戰隊，結識張默和洛夫，參與《創世紀》詩刊編務，成爲該詩社著名的「三駕馬車」之一。一九六六年九月，瘂弦應邀赴美國愛荷華大學「國際作家工作室」研究二年，一九七七年八月獲美國威斯康辛大學東亞研究所碩士。曾主編《創世紀》、《詩學》、《幼獅文藝》等雜誌，現任《聯合報》副總編輯兼副刊主任，《聯合文學》雜誌社社長，東吳大學、國立藝術學院兼職副教授。

瘂弦屬於到臺灣後才成長起來的大陸籍詩人。五十年代初期開始學習寫詩，一九五三年在紀弦主編的《現代詩》上發表第一首詩《我是一勺靜美的小花》，即引起詩壇注意。一九五九年香港出版了他的第一本詩集《瘂弦詩抄》。一九六八年他在《瘂弦詩抄》的基礎上增補新作，續集爲《深淵》；同年由美國愛荷華大學出版的「鹽」，則是「深淵」部分詩作的英譯本。一九七七年出版的《瘂弦自選集》，以《深淵》爲藍本收入了「二十五歲前作品」。一九八一年詩人又對舊作重編校訂，並附錄了英譯詩選《鹽》，這就是由洪範書店印行的《瘂弦詩集》，爲目前瘂弦詩作最完善的選本。因此，臺灣詩論家蕭蕭感嘆道：「能以一本詩集八十七首詩，風行臺灣詩壇，歷三十年而不衰者，其惟瘂弦乎！」①羅青在《理論與態度》中說得更絕：「自五四以來，在詩壇上，能以一本詩集而享大名，且影響深入廣泛，盛譽持久不衰，除了瘂弦的《深淵》外，一時似乎尚無他例。」

遺憾的是一九六六年以後，因爲種種緣由，瘂弦幾乎不再寫詩，而將全部精力轉向詩歌理論的研究、早期新詩史料的搜集整理和《聯合報》副刊的編輯工作，致力於培植提携新人和文學運動的推進。他的《中國新詩研究》（洪範書店一九八一年出版），集中展現了他的詩觀和研究成果，具有很高的學術價值和史料價值。由瘂弦主編出版的詩選、詩論選和大型文學叢書也不下十餘種，諸如《六十年代詩選》、《當代中國新文學大系》、《創世紀詩選》、《中國現代詩論選》和《聯副三十年文學大系》等書，對保留當代新文學遺產和新詩史料，無疑作出了巨大的貢獻。

瘂弦在臺灣現代詩發展史上的重要，主要在於他起到了承前啓後、繼往開來的歷史作用。他的詩一方面傳承了中國古典詩詞和五四以來新詩傳統的香火，另一方面又取經於西方現代主義和超現實主義，在詩的語言、技巧、手法、格調上具有相當的「前衛性」。在他早期的詩作中，我們不難發現陶淵明雋永自然的田園方土風味、李賀瑰麗奇特的想像和李商隱的深情綿邈。在新詩人中，瘂弦心儀於冰心的溫柔婉約和何其芳的深致冷艷。尤其是何其芳對他的影響最大，他自言：「何其芳曾是我年輕時候的詩神，他《預言》詩集的重要作品至今仍能背誦。」②並不否認他的〈山神〉等詩直接受到何其芳的影響。他廿五歲以前的詩，以一種夢幻般輕柔的筆調抒寫心靈的探求和失落的憂傷，語言純淨優美，詩思焦點集中，意象比較單純。廿五歲（一九五七年）以後風格發生明顯變化，廣泛接受西方文學的影響，閱讀了大量的俄國小說和法國小說，迷戀於濟慈、里克爾、惠特曼、墨西哥大詩人帕斯和西班牙詩人羅卡，並明顯吸取了超現實主義的技巧和手法，意象漸趨繁複，手法奇詭多變，跳躍、變形、切斷、自動聯想、時空的交錯和物象換位經常出現，並適用嫻熟，成爲臺灣詩壇承受歐美風潮的先驅人物。有人曾指出，瘂弦的具有里程碑意義的長詩〈深淵〉，深受諾貝爾文學獎獲得者、墨西哥詩人帕斯的名詩〈廢墟中的贊歌〉的影響，而〈深淵〉又反過來影響了洛夫的《石室之死亡》和余光中的《天狼星》③。其實準確地說，瘂弦的《深淵》還應受到艾略特的《荒原》的啓發和影響。另外，他的〈如歌的行板〉、〈從感覺出發〉、〈一般之歌〉等詩發表後，抄襲模仿者蜂湧而起，其中的一些名句和格式幾乎成了當時現代詩的一種模式和風尚，影響了五、六十年代臺灣詩壇的整整一代詩人和後來的許多詩人（包括大陸的青年詩人），在臺灣現代詩的進程中起到了先鋒和橋樑作用。

瘂弦的成就和影響，還可以他獲獎的情況中反映出來。在他從事創作的十三四年間，他幾乎可以說是當時獲得重大詩獎次數最多的優秀詩人之一。計有一九五五年以《火把，火把喲》獲軍中文藝獎金徵稿詩歌優勝獎，一九五六年五月以《冬天的憤怒》獲中華文藝獎金長詩組優勝獎，同年十一月獲國軍詩歌大競賽官佐組特優獎，一九五七年五月以三千行長詩《血花曲》獲國防部文藝創作獎金徵稿第一獎，同年六月以《印度》一詩獲該年度詩人節新詩獎，一九五八年《巴黎》一詩獲「藍星詩獎」，一九六三年以《一九六三詩抄》獲香港現代文學美術協會新詩獎，一九六四年獲香港「好望角」文學創作新詩獎，一九六五年獲第一屆青年文藝獎，第三屆十大傑出青年獎，並因在話劇《國父傳》中飾演孫中山先生成功而獲第二屆話劇最佳男演員獎。瘂弦在不太長的創作時間內，獲得了如此可觀的藝術成就，不得不令人驚贊！他的詩轉益多師，博採衆家，自創一格，蔚爲大家。一九七七年臺灣出版的《中國當代十大詩人選集》曾對他作了概括性的評價：「瘂弦的詩有其戲劇性，也有其思想性，有其鄉土性，也有其世界性，有其生之爲生的詮釋，也有其死之爲死的哲學。甜是他的語言，苦是他的精神，他是既矛盾又和諧的統一體。他透過完美而獨特的意象，把詩轉化爲一支溫柔而具震撼力的戀歌。」

在臺灣早期現代派前衛詩人中，瘂弦是一個獨特的存在。他不同於商禽超離社會現實以荒誕反映人生，也不像洛夫那樣有一個專注於內心世界的探索階段。他幾乎約一開始就注重主體與客體的融合，不否認社會意義是文學的重要品質之一，在傳統與創新、詩的西化和大衆優等問題上有著獨到而中肯的看法。他接受超現實主義的影響，更多的是在其技巧而不是其精神，主張採用「約制的超現實主義技巧」抒寫人生。他認爲：「詩人的全部工作似乎就在於『搜集不幸』的努力上。」④因此，他的詩具有一種高貴博大的同情心，將視角更多地對準人生的負面及與生俱來的痛苦，充滿對社會現實的人性關懷和深刻批判。這首先表現在他的詩中刻劃了一系列令人同情和悲憫的小人物形象。他寫〈乞丐〉、〈坤伶〉、〈棄婦〉、〈瘋婦〉，也寫〈馬戲的小丑〉、〈水手·羅曼斯〉和〈修女〉。詩人以簡法的素描筆法爲社會底層的「衆生相」寫生，揭示他們悲劇性的一生遭遇和命運。他有時站在第三者的角度，對詩中人物的不幸作客觀的冷靜的敘述，將自己的主觀感情隱藏在事件和場景之中作自然的流露，如〈坤伶〉和〈棄婦〉就是如此。有時採用第一人稱的手法，將詩思潛入人物的思維和內心世界，用詩的語言代他們宣洩出內心的愁苦、憤懣和抗爭。〈馬戲的小丑〉以符合詩中主人公身份的詼諧調笑的語調，表現了到處漂泊賣藝的小丑爲取笑於觀衆而隱埋自我本性時的內心痛苦和悲哀，小丑以自我扭曲的不幸嬉戲觀衆，同時也以人等同於獸（斑馬和豹）的悲哀嘲諷了整個社會。〈水手·羅曼斯〉以水手粗獷暴烈的語氣，表現了長期航海造成的性饑渴苦悶和對正常美好生活的嚮往。〈瘋婦〉一詩更是成功地模仿了瘋婦的內心獨白：

你們再笑我便把大街舉起來
舉向那警察管不住的，笛子吹不到的

戶籍混亂的星空去
笑，笑，再笑，再笑
瑪麗亞會把虹打成結吊死你們

正常的人被現實環境逼瘋了，弱小者受到了嘲笑，但在瘋婦的眼裡，這個世界卻是瘋狂的非人性的。正是這種正常和非正常、理性和非理的倒置和換位，表現了一種憤世嫉俗的感情和向社會抗爭的欲望，其意蘊是沉痛和深刻的。瘂弦對一系列小人物的成功描寫，使他的詩超越了個人感情的藩籬而傳達出一種較爲普遍的廣泛的人生經驗和人性感受，具有博大的愛心和深厚的人道主義精神。

瘂弦詩作的深刻和廣博，在於他極少對客觀世界作單一、淺表的描繪，而是力圖在十分有限的篇幅裡概括和濃縮更多的社會歷史內容，將批判的鋒芒指向人類生存狀態的荒謬和社會生活的陰暗面。他說：「對於僅僅一首詩，我常常作著它本身原本無法承載的容量；要說出生存期間的一切，世界終極學，愛與死，追求與幻滅，生命的全部悸動、焦慮、空洞和悲哀！總之，要鯨吞一切感覺的錯綜性和複雜性。」⑤與這種主觀意圖相適應，瘂弦在表現手法上常超越現實的表象而追求本質的眞實，慣於以時空的交錯將歷史與現實、鄉村和都市、北方的憂鬱和現代的迷惘、心靈的焦灼和環境的擠壓交織在一起，並時常摻入一些宗教意象和文化典故，在東方與西方、傳統與現代的對比和碰撞中，揭示存在的虛空、人生的無奈和現代的悲哀。〈在中國街上〉一詩中，處處可見傳統與現代的衝突，「公用電話接不到女媧那裡去／思想走著甲骨文的路……／伏羲的八卦也沒有趕上諾貝爾獎金／曲阜縣的紫柏要作鐵路枕木」，傳統的失落造成了現代人精神上的空虛。〈芝加哥〉揭露了現代工業文明的高度發展反而造成了人類文化生活的荒蕪，人們只能在鐵路橋下「鋪設淒涼的文化」。〈巴黎〉一詩，則展示了西方大都市夜生活的淫邪和性慾的墮落。據說詩人寫這些詩時還沒有去過外國，而芝加哥也沒有詩中寫的「七號街」，但詩人寫的芝加哥和巴黎卻是「眞實」的，在精神實質上把捉了西方都市生活的神髓，具有藝術層次上的本質的眞實。他的長詩〈深淵〉，更是以繁複奇詭的意象和整體象徵的手法，展現了現代社會中光怪陸離的種種罪惡如深淵般令人難以逾越。詩人以辛辣俏皮的語言、流動跳躍的意象和新奇豐沛的想像，爲我們描繪了一個混亂、黑暗、墮落、絕望、虛無，充滿死亡氣息的世界，一個源於現實而又高於現實的詩的空間。詩人寫道：

孩子們常在你髮茨間迷失
春天最初的激流，藏在你荒蕪的瞳孔背後
一部分歲月呼喊著。肉體展開黑夜的節慶。
在有毒的月光中，在血的三角洲，
所有的靈魂蛇立起來，撲向一個垂在十字架上的

憔悴的額頭
……………………
很多舌頭，搖出了春天的墮落。而青蠅在啃她的臉，
旗袍叉從某種小腿間擺蕩；且渴望人去讀她，
去進入她體內工作。而除了死與這個，
沒有什麼是一定的。生存是風，生存是打穀場的聲音
……………………
接吻掛在嘴上，宗教印在臉上，我們背負著各人的棺蓋閑蕩！
而你是風、是鳥、是天色、是沒有出口的河。
是站起來的屍灰，是未埋葬的死。

面對現實生活的殘酷和生存環境的悲謬，詩人並沒有走向頹廢和絕望，反而以一種東方生命哲學的曠達的處世態度來調侃和化解內心的愁苦。他幽默詼諧地說：

哈里路亞！我們活著。走路、咳嗽、辯論，
厚著臉皮占地球的一部分。
沒有什麼現在正在死去，

今天的雲抄襲昨天的雲。

這種自嘲式的反諷，既蘊含著對現實社會的激憤與批判，也表現了詩人對生命宿命性存在的無奈和隨緣任運的人生哲學。在他的〈一般之歌〉和〈如歌的行板〉等詩中，也有類似的傑出表現和哲學思考。

瘂弦的詩歷來重視美學境界的提升。他曾把「美、思、力」作爲衡量好詩的三大標準，而其中「美」是處於第一位的。他的詩多次寫到死亡和戰爭，但一經他帶有甜味的純淨語言的過濾和詩化處理，使讀者並不感到死亡的恐怖和血腥，而是感受到一種令人感動的凄婉冷肅的詩美。〈殯儀館〉寫男孩子、女孩子準備入葬了，詩人卻假想他們仍然活著，並模擬他們的語氣說：「食屍鳥從教堂後面正起來／我們的頸間撒滿了鮮花／（媽媽爲什麼還不來呢）」。〈戰神〉一詩寫戰爭給人們帶來的巨大災難，卻把死亡看作「黑色的勝利」，「很多母親在喊魂／孩子們的夭亡，十五歲的小白楊／昨天的裙子今天不能再穿」。〈鹽〉中的二嬤嬤，在清朝政府的貪官污吏和列強、軍閥的壓榨逼迫之下呼喊著「鹽呀，鹽呀，給我一把鹽」上吊而死，卻與春天、豌豆花和天使們的歌唱伴隨。這種類似中國傳統詩學「以樂景寫哀」的藝術處理，深得「溫柔敦厚」之旨，加上瘂弦具有濃郁抒情氣氛的民謠風格、親切的敘述語調和超現實手法的合理適用，使人沉浸於一種凄美聖法的詩的境界，具有震撼人心的藝術力量和淨化靈魂的悲劇效應。

瘂弦對現代詩歌藝術的最大貢獻，可能要算「戲劇性手法」的創造性運用。大概與詩人早年畢業於影劇系並從事過話劇演出有關，他十分善於在詩的創作中借鑑和運用戲劇、小說文類的技巧和表現手法，將早期新詩人聞一多、卞之琳、袁可嘉等人曾提倡和實驗過的「戲劇性情景」、「戲劇主義」發表到一個前所未有的新高度，極大地豐富了現代詩的表現手段和技法。他的〈坤伶〉一詩，以極其簡煉的筆法和幾個細節描寫，勾勒了一個生活在清末民初的女伶人的悲劇命運，「十六歲她的名字便流落在城裡」，女伶人的少年成名便意味著她一生「凄然的韻律」的開始，而「『苦啊……』／雙手放在枷裡的她」，利用玉堂春戲裡的唱詞，將劇中人和表演者、戲劇舞臺和人生舞臺疊合在一起，表層含意和深層象徵一語雙關，其弦外之音和韻外之旨，令人回味無窮。〈上校〉裡的每一句詩幾乎都蘊藏著一個故事，透過細節的眞實和意象的大幅度跳躍暗示出人物的一生經歷。當年在抗日戰爭的大會戰中失去了一條腿，曾有有過輝煌歷史和功勛的上校，到臺灣退役後卻過著貧病交加的生活，甚至要靠妻子的縫紉機來補貼生活。前半生的光榮與顯赫同後半生的落魄與平庸，構成一種戲劇性的強烈對比和衝突情境，令人喟嘆不已！再如他的名詩〈如歌的行板〉：

溫柔之必要
肯定之必要
一點點酒和木樨花之必要

正正經經看一名女子走過之必要
君非海明威此一起碼常識之必要
歐戰，雨，加農炮，天氣與紅十字會之必要
散步之必要
溜狗之必要
薄荷茶之必要
每晚七點鐘自證券交易所彼端
草一般飄起來的謠言之必要。旋轉玻璃門
之必要。盤尼西林之必要。暗殺之必要。晚報之必要
穿法蘭絨長褲之必要。馬票之必要
姑母遺產繼承之必要
陽臺、海、微笑之必要
懶洋洋之必要

而既被目為一條河總得繼續流下去的
世界老這樣總這樣：——

觀音在遠遠的山上
罌粟在罌粟的田裡

詩人通過一連串極富音樂性的「……之必要」的獨特句式和電影蒙太奇式的跳接手法，按戲劇或小說情節層層推進的發展模式，用三節詩分別展示了人的青年、中年和老年三個不同階段的心態和生活面貌，節奏上也根據年齡的增長而漸趨緩慢。「而既被目爲一條河總得繼續流下去的／世界老這樣總這樣」，既寫了個體對生命流逝和生存環境的無能爲力，也描繪了一部人類生命繁衍不息的歷史。而結尾兩句「觀音在遠遠的山上／罌粟在罌粟的田裡」，用兩個不同的象徵深刻揭示了人類社會善惡對立、上帝與撒旦並存的恆常狀態。

總之，在瘂弦這些極富「戲劇性」的短詩中，往往濃縮了一部長篇小說的內容，包含了整整一部人生的歷史和對生命的形而上思考。他將文學的抒情表意功能和再現敘事功能完美結合，爲現代詩以極其精煉簡短的形式反映廣闊的社會生活和抒寫內心世界，提供了一種新的可能和新的模式。

【附　註】

① 蕭蕭《現代詩縱橫觀》，臺灣文史哲出版社一九九一年版第一七三頁。
② 《瘂弦詩集·自序》，臺灣洪範書店一九八八年版第四頁。

③ 參見葛乃福《令人驚贊的詩人——瘂弦印象》，《中外詩歌交流與研究》一九九二年第四期。

④⑤ 瘂弦《中國新詩研究》，臺灣洪範書店一九八七年版第四九頁。

——第六屆世界華文文學國際研討會論文，一九九三年六月寫於廣州

在記憶離散的文化空間裡歌唱

——論瘂弦記憶塑像的藝術

葉維廉

一、記憶、書寫與歷史的印記

約莫在一九六〇年左右，那時我才發表了一篇試探性的〈論現階段中國現代詩〉（重點包括白萩的試驗和瘂弦的〈深淵〉）不久，我見到了洛夫、張默和瘂弦。不記得在什麼一種情況，瘂弦把他在詩集《苦苓林的一夜》（一九五九）以外的一些早期作品給我看。我當時幾乎不假思索地拈出他那首〈鹽〉，促他必需收在以後的版本中。其後我不但很快便將之譯成英文，而且在以後教中國現代詩時，幾乎必先講這一首。這首詩爲什麼一下子便把我抓住，並深印在我的意識中呢？其實，我當年拈出此詩，全憑直覺，並沒有理出一個思緒來。詩中的瀟灑的跳躍轉折，意象戲劇性的明快的演出，聲音的漸次增遞、變化、重覆、迴環的音樂流勢和氣味固然是其迷人的地方，但我覺得它更深一層的情意是：它不但流露了瘂弦作爲一個詩人在歷史經驗流失的憂傷與無奈中必需作、或只能作的一種努力——利用破碎、片斷記憶的書寫作爲文化記憶的一種印記，在最深層處還反映了現代中國人在劇變的苦難境況中必需面對文化記憶勢將流失的毅然。讓我們再一次歷驗一番這首〈鹽〉：

二嬷嬷壓根兒也沒見過退斯妥也夫斯基。春天她只叫著一句話：鹽呀，鹽呀，給我一把鹽呀！天使們就在榆樹上歌唱。那年豌豆差不多完全沒有開花。

鹽務大臣的駱隊在七百里以外的海湄走著。二嬷嬷的盲瞳裡一束藻草也沒有過。她只叫著一句話：鹽呀，鹽呀，給我一把鹽呀！天使們嬉笑著把雪搖給她。

一九一一年黨人們到了武昌。而二嬷嬷卻從吊在榆樹上的裹腳帶上，走進了野狗的呼吸中，禿鷲的翅膀裡；且很多聲音傷逝在風中，鹽呀，鹽呀，給我一把鹽呀！那年豌豆差不多完全開了白花。退斯妥也夫斯基壓根兒也沒見過二嬷嬷。

「二嬷嬷壓根兒也沒見過退斯妥也夫斯基」（始）和「退斯妥也夫斯基壓根兒沒見過二嬷嬷」（結）兩行相似的敘述，是一種異乎尋常的句法。表面好像有些「機智」的玩弄。但這句話，由於它特異的邏輯（俄國作家沒有見過中國的二嬷嬷不是很自然的事嗎？爲什麼要那樣突顯它呢？）由於它戲謔的語言和聲調，讀者幾乎必然要索問：詩人爲什麼有此一好像不必說而竟要加強語氣的說明呢？二嬤嬤見到退斯妥也夫斯基或退斯妥也夫斯基見到二嬤嬤又怎樣？二者有什麼關係？但這一索問正好使我們透見了作者的心迹。

退斯妥也夫斯基是俄國大作家，是十九世紀歐洲最偉大的小說家，他的小說不但以人物塑造（尤其是因非人的環境或鎮壓的制度引起的變態或扭曲的人物的塑造）見著，而且對悲困的、處於絕境的、被擊敗的、被遺忘的低下或邊緣人物有悲天憫人的突顯，通過戲劇性的對話，通過內挖的省思和鞭辟入裡的塑像，把十九世紀帝俄下的種種不平與不幸錄寫下來，作爲一種文化記憶的印記。退氏由思想到行動，爲了這些不平等不幸參與革命並被下放到西伯利亞的鹽礦裡做苦工。

如果退斯妥也夫斯基見到了我們故事中的二嬤嬤，作爲中國現代歷史中悲慘人生代表的二嬤嬤——和她所代表的更大的苦難和絕境，便可能被刻鐫爲永久的印記。因爲二嬤嬤（或類似二嬤嬤那樣的悲慘中國人處境）沒有見到像退氏那樣把歷史永恒印記的大作家，這些歷史、文化的記憶——現代中國歷史中成千成萬的悲慘人物與境遇——便都勢將流失，勢將因爲沒有被書寫印記而湮沒。這是瘂弦的愛心，也是中國知識份子刻刻如刀攪的焦慮。

但瘂弦那一行詩是詭奇的。退氏沒有看見二嬤嬤，但詩人瘂弦看見了，而且他書寫了，也就是說，他作爲詩人的職責，正是要把這些記憶留住，正是要把歷史和文化的記憶印記，尤其是要把那由血與死、支離破碎地橫陳的中國現代史的記憶印記。當瘂弦寫下了「二嬤嬤壓根兒沒見過退斯妥也夫斯基」時，他無異把自己比況退氏，以退氏的大任看作自己的大任：

用記憶的書寫來挽回歷史文化的流失。起碼這是他的期許之一。瘂弦這種利用在時間激流中抓住的瞬間和明澈的片斷來持護他在離散空間中的憂懼還有其特定歷史時空下的成因，我們後面會分述。瘂弦另一種期許是他對中國文化在西方物質和意識型態侵略下所走向的物化商品化的批判，如〈剖〉一詩所宣洩的。由於該篇還牽涉了內在文化對話的問題，亦一併留在後面分述。讓我們繼續通過〈鹽〉這首詩看瘂弦一些典型的運作。

在「二嬤嬤壓根兒也沒見過退斯妥也夫斯基」和「退斯妥也夫斯基壓根兒也沒見過二嬤嬤」這兩句話括號內是發生在現代中國邊遠地區貧苦大衆代表的二嬤嬤身上的事件。像退氏一樣，瘂弦要爲這些人物在特殊事件中顯露的情境塑像。塑像——作爲抗衡時間流逝威脅下一些永恒瞬間的捕提、印記——正是瘂弦詩的主軸。最明顯的，當然是《瘂弦詩選》中卷五的「側面」的詩如〈C教授〉、〈水手〉、〈上校〉、〈修女〉、〈坤伶〉、〈馬戲的小丑〉、〈棄婦〉、〈瘋婦〉、〈赫魯曉夫〉等，都清楚地標明是塑像，但卷六中的〈給橋〉、〈給R·G〉、〈紀念T·H〉、〈焚寄T·H〉、〈給超現實主義者〉（按：即商禽）、〈唇〉〈紀念楊喚〉、〈懷人〉〈寫何其芳〉和序詩〈剖〉當然也是，但從廣義的塑像來說，其他的詩也都是，這包括通過鄉土生活畫的記憶所構成的詩如卷一、卷二（其中包括了標幟清楚的如〈乞丐〉，和我們現在提出的〈鹽〉，和〈戰時〉），和通過城市的浮世繪的一組詩（有些根本就是人物的塑像，如〈印度〉寫的實在是「印度的大靈魂」「馬額馬」甘地先生——瘂弦有一次無意中告訴我，那首詩的資料出自一本甘地傳。）事實上，龐雜如「因爲要鯨吞一切感覺的錯綜性和複雜性」以致「無法集中一個焦點」的〈深淵〉，也是一種塑像的企畫：他在該詩的中間流露了這種企圖：「激流怎能為倒影選像？」這也正是想為歷史印記的說明。瘂弦可以說是一個塑像的藝術家。

在〈鹽〉這首詩裡，括號內包括了發生在二嬤嬤身上的故事的三個階段，或者應該說代表三個階段變化的兩三個戲劇化的突出的形象，換言之，用了模擬的故事線，用省略的方法和壓縮的方法，把事件最強烈的悲情推向讀者感受網的前端。所謂模擬的故事線，亦即是假敘述，在這裡指的是：故事性發展的因由、輪廓、動機，不似一般敘述（如小說中或敘事詩中的敘述）那樣有事件前後的交待和一步步串連性的引領。模擬故事或假敘述，指的是：有故事的架構的提示，而無細節的細說。譬如二嬤嬤為什麼要叫「鹽呀，給我一把鹽呀！」呢？從詩的發展中，我們漸漸感到（但未經明說），她得不到鹽，而結果死去。故事的細節，乞求鹽的呼叫的緣由，以至於死的過程都在括號之外。通過文字的投射，我們或可重建這個敘述並簡述如下：維護著我們生命的必需品「鹽」，在邊遠的內陸，在生活還停留在簡陋的落後地區，卻是稀有的物品，由於交通的不便，由於貧窮（中國農村普遍的情境），往往得不到而病而盲而死。二嬤嬤向天公乞叫鹽，她得到的不是促進生命的「白」鹽，而是加速死亡的「白」雪。她生前，豌豆花不開（開花結豆可以療饑），到死後卻都全開花了。在這反諷中無異也揶揄了代表為善的天使，她們在榆樹唱的歌是很曖昧的。在這個敘述中還包括了兩個「副敘述」：其一：中國長久以來沿海經濟與內陸經濟的差距（「鹽務大臣的駱隊在七百里以外的海湄走著／二嬤嬤的盲瞳裡一束藻草也沒有過。」）其二：一九一一的革命原是要帶來解放和進步的（如裹腳帶的拆除所象徵的），但卻沒有在實質上做到什麼改變。在這兩個副敘述之間，還可以有第三個敘述：那便是，所謂現代化，由思想到一些物質上的改變，恐怕只有城市化的一些地區和城市的知識份子（包括工商界）而已，至於廣大的農村（如果我們可以撇開政治包袱來講，也可說廣大的普羅階級），則還停留在啓蒙之前長久的悲慘狀態。

但這樣一個敘述，這樣一條故事線，不是瘂弦採取的呈現方式，他只抽出最具暗示性的意象，作戲劇性、音樂性的演出。這是詩（尤其是抒情詩）與敘事文體（小說與敘事詩）不同的地方。詩往往把經驗的激發點提升到某種高度與濃度，沒有事件發展細節或前後因由的縷述，而把包孕著豐富感受的一些瞬間抓住，利用濃縮的瞬間來含孕、暗示這瞬間前後的許多線的發展。這種選擇具有強烈暗示性的細節來托出更大的事件，我們可以借龐德（Ezra Pound）的「明澈細節的方法」來說明：

> 任何事實，從某種意義上說，都是重要的。任何事實都可能露出「預兆」或「症狀」，但某些事實卻能使人突然洞見週連的情境，其因果及其序次延展：數十個這種明澈的細節可以使我們悟入一個時代的信息——這是積聚浩繁的普遍事實所得不到的。①

〈鹽〉幾乎把全部文化情境的重量放在二嬤嬤向天乞鹽這一個細節的三段變化上。

這種「舉一反三」、以幾個壓縮的強烈的意象或情節來透現一個大環境或大環境下的某種典型，是瘂弦常用的手法。卷五「側面」中的詩大都如此，如〈C教授〉、〈上校〉、〈修女〉、〈坤伶〉俱是。現舉〈坤伶〉爲例：

十六歲她的名字便流落在城裡
一種淒然的韻律
那杏仁色的雙臂應由宦官來守衛
小小的髻兒啊清朝人爲她心碎
是玉堂春吧
（夜夜滿園子嗑瓜子的臉！）
『苦啊……』
雙手放在枷裡的她
有人說

在佳木斯魯跟一個白俄軍官混過

一種淒然的韻律

每個婦人詛咒她在每個城裡

乍看之下，彷彿是小說（譬如寫「遊園驚夢」的白先勇的小說）的綱目，一共有六個母題：成名、傾城之美、她出名的劇目、演出得最迷人的場面、她的一段私生活、其他婦女對她的妬恨。但這六段不是綱目，而是引領我們步步尋索、層層玩味的「明澈的細節」。瘂弦到底是學戲劇和演過戲的，他太了解那一個情節那一些細節最能含孕、或放射出坤伶身世的全部。姚一葦與瘂弦大抵因爲是同行，一下就抓住這些細節的凝射力，試看他二、三、四段的解讀

第二節描寫她的美麗……只凝聚在她的「杏仁色的雙臂」和「小小的髻兒」，一如韋莊的……「鑪邊人似月，皓腕凝霜雪」一樣，正是以局部代全稱的手法……「由宦官來守衛」，把我們帶入那侯門似海的宮廷；「小小的髻兒啊清朝人爲她心碎」，使我們想起當年在北平捧角兒的那些遺老來，不僅發人遐思，而且開啓了我們的記憶之門。第三段「是玉堂春吧」含有雙重的用意，一方面是「夜夜滿園子嗑瓜子兒的臉！」中的玉堂春，亦即是舞臺上的玉堂春；而另一方面亦是她的身世自道。「夜夜滿園子嗑瓜子兒的臉！」在此展現出鮮明的意象，不僅表露出當年戲園子內的情形，而且讓我

們看見那些嗑瓜子兒的大爵們的臉……第三節描寫玉堂春演出情形，「哭啊……」（按：詩人只寫了兩個字）是玉堂春上場的哭頭「苦啊！」此時她披枷上場，「那杏仁色的雙臂」正放在枷裡。其意義亦是二重的，一方面是描寫戲裡的玉堂春，另一方是主角的自道。②

要引帶讀者進入這些細節中尋索與重演文字以外的情境，作者必需一下子便能把要塑造的形象或境遇的特色抓住。譬如卷五中的另一首〈C教授〉：

到六月他的白色硬領仍將繼續支撐他底古典
每個早晨，以大戰前的姿態打著領結
然後是手杖、鼻煙壺，然後外出
穿過校園時依舊萌起早歲那種
成爲一尊雕像的慾望

而吃菠菜是無用的
雲的那邊早經證實甚麼也沒有
當全部黑暗俯下身來搜查一盞燈
他說他有一個巨大的臉

> 在晚夜，以繁星組成

前面五行，以很敏捷的方式，用幾個意象拼合、壓縮出一個相當典型、時空架勢氣氛個性都有相當暗示性的人物。〈C教授〉的C，相信是有意的，不說「甲」教授而用「C」，這是洋派的教授。不用「A教授」而用「C」，估計「C」代表中國（China）。「甲」教授不用白色的硬領支撐他的古典，也不用鼻煙壺那洋玩意，他的慾望是「屈平詞賦懸日月」那種永恆，而不是校園中西潮後盛行的雕像。一個過氣的「洋氣」教授（來自戰前的上海？）眞是躍然紙上。

瘂弦不但在消除故事線的情況下把故事壓縮爲幾個凝射性的細節，他有時也把現實實生活中很長的一段變化與過程壓縮爲一句，譬如〈鹽〉詩中這一句：

> 一九一一年黨人到了武昌。而二嬤嬤卻從吊在榆樹上的裹腳帶上，走進了野狗的呼吸中，禿鷲的翅膀裡……

由革命成功之並沒有帶給二嬤嬤相同於解除裹腳帶那種生活的自由，到她的死（死的故事本身省略了），到野狗流蕩、禿鷲飛旋覓食的荒野（作者彷彿暗示二嬤嬤連葬身之地也沒有），是一段可以大大書寫發揮的情節。但作者用了省略壓縮，反而給讀者尋索回味的空間。

瘂弦極喜用這樣的策略，如

在毀壞了的
紫檀木的椅子上
我母親底硬的微笑不斷上升遂成爲一種紀念
——戰時

死於「把大街舉起猶如一把扇子」的燒夷彈的母親，由她在紫檀木椅子上的硬的微笑那個印象（大抵是瘂弦童年時目睹的一場難忘的變故）到「成爲一種紀念」（經過若干年後的追懷紀念）是一段很長的時間，瘂弦躍過過程，把這段包含著痛苦記憶的時間壓縮爲一句。作者彷彿欲哭而突然停止，躍過時間彷彿就是躍過痛苦。這種好像一筆帶過的寫法，我們好像已經遠在經驗之外，在事過境遷之後一閃而過的回憶，有一些超然的語意。但事實上，在深層裡是更大的悲劇，是一種無奈，是一種無淚之痛。

同理，他寫的退役下來的「上校」，用的幾乎是幽默的語調，把改變了「上校」一生的一件大事，輕佻的一筆減縮爲一句：

在蕎麥田裡他們遇見最大的會戰

而他的一條腿訣別於一九四三年

幾乎是一種記者「一年來大事」的不動感情的記寫。正因爲這表面不動感情的減縮的寫法，等到我們讀到下面兩句時反諷及悲劇性便變得特別深沉：「他曾聽到過歷史和笑」（他曾是歷史的製造者，赫赫風雲，勝利之笑或入雲霄；如今他在歷史之外，聽到的笑是嘲笑多於其他。）「甚麼是不朽呢」（對上校來說是火焰中升起的一朵玫瑰，一種煉爐中昇華的純粹）但答覆卻是：「咳嗽藥刮臉刀月房租如此等等／而在妻的縫紉機的零星戰鬥下／他覺得唯一能俘虜他的／便是太陽。」這不只是「固一世之雄也，如今安在哉！」而是從昇空的純粹和不朽跌入地面的瑣碎無聊，是可有可無的存在了。

瘂弦詩中的聲音是很獨特的，從〈鹽〉等例子中，我們已經感到他從來沒有過度投入悲情的內裡，從裡向外發聲，像他早期的〈屈原祭〉那樣呼喊式的「我呀，我狂吟著屈原……我赤足，我披髮，我歌，我嘯，我吶喊……詩魂呀，歸來，歸來！」或〈我的靈魂〉那樣「我的靈魂如今已倦遊希臘，我的靈魂必需歸家」；但他也並非站在悲情之外作新聞式歷史式的記載，而是介乎二者之間，他的抒情的聲音，正如我說過的，一面彷彿是不動感情似的，一派無所謂的樣子，只做一些事件的記錄，但另一方面卻在一種深沉無奈中愁傷。這種聲音，有幾種變奏，大都以反諷爲綱。這包括在輕快音樂行進中潛藏的悲劇，如〈乞丐〉，如〈馬戲的小丑〉，包括文字戲謔中的某種崩離，包括在荒誕中假裝發愁並唱「哈里路亞」（〈深淵〉)等。

事實上,痛傷到極致後的一種無奈、無所謂、甚至輕佻,幽默,自嘲的一種抒情可以說是瘂弦詩中的主調:

哈里路亞!我仍活著。
工作,散步,向壞人致敬,微笑和不朽。
爲生存而生存,爲看雲而看雲,
厚著臉皮佔地球的一部份……
——〈深淵〉

在根本沒有所謂天使的風中,
海,藍給它自己看。
……
他們是
如此恰切地承受了
這個悲劇。
這使我歡愉。

我站在左舷，把領帶交給風並且微笑。

——〈出發〉

〈C教授〉所追求的「永恒」，〈上校〉所追求的「不朽」，〈鹽〉反面所祈求的歷史的完整與合理的生存都變得瑣碎無聊，可有可無。也因爲這種異乎尋常的沉痛，所以瘂弦後期才會歌唱種種瑣碎無聊生活情節之必要。由「我仍活著，工作，散步……」一變而爲用〈如歌的行板〉去唱：

溫柔之必要
肯定之必要
一點點酒和木樨花之必要
君非海明威此一起碼認識之必要
歐戰，雨，加農砲，天氣與紅十字會之必要
散步之必要
溜狗之必要
薄荷茶之必要
每晚七點鐘自證券交易所彼端

草一般飄起來的謠言之必要。旋轉玻璃門
之必要。盤尼西林之必要。暗殺之必要。晚報之必要
穿法蘭絨長褲之必要。馬票之必要
姑母遺產繼承之必要
陽臺、海、微笑之必要
懶洋洋之必要

而既被目爲一條河總得繼續流下去
世界老這樣總這樣：——
觀音在遠遠的山上
罌粟在罌粟的田裡

中國的歷史，我們的人生，在失去一種文化凝融的意義的現代，只好無可奈何地流下去。「世界老這樣總這樣」，這可是一種自我安慰？還是更深沉的悲哀？

二、記憶：歷史文化的囚禁與釋放

什麼是文化凝融的意義呢？我在前面說，瘂弦要在時間激流中抓住一些記憶的片斷來持

獲他在離散空間中的憂懼，這是有其特定歷史時空的成因的。我們還得從中國文化失去凝融意義的情況講起。我在〈從跨文化網路看現代主義〉及〈洛夫論〉二文③中都有提及這文化失去凝融力後對作家心靈空間的影響，讓我重述其中一、二要點，來透視瘂弦在這個網路中所面臨的危機及其提出的策略。

有遠近二因。先說近因，一九四九年狂暴的戰變導致國民政府離開大陸母體南渡臺灣。像洛夫一樣，瘂弦隨著軍隊到了臺灣而陷入一種「隔絕感」與「禁錮感」。在「剛渡」之際，知識份子都有一種燃眉的焦慮與游疑，頓覺被逐離母體的空間與文化，而在一種離散虛浮的空間中憂心忡忡，在「現在」與「未來」之間彷徨：「現在」是中國文化可能全面被毀的開始，「未來」是無可量度的恐懼。彷徨在「現在」與「未來」之間（也正是瘂弦、洛夫等人創作之時段），詩人們感到一種解體的毅然絕望。在當時的歷史場合裡，詩人如何去了解當前中國的感受、命運和生活的激變與憂慮、孤絕、鄉愁，希望、精神和肉體的放逐、憂幻、恐懼和游疑呢？我曾經在我那本《三十年詩》的序上說：

> 面對著中國文化在游疑不定中可能的全面瓦解，詩人們轉向內心求索，找尋一個新的「存在理由」，試圖通過創造來建立一個價值統一的世界（那怕是美學的世界！）來彌補（當時）那渺無實質的破裂的中國空間與文化。④

記憶是一種相剋相生的東西，它既是一種囚禁，對流離在外的人一種精神的壓力，嚴重的時候，可以使人徬徨、迷失到精神錯亂（有些人永遠沉淪在其中而不能自拔），這一個母題不但在現代中國小說、詩、散文裡，而且在電影裡都經常出現；但記憶也是一種持獲生存意義的力量，當發揮到極致時，還可成爲一種解放，如洛夫便想通過詩把記憶轉化爲一種力量突圍而出，來克服和取代肉體之被禁錮（即因戰亂的切斷與家園的永絕。）

記憶的相剋相生——囚禁與解放——在瘂弦的詩中尤爲顯著而強烈。他大部份的詩都可以視作記憶的重新拼合（這裡包括歷史片斷及人物的塑像）爲一個完整的（詩的）世界來抗拒歷史的流失，在無奈中握持行將破裂崩離的中國空間與文化。

顯然這個記憶不只個人的（雖然瘂弦詩中有不少是來自童年的回憶），而且也是現代中國社會的、民族的——亦即是近代中國史以來文化的負擔。

現代中國文化、文學是本源感性知性與外來意識型態爭戰協商下極其複雜的共生，借生物學的一個名詞，可以稱爲Antagonistic Symbiosis（共生體各分子處於鬥爭狀態下的共生）。指的是十九世紀以來西方霸權利用船堅砲利，帶著把中國殖民化的企圖，引起的異質文化與本源文化的爭戰。這個爭戰的結果是具有相當大的創傷性的。首先，自列強入侵以來，中國民族和文化的原質根性已經被放逐了。從一向被視爲神聖不可侵犯的中國迅速的崩潰和空前的割地讓權，中國人已失去了至今猶未挽回的民族自信。雖然中國並沒有被征服而忍受殖民化的宰制，雖然Albert Memmi所說的構成文化認同意識的四要素——歷史意識、社團意識、宗教或文化意識和承全、持護民族文化記憶的語言——並沒有像某些非洲土著民族那樣被全然毀滅，但列強的侵略及日本一而再再而三的設法把中國殖民化的活動，也顯著地在中國文化、文學中留下不可磨滅的痕跡，包括外來文化的中心化和本源文化被分化、滲透、淡化以至邊緣化並產生「文化的失眞」與「文化的改觀」。所謂中心化，如外來文化意識結構無意識的內在化，如音樂、電影、藝術、文學的品味，文化理論和哲學，生產和分配模式、階級、層級體系（包括學校制度）和社會心理環境。其結果就是本源文化的淡化或無形的低貶。中國知識份子，在設法調適傳統和西方文化時落入了一種「既愛猶恨、說恨還愛」的模稜不安的情結，亦即是對傳統持著一種驕傲但又同時唾棄的態度，對西方既恨（恨其霸權式的征服意識）而又愛其輸入來的德先生與賽先生。他們一面要爲兩種文化協調，一面又在兩種文化認同間徬徨與猶疑。這個爭戰與衝突深深地觸援了中國本源的感受、秩序和價値觀。影響所及，包括了賽先生——及其引發的物化、商品化、目的規劃化，人性單面化的文化工業（即貨物交換價値取代人之爲人的價値）的得勢，和持護、培植人性深層意義與風範的精純文學藝術的虛位。因爲這種爭戰下的情結，知識份子游離在一個不定的空間尋索、猶疑、追望：中國眞正文化的凝融力量在那裡？西方眞正的疑融力量（如果有！）在那裡？是由五四至今都沒有解決的問題。一面我們看見詩人們在傳統與外來文化碎片之間徘徊憂傷，一面庸俗的實用主義功用主義，在渡臺後的禁錮氣氛中變本加厲。

痖弦，像一般五四後的知識份子一樣，幾乎沒有選擇地爲這個文化認同的危機徘徊憂傷。

我們可以在他早期的作品中聽到他這種憂傷：

……遠代的墓銘蝕荒了，楚國的太陽凋落了！
屈原喲，你在那裡？
雁塔上火霧瀰漫，崑崙山雷雨奔馳，
屈原喲，你在那裡？
我問漁家，我問樵夫，我問塵封的殘卷，
他們不知道。
我問洞庭的蒼波，我問衡陽的雁峯，我問禽鳥和水族
他們不知道
……詩魂呀！歸來，歸來！
……你莫非被那藍眼睛的詩神邀請去……
啊啊，我看見荷馬在彈琴，但丁在朗頌
你和繆斯生在中間，儀態從客！

……………

你莫非坐在中國新詩底嬰兒身邊，

右手編著襁褓，左手搖著搖籃，

啊啊，屈原，詩底金字塔，文學的恒星

請接納我的膜拜，引我前行！

「屈原祭」（創世紀六期，一九五六、六）

啊啊，君不見秋天的樹葉紛紛落下

我雖浪子，也該找找我的家

……………

我的靈魂如今已倦遊希臘

我的靈魂必需歸家

……………

我聽見我的民族

我輝煌的民族在遠遠地喊我喲

……………

我的靈魂原來自殷墟的甲骨文

……
我的靈魂要到長江去
去飲陳子昂的淚水……

〈我的靈魂〉（創世紀九期，一九五七、六）

這兩首瘂弦的「少作」（二十五歲以前）感情過於直露，語意太散文化，是壞詩，瘂弦沒有收到集子中。但它們卻可以幫助我們印證他焦慮的文化情結。代表「中國」的詩死了，他才有「詩魂歸來！」的呼喚。他一再的訴諸屈原：「我的靈魂要到汨羅去／去看看我的老師老屈原／問問他認不認得莎孚和但丁」。而在另一首詩〈劇場，再會〉裡，一口氣提了十餘個東方西方的作家和傳統，要從他們那裡走出來：這裡包括西漸的風景片，閃電的燈光箱、口紅……本有的古舊的中國銅鑼；包括線裝的元曲，洋裝的莎氏樂府，亞格曼濃王，蛙，梅濃世家，拉娜，希臘的葡萄季，羅馬的狂歡節，易卜生，奧尼爾。同時他也要帶著米勒的拾穗，羅丹的思想者，巴哈的老唱片，三拍子的曼陀鈴，四拍子的五弦琴，大甲草帽，英格蘭手刀……像個古代的遊唱者……。這些事物，一方面說明了新傳統中已經滲透了相當多的外來的傳統，也可以說我們早已經把它們內在化了，一如我們生活中滿目都是外來的事物。從某一種意義上說，我們必需從這樣一個共生的現實中出發；瘂弦詩中有相當多的中西並置的意象，當然與此有關；但另一方面，並不表示這是如魚得水那樣共生共存。瘂弦這幾首早期作品對詩魂的呼喚，也就表示在異質爭戰的共生中外來文化的滲透與分化已經引起「文化的失眞」與「文化的改觀」。詩人如何去求得一種新的凝融，一種或者可以保有相當中國文化眞質的表現呢？這是瘂弦和他同代人必需解決的問題。所以說，前面有關「鹽」的討論所提出的一些印記策略，也必需放在這一個歷史的長景中去看，始見其機心。

但在我們通過這個歷史場合去解讀一些詩之前，我們還需進一步審視瘂弦對渡臺後所面臨禁錮感，和那變本加厲的傷殺中國眞實之商品化文化的反應。

我這裡提出的禁錮感，除了肉體上永絕家園（有家歸不得）的孤絕與黯然傷痛之外（也因此，當時相當多的詩都是「流放」與「懷鄉」的換喻，包括瘂弦詩中童年的記憶）；禁錮感同時是有形無形政治鎭壓下精神上的沒有出路。我在〈洛夫論〉中對冷戰心態下的氣壓曾說：

當時的臺灣，自第七艦隊進入臺灣之後，已經被納入世界兩權對立的舞臺上，而且成了自由世界的前衛。既是屬於自由世界的陣營，當然要歡欣自由思想，自由行動了；但事實上……在政治上，隨著防衛的需要，便實行肅清與有形無形的鎭壓。文字的活動與身體的活動都有相當程度的管制。與家園隔絕，懷鄉，渴求突圍出去，或打破沉悶與焦燥，卻又時時沉入絕望之中，一種強烈的深淵似的「走投無路」的低氣壓呼應著冷戰初期的氣象。這種低氣壓瀰漫了相當一段時間，幾乎到臺灣經濟起飛之前，都感染著當時的島住民。譬如商禽的〈門與天空〉便可以視爲這冷戰氣候中臺灣住民的寫照。這首詩寫一個沒有監守的囚禁者（注意：沒有監守而被囚禁即表示「監守意識的內在化」）⑤

政治的肅清、有形的鎮壓（如雷震因倡導「反攻無望論」而被捕以及不少突然失蹤的政治犯），和無形的鎮壓都影響到詩人的文字的策略。用瘂弦自己的話說：

> 五〇年代的言論沒有今天開放，想表示一點特別的意見，很難直截了當地說出來；超現實主義的朦朧，象徵式的高度意象的語言，正好適合我們，把一些社會意見、抗議隱藏在象徵的枝葉後面。（〈現代詩三十年的回顧〉，《中外文學》，一九八一年六月，一四六頁）

但不同於商禽的〈門與天空〉那樣集中在一個包含著強烈批判性的事件，瘂弦的「意見」和「抗議」往往是彌漫在一種「找不到出口」的無奈的「鼠灰色」的「深淵」沉昏裡，背景往往不是一件事，而是凝混在超過眼前現實、滲著其他世界性問題的空間裡，如〈從感覺出發〉和〈深淵〉二詩所見。

> 下回不知輪到誰；許是教堂鼠，許是天色。

我們是遠遠地告別了久久痛恨的臍帶。
接吻掛在嘴上，宗教印在臉上，
我們背負著各人的棺蓋閒蕩！
而你是風、是鳥、是天色、是沒有出口的河。
是站起來的屍灰，是未埋葬的死。

……………………

當一些顏面像蜥蜴般變色，激流怎能爲
倒影造像？當他們的眼珠黏在
歷史最黑的那幾頁上！

——〈深淵〉

文化的抽空、歷史的抽空、生存的抽空、意義的抽空，行屍走肉的生命，沉淵的精神狀態，瀕臨瘋狂的焦躁與恐懼，是瘂弦意欲透過更廣大的人性的崩離（這樣一個擴大了的空間是一種護身的符咒）來反射特定時空禁錮下的沉鬱。

從回聲中開始
那便是我的名字，在鏡子的，驚呼中被人拭掃
在衙門中昏暗

再浸入歷史的，歷史的險灘……
　　在最後的時日
帶我理解這憎恨的冷度
這隱藏在黑暗中的寂靜
　　　　——〈從感覺出發〉

至於悲哀或正躲在靠近鐵道的甚麼地方
總是這個樣子的
五月已至
而安安靜靜接受這些不許吵鬧
　　　　——〈一般之歌〉

「接吻掛在嘴上」，是沒有愛的行為；「宗教印在臉上」，是沒有內在精神性的虛架子。都是人性物化、商品化的結果，在〈深淵〉的前一年（一九五八），瘂弦有相似的自嘲與嘆息並給自己詩作了一些說明。這便是他後來用作《瘂弦詩選》的序詩的〈剖〉（原刊《創世紀》第十期一九五八年四月，估計該詩可能在一九五七年便完成）：

有那麼一個人
他眞的瘦得跟耶穌一樣。
他渴望有人能狠狠的釘他，
（或將因此而出名）
有血濺在他的袍子上，
有荊冠——那怕是用紙糊成——
落在他爲市囂狎戲過的
傖俗的額上。
但白楊的價格昂貴起來了！
鋼釘鑽進摩天大廈，
人們也差不多完全失去了那種興致，
再去作法利賽們
或聖西門那樣的人，
唾咒語在他不怎麼太挺的鼻子上，
或替他背負
第二支可笑的十字架。
有那麼一個人

太陽落後就想這些。

用自嘲的方式把詩人的計劃看作「紙糊的」，虛而不實以及模倣不眞，看：他的鼻子不怎麼挺呢！連樣子都無法像耶穌，精神性更不必說了。問題在：瘂弦這裡的自況爲耶穌，本來也未必不能做一番轟世的大業，可惜，不但他想推出的精神性（如十字架所象徵的，並不一定指基督教的精神）根本上沒有人有興趣，因爲它沒有貨物的價値（十字架做不了棟樑！），而且他自己的頭額已經被市囂狎戲過，傖俗平庸，不成大器。這首詩，像波特萊爾〈光環的失去〉那首散文詩一樣，「精髓的鑑賞家、神蜜的渴飲者」的詩人出現在下等酒巴裡，人們問起他頭上的光環，他說已經落在糞污中，找不回來。詩，靈氣，在科學至上主義工具化理性高昇所帶來的人的分化支離、物化、商品化、異化、減縮化的過程中已經蕩然無存。明清以來，中國文化已經走向實用主義的庸俗化，民國以後，在傳統精緻文化的備受攻擊與西方工具理性主義得勢的推波助瀾，再加上精神性沒有出路的禁錮政治氣氛，更是每況愈下。

瘂弦的〈剖〉脫胎自魯迅的〈復仇〉（其二）。〈復仇〉是魯迅重寫耶穌作爲神之子被釘死在十字架的故事。耶穌不肯喝那有鎭靜作用的浸藥調和的酒，他看著四邊可憫的人們，在釘尖穿透掌心時，感到痛得舒服：

四面都是敵意，可悲憫的，可咒詛的。

他的手是痛楚，玩味著可憫的人們的釘殺神之子的悲哀和可咒詛的人們要釘殺神之子，而神之子就要被釘殺了的歡喜。突然間，碎骨的大痛楚透到心髓了，他即沈酣於大歡喜和大悲憫中。

他腹部波動，悲憫和咒詛的痛楚的波。

偏地都黑暗了。

「以羅伊，以羅伊，拉巴撒巴各大尼？！」（翻出來，就是：我的上帝，你爲什麼離棄我？！）

上帝離棄了他，他終於還是一個「人之子」；然而以色列人連「人之子」都釘殺了。

釘殺了「人之子」的人們的身上，比釘殺了「神之子」的尤其血污、血腥。

魯迅寫這篇散文詩時，是在新文化和文學革命進入低潮，反新文化、新文學運動的人們又高升，正是「寂寞新文苑，平安舊戰場，兩間餘一卒，荷戟獨彷徨」的時期，中國人的「文化冷感症」和「中國命運的視而不見聽而不聞」。（詳見我論魯迅的〈野草〉，《當代》，六十八－九期，一九九一－九二）

在〈復仇㈡〉中，魯迅也是和耶穌比況，爲中國新文化求福，做個犧牲者。魯迅突出耶穌爲「人之子」，固是要暗示神話性之不可信賴，但另一方面，也可以看作文化靈氣之蕩然無存。同是借耶穌和十字架比況，魯迅「蟒蛇纏身」似的寂寞和沉痛，躍然於紙。瘂弦，則是在一切已經放逐到無可挽回的邊荒上作無奈的自嘲與悲歎。

三、記憶：馳騁於想像中的文化空間

我在〈從跨文化網路看現代主義〉一文中提出中西文化異質爭戰協商下的激烈，深深地擾亂了本土的價值，中國的知識份子，作爲一個被厭迫者，掙扎著，或要在外來文化中找出相同於本土文化的元素，或要大聲疾呼欲肯定本源文化的主導性。不管是向西方借火或向本土尋根，結果都必將異於二者，而也必然反映出掙扎痛楚的痕跡，包括有意無意間向古典中探尋可以凝融眼前破碎片斷的一種視野。六十年代在臺灣的詩人，有相當多人，經過了二、三十年代種種試探和四十年代的綜合，再一次試圖在唐宋詩和傳統哲學中反思，如鄭愁予，楊牧，余光中等（我自己亦在兩種觀感模式中來回反思。）瘂弦在傳統的尋索上則是另闢途徑。

我前面提到詩人面對一個渺無實質的破裂的中國空間與文化時，會試圖通過創造來建立一個價值統一的世界。其實，不管是創作者或非創作者，在這時，都要在心理上開闢一個文化的空間，利用不同的記憶，童年的、在中國各地生活的片斷、印記在書本上歷史的、思想的、詩的章節章句，來構織一個能維繫生存意義的屬於想像和心理的「文化中國」。瘂弦心中的「文化中國」是怎樣的呢？

瘂弦早期的詩充滿著大陸農村童年生活的記憶（滾銅環、打陀螺、花轎前的流蘇、土地祠、紅玉米、哨吶、表姊的驢兒……），但在瘂弦的詩裡，除了顯著地受過詞化的何其芳（如其〈休洗紅〉便是白話式的詞）影響過的一些詩（〈秋歌〉〈山神〉〈一九八〇年〉〈懷人〉）之外，很少有類似愁予那種唐詩宋詞呼之欲出的遺字用詞（「東風不來，三月的柳絮不飛……跫音不響，三月的春帷不揭」——〈錯誤〉）。瘂弦彷彿要回到古詩更早的源頭：民歌，來織連片斷回憶爲心中可以牽掛的「文化中國」。他自己後來，在封詩筆後十五年（一九八〇年）的一篇文章裡流露了他的心迹。「中國古典文學用過的詞句絕對要避免，成語絕對要避免」他又說：

至於語言的鍛鍊，首重活用傳統的語言。我們聽地方戲、老祖母的談話、平戲的對白，那種語言的形象，豐富而跳脫，眞是足資采風。因此我們不但要復活傳統文學的語言（當然是選擇性的），也要活用民眾的語言；從口語的基調上，把粗礪的日常口語提煉爲具有表現力的文學語言，這比從文學出發更鮮活。目前我們語言的歐化和語言的創新是自然的演變，祇要不脫離自己語言的根，應該大量吸收外國的語言，鄉土的語言，來豐富生動文學的語言。⑥

瘂弦在論劉半農時進一步說：

> 劉半農之所以研究民歌並且創作民歌，是想傳承我國在野文學的寶貴傳統，運用俗歌（民歌與兒歌）的內在生命特質，聲調和調子，來創造一種新的方言文學。劉半農認爲這種文學才是最眞摯最動人的文學，是「我們母親說過的言語」，別看它傳佈面太小，但它的感動力卻是很大的。⑦

瘂弦特別指出「傳佈面太小」的限制。所以瘂弦寫的不是民謠民歌，而是利用其中的「跳脫性」、「鮮活性」、「聲調」、「調子」所構成的音色與氣氛。有時他只用一句來喚起兒歌式民謠的調子，如沉黑如〈殯儀館〉的題材的詩，突然出現了「船兒搖到外婆橋便禁不住心跳了喲」來喚起「搖搖搖，搖到外婆橋」那種輕快的調子。瘂弦用輕快甚至輕佻的旋律與語調（彷彿要去出遊看風景似的）來壓住那終於一發不可收拾的對死的悲傷。這是高度藝術的反諷手段。在〈殯儀館〉這首詩裡，借一個還不知生死爲何物的小孩子的感覺和觀察來透視，（「媽媽爲甚麼還不來呢」），而使到「殯儀館」這個場合，本來不應提到女孩們的紫手帕和踏青時包那甜甜的草莓這些事情的，現在提出來不但無礙，而且還加強了死的恐怖與殘酷。

瘂弦不是寫新的民歌，因此沒有一般民歌的故事線。像〈鹽〉一樣，只有些暗示性的細節，利用音樂的流動（包括民歌式的重覆，變化）和語調構成的氣氛，把欲表達的情感推到感受網的最前端。像〈鹽〉那首詩一樣，〈殯儀館〉的故事必需在讀者感受到悲傷的刺激之後再回頭重造。

民歌式的重覆變化，有比較傳統些的手法，如〈歌〉，便像詩經中三、四段每句都一樣，只有最後一行或兩行改一個字，作爲進展或變化。現舉《詩經．召南》中一首短的詩和瘂弦的〈歌〉並列，可見其音樂上的承襲之一斑：

〈梅有標〉

梅有標
其實七兮
求我庶士
迨其吉兮

梅有標
其實三兮
求我庶士
迨其今兮

梅有標
頃筐塈之

〈歌〉

誰在遠方哭泣呀
爲什麼那麼傷心呀
騎上金馬看看去
那是昔日

誰在遠方哭泣呀
爲什麼那麼傷心呀
騎上灰馬看看去
那是明日

誰在遠方哭泣呀
爲什麼那麼傷心呀

求我庶士
迨其謂之

騎上白馬看看去
那是戀
誰在遠方哭泣呀
爲什麼那麼傷心呀
騎上黑馬看看去
那是死

二者之音樂進程和調子是相似的。但兩首詩都略嫌死板些。但〈鹽〉，在音樂上雖然是相似的，然而因爲有遞增變化，而且有戲劇性的演出（這是很重要的一點），不是直述，而且又因省略了故事線而逼使讀者參而尋索重建，就變得豐富耐讀多了。〈乞丐〉進一步把原有的蓮花落（類似廣東鄉間所見的「龍舟歌」）只把調調抽出，化入乞丐對個人生存的絕境獨白式（滲著詩人的半嘲語諷）的演出。

誰在金幣上鑄上他自己的側面像
（依呀呵！蓮花兒那個落）
誰把朝笏抛在塵埃上

（依呀呵！小調兒那個唱）
酸棗樹，酸棗樹
大家的太陽照著，照著
酸棗那個樹

彷彿是乞丐眞正唱時的歌（調調是），而事實上又不是。這是利用模擬的方式把讀者放入那種情境去感去思。

瘂弦所謂民謠風時期的詩，還有一個特出的地方，很多詩是兒歌民歌的調兒，而往往是由一個小孩子的角度去發聲。詩人（成人，而且有許多文化歷史悲情的成人）利用孩童發聲及敘述或展示一個場景，可以帶有幻想，可以像童話世界那樣自由，把不同時空的事物不按理出那樣引到舞臺上來。這有兩層意義，其一，詩人在禁錮的氣氛下需要這個自由的空間，讓一些不方便記憶的記憶得以重現；其二，這個自由空間可以幫他解決了一些表達上的困難：現在、過去，傳統，西方的很多事物在我們實際的生活裡是同時並置互動的；但到了書寫，我們往往無法縱橫無阻的馳騁。這個童話式、想像式的空間正可以給作者相當程度的自由活動，可以把兒歌中的想像的飛躍和成人欲發揮的想像的飛躍融而爲一。

女孩子們滾著銅環

斑鳩在遠方唱著
斑鳩在遠方唱著
我的夢生在樺樹上

斑鳩在遠方唱著
訥代爾的龍蝦擋著了我的去路
爲一條金髮女的藍腰帶
壞脾氣的拜倫和我決鬥

斑鳩在遠方唱著
鄧南遮在嗅一朵枯薔薇
樓船駛近莎孚墜海的地方
而我是一個背上帶鞭痕的搖槳奴

斑鳩在遠方唱著
夢從樺樹上跌下來

太陽也在滾銅環
斑鳩在遠方唱著

這是瘂弦早期的詩，和〈野荸薺〉約略同時，也都是利用兒歌中的邏輯的跳躍從熟識的事件跳到意料之外的事件。在兒歌中大多利用押韻跳接，如「月光光，照地堂，年卅晚，切檳榔，檳榔香，切嫩薑，嫩薑辣，拜菩薩，菩薩苦，買豬肚………買條船，船浸底，浸死兩個番鬼仔，一個浮起，一個沉底……」（按：這是廣東的兒歌，別地的「月光光」和大部份的兒歌，包括外國的，原理相同）。瘂弦的〈斑鳩〉利用重覆跳接，原理一樣，由滾銅環，到夢在樺樹上，到訥代爾到拜倫到鄧南遮……到夢從樺樹上跌下來，一路跳接下去。「野荸薺」也一樣，由「野荸薺們也哭泣了／不知道馬立爾美哭泣不哭泣」的回響，一直演到高克多，裴爲菲的革命、流血、流淚去。

無可否認地，〈斑鳩〉和〈野荸薺〉是有困難的詩，訥代爾、拜倫、鄧南遮、莎孚的背景終究是一種阻礙，但兒歌式的跳接讓讀者在一種不全知的情況下，在一種特殊的空間裡相遇，讓他們在那裡演出，藉氣氛的對比與變遷訴說一種情境。從童年的記憶開始，斑鳩的遠方的鳴叫引起的夢，通過人世的不快以及現實中的暴戾（「我是一個背上帶鞭痕的搖槳奴」——一個相當多層面的象徵：是中國的象徵？是現代中國人的處境？是人類在時間之流中帶著鞭痕而仍不得不推前的無奈？），斑鳩再唱時，夢跌下來了，童年時的女孩子（代表童眞時代）已經逝去，只有太陽在滾銅環（超乎人世的活動，永恒的，宰制人的變化的偉力，不可觸摸的），斑鳩仍在遠方唱著（永久不變的自然律動，永遠是我們追尋的夢，但永遠在遠方。）

時空的跳接，在瘂弦的詩中有相當多的變化，但多半都被融入某種完整呈露的情境中，譬如

乞丐在廊下，星星在天外
菊在窗口，劍在古代

這代表在不同時空的、不同層次的經驗（經濟層面、自然層面、文的層面、武的層面），是放在現代文明精神性抽空的情境的一首詩中：〈倫敦〉。〈倫敦〉，像瘂弦另一首名詩〈巴黎〉一樣，是透過城市的塑像反映及批判現代文明。兩篇都以「猥瑣的牀笫」（巴黎），沒有愛情的性愛爲綱，來象徵精緻文化的陷落：

你的臂有一種磁場般的執拗
你的眼如腐葉，你的血沒有衣裳

而當跣足的耶穌穿過濃霧
去典當他唯一的血袍
我再也抓不緊別的東西
除了你茶色的雙乳

這是夜，在泰晤士河的下游
你唇間的刺蘼花猶埋怨於膽怯的採摘
乞丐在廊下，星星在天外
菊在窗口，劍在古代

弗琴尼亞啊，六點以前我們將死去
當整個倫敦躲在假髮下
等待黑奴的食盤
用辨士播種也可以收獲麥子

文化因爲物化商品化的得勢已蕩然無存，所剩下的倫敦彷彿只餘一把代表皇族和虛僞貴族階級的假髮。

而我們中國文化與現代西方文化在一個難以圈定難以看清的空間中相遇時，對我們的文化產生怎樣一種戲劇呢？這是瘂弦另一種的空的跳接，或者應該說，在跳接的回憶的空間中的徘徊，不安，無奈：

〈在中國街上〉

夢和月光的吸墨紙
詩人穿燈草絨的衣服
公用電話接不到女媧那裡去
思想走著甲骨文的路
陪繆斯吃鼎中煮熟的小麥
三明治和牛排遂寂寥了
詩人穿燈草絨的衣服

塵埃中黃帝喊
無軌電車使我們的鳳輦銹了
既然有煤氣燈、霓虹燈
我們的老太陽便不再借給我們使用

且回憶和蚩尤的那場鏖戰
且回憶嫘祖美麗的繅絲歌
且回憶詩人不穿燈草絨的衣服

沒有議會也沒有發生過甚麼事情
仲尼也沒有考慮到李耳的版稅
飛機呼嘯著掠過一排烟柳
學潮沖激著剝蝕的宮牆
沒有咖啡，李太白居然能寫詩，且不鬧革命
更甭說燈草絨的衣服

惠特曼的集子竟不從敦煌來
大郵船說四海以外還有四海
地下道的乞兒伸出黑缽
水手和穿得很少的女子調情
以及向左：交通紅燈；向右：交通紅燈
以及詩人穿燈草絨的衣服

金雞納的廣告貼在神農氏的臉上
春天一來就爭論星際旅行
汽笛絞殺工人，民主小冊子，巴士站，律師，電椅
在城門上找不到示眾的首級
伏羲的八卦也沒趕上諾貝爾獎金
曲阜縣的紫柏要作鐵路枕木
要穿就穿燈草絨的衣服

夢和月光的吸墨紙
詩人穿燈草絨的衣服
人家說根本沒有龍這種生物
且陪繆斯吃鼎中煮熟的小麥
且思想走著甲骨文的路
且等待性感電影的散場
且穿燈草絨的衣服

中西文化異質的爭戰，引起的民族文化自信的讓渡：外來文化的中心化，本源文化之被

分化、滲透、淡化以至邊緣化，使到詩人在馳騁縱橫於中西文化間之際發出半嘲半愁的語調。像我前面說過的，語調近乎幽默，戲謔和馳騁彷彿超然瀟灑的背後是極其深沉的悲傷與焦慮。

是在這樣一種似自由而非自由的空間裡，在一種似已豁出去一切無所謂而實在極沉痛的語調中，是介乎童話或的跳接與荒誕世界不按理的游離之間的想像裡，瘂弦推出了他存在主義式的「深淵」。一面承著四十年代杭約赫和陳敬容對現代文明的批判⑧，一面透過奧他維奧·百師（Octavio Paz）對著古代廢墟歷史的沉思⑨和沙特的生存哲學，他唱出現代中國生存中的悲愴與無奈：

〈深淵〉

我要生存，除此無他；同時我發現了他的不快。

——沙特

孩子們常在你髮茨間迷失

春天最初的激流，藏在你荒蕪的瞳孔背後

一部份歲月呼喊著。肉體展開黑夜的節慶。

在有毒的月光中，在血的三角洲，

所有的靈魂蛇立起來，撲向一個垂在十字架上的憔悴的額頭。

這是荒誕的；在西班牙
人們連一枚下等的婚餅也不投給他！
而我們爲一切服喪。花費一個早晨去摸他的衣角。
後來他的名字便寫在風上，寫在旗上。
後來他便抛給我們
他吃賸下來的生活。

去看，去假裝發愁，去聞時間的腐味
我們再也懶於知道，我們是誰。
工作，散步，向壞人致敬，微笑和不朽。

……………………

而除了死與這個，
沒有甚麼是一定的。生存是風，生存是打穀場的聲音，
生存是，向她們——愛被人膈肢的——
倒出整個夏季的慾望。
在夜晚床在各處深深陷落。一種走在碎玻璃上
害熱病的光底聲響。一種被逼迫的農具的盲亂的耕作。

一種桃色的肉之翻譯，一種用吻拼成的
可怖的言語；一種血與血的初識，一種火焰，一種疲倦！
一種猛力推開她的姿態
在夜晚，在那波里床在各處陷落。

……………………

下回不知輪到誰；許是教堂鼠，許是天色。
我們是遠遠地告別了久久痛恨的臍帶。
接吻掛在嘴上，宗教印在臉上，
我們背負著各人的棺蓋閒蕩！
而你是風、是鳥、是天色、是沒有出口的河。
是站起來的屍灰，是未埋葬的死。

……………………

當一些顏面像蜥蜴般變色，激流怎能為
倒影造像？當他們的眼珠黏在
歷史最黑的那幾頁上！

……………………

這是深淵，在枕褥之間，輓聯般蒼白。

這是嫩臉蛋的姐兒們，這是窗，這是鏡，這是小小的粉盒。
這是笑，這是血，這是待人解開的絲帶！
那一夜壁上的瑪麗亞像賸下一個空框，她逃走，
找忘川的水去洗滌她聽到的羞辱。
而這是老故事，像走馬燈；官能，官能，官能！
當早晨我挽著滿籃子的罪惡沿街叫賣，
太陽刺麥芒在我眼中。
哈里路亞！我仍活著。
工作，散步，向壞人致敬，微笑和不朽。
爲生存而生存，爲看雲而看雲，
厚著臉皮佔地球的一部分……
在剛果河邊一輛雪撬停在那裡；
沒有人知道它爲何滑得那樣遠，
沒人知道的一輛雪撬停在那裡。

張默在「試論瘂弦的〈深淵〉」一文中說：「〈深淵〉在過程上，好像波浪似的，一波推著一波向前逼進，但是它不是爆破式的，而是很有層次的，等前面的一波平息之後，後面

的一波緊接著趕上」⑩在音樂的翻騰推進上，確是如此。但更重要的，是他介於主觀悲愴無奈與客觀輕佻幽默之間的聲音，和童話式的跳接與彷彿超越情景，瀟灑地進出時空所給他想像的自由。他或許無法改變中國走向文化「深淵」的事實，記憶與書寫，在完成生存歷史印記之後，或許會把我們從囚禁中釋放出來。

一九九三、七、四於大馬鎮

【附註】

① Pound, "I Gather the Limbs of Osiris", The New Age (Dec 7, 1911), pp.130-1

② 姚一葦：《文學論集》（一九七四年書評書目社）

③ 〈從跨文化網路看現代主義〉見我的《解讀現代後現代》（東大：一九九二）頁二—一五；〈洛夫論〉完整版，見「中外文學」卷十七、八—九期，一九八九年一—二月。

④ 《三十年詩》（東大：一九八七）。

⑤ 〈洛夫論〉頁一五。

⑥ 瘂弦《中國新詩研究》（洪範：一九八一）頁一六。

⑦ 《中國新詩研究》頁一一八。

⑧ 杭約赫，見其《啓示》及《復活的土地》；陳敬容，見《邏輯病者的春天》，比較陳敬容的

多少形象、姿勢，符號和聲音
我們早已厭倦……
生活在生活裡
工作、吃喝、睡眠，
有所謂而笑，有所謂而哭
一點都不嫌突兀。

和瘂弦的

去看，去假裝發愁，去聞時間的腐味
我們再也懶於知道，我們是誰。
工作，散步，向壞人致敬，微笑和不朽。
爲生而生存，爲看雲而看雲……

⑨ 百師的〈一九四八在廢墟中的頌讚〉第一次由孟白蘭（即馬朗）譯出，登在一九五六年四月十八日香港的《文藝新潮》第二期上。

⑩張默：《飛騰的象徵》（水芙蓉出版社，一九八三）頁一八〇

——原刊北京「詩探索」第十三輯（一九九四年四月一日）

對存在的開放和對語言的再造

——瘂弦詩歌藝術論

沈　奇

從亞弦寫下他的第一首詩作（作爲公開發表的）〈我是一勺靜美的小花朵〉至今，整整四十年過去了。這四十年，無論是在大陸詩壇還是在臺灣詩界，都發生了許多巨大的變化。過於亂雲低迷的世紀末之時空下，回首中國新詩七十餘載的歷程，重論瘂弦詩歌藝術的意義何在？瘂弦是在臺灣早有定論的大詩人，作爲大陸論者，若僅是停留於一般性的介紹和評價，似無多大價值，且多有人做著。然而越是深研瘂弦的詩歌文章，我越是發現，就大陸現代漢詩目下所提出的許多詩學問題而言，還是就對整個中國新詩近八十年之發展的反思而言，瘂弦的存在都爲我們提供了一個頗爲重要而難得的研究對象。

一九九三年春節後，筆者有幸獲得瘂弦先生的兩冊贈書，從而得以全面研究這位詩人的作品。此後的一年多來，從南方到北方，從漂泊的途中到重新歸來的書齋，我身邊一直帶著三部詩集：大陸現代主義詩潮的代表人物、著名青年詩人于堅和韓東的《于堅詩六十首》與《白色的石頭》，再就是臺灣的《瘂弦詩選》。奇怪的是，我最終竟在這完全不同時空下產生的兩代優秀詩人的文章中，找到了許多共同的詩歌品質。尤其是他們所共有的詩歌立場，開啓了我對現代漢詩許多基本問題的思考，並由此得以從新的角度進入對瘂弦詩歌藝術的研究。

對成功詩人的定位，我向來持三種尺度：重要的、優秀的、既重要又優秀的。從史學的角度去看，許多優秀的詩人並非重要；從純詩學的角度而言，許多重要的詩人又很不優秀。眞正既重要又優秀的詩人，是那些既以自己的詩學觀念對詩歌藝術的發展起過重要的開啓與推動作用，又以自己的詩歌寫作之質與最足以自成一家而影響於後來的詩人。這樣的詩人，必在其寫作中持有一個確定的詩歌立場，亦即有方向性的寫作。它是一位詩人有創造內力的表現。由此而成就的作品，也必能深刻而獨到地勾劃出詩人所生存的那個時代的精神特徵從而取得超越其時代的意義價值；同時在這種「勾劃」中，存有不同於他人的、且經得起時空打磨的語言質素，亦即以特有的專注深入語言並最終形成詩人獨在詩性話語方式，以此取得他跨越時代的藝術價値。

說到底，一首傳世的詩或一部傳世的詩集的根本質量是什麼？是對存在獨到的透視——通過本眞生命的目光和詩性語言的穿透——在海德格爾看來，本眞的詩既不是摹仿，也不是描繪和象徵，而是人的「眞正財富和基本資料」是「把人類從他的空虛無聊的命運中召回的一種方式。」對存在的開放和對語言的再造之雙重深入，構成瘂弦基本的詩歌立場，也由此奠定了他在整個近八十年現代漢詩歷史長河中的地位：瘂弦是優秀的，也是重要的，是一位在中國新詩的的意義價值取向和藝術價值取向進行了雙向度探求而取得了雙重成就的詩人。在筆者的研究中，我甚至發現了他作品中竟或多或少地含有後現代主義的因子，在他的寫作的那個時代，這是不可思議的。由此我至少得出這樣一個結論：就整個中國新詩而言，瘂弦是爲數不多的幾位經得起理論質疑的、眞正徹底的、到位的現代主義代表詩人之一——由此我們才理解到，瘂弦的作品，何以到今天的現代漢詩之進程中，乃至在一些後現代青年詩人的閱讀中，仍放射著迷人的光彩，在我們的生命中投射一種新的顫慄——他曾使你驚奇，而且現在，還要使你感到，更大的驚奇！

上篇

不少論者稱瘂弦爲抒情詩人，實在是一種誤讀。在所有傳統的抒情詩人作品中，我們總能多多少少地發現一些情感的和語言的矯飾成份，而瘂弦沒有。你不能將他再稱之爲什麼歌手或抒情者。他是他那個時代的獨語者——生命的獨語；他是他那個時代的言說者——存在之言說。

實則這已涉及到現代詩中一個基本的理論問題。

在傳統新詩理論中，將詩概分爲抒情詩與敘事詩兩種，敘事之外，概稱之爲抒情，至於這「情」的成份和「抒」的方式，則少有科學界定，而現代詩與傳統新詩的分野也正在這裡。隨著敘事詩在當代的逐步衰微以至消亡，所謂抒情詩也發生了本質性的裂變而成爲多向度的展開。現代新詩理論認爲：傳統新詩的根本立足點即其本質特性是想象世界的主觀抒情，現代新詩則主要是眞實世界的客觀陳述。這是一個革命性的轉換，它不但改變了詩人言說的立足點和對象從而拓寬了詩之思的向度，也同時改變了詩人的言說方式從而拓寬了現代詩之語言向度。由此，傳統抒情詩中那些虛假的浪漫主義色彩、隱秘的宗教意味和矯飾的抒情、強制的聯想、僵滯的語感、裝飾性的美以及儀式般的形式均得以全面的清理和洗刷，而趨近於一種樸素的、堅實的、本眞的新詩美。

這樣一種理論認知和寫作實踐，在大陸，是於八十年代中期即朦朧詩後，經由第三代代表詩人們探索和實驗而逐步確立的。而我們在瘂弦始於五十年代的創作中，也找到了它的軌跡。誠然，由於時空的阻隔，這是完全不同性質的兩種出發，其突進的層面也各不相同。但兩者所持有的基本詩歌立場及對兩岸現代詩的影響，是大體相近的。

在瘂弦早期（二十五歲前）的作品中，確含有抒情的成份，本體的、主觀的、情感與夢想的。但即或在這樣的初始狀態裡，瘂弦的「情」也非一己之情懷，而含有鐵的成份和金屬的力度，含有對存在的關注，對空虛的、逃避式的想像世界的質疑。在經由「一勺靜美的小花朵」「從藍天向人間墜落」的短暫抒情期之後，詩人很快宣佈「神祇死了／沒有膜拜，沒有青煙」，並將詩思的目光投向存在「於是我憶起了物質們、礦苗們——／——我的故鄉的兄弟姊妹們。」（〈鼎〉，一九五五年）接著，通過〈劇場，再會〉（一九五七年）一詩，徹底告別傳統抒情的角色出演，走出「劇場」，直面生存的現實，在現代的，本眞生命的詩性之光下檢視迷惘的主體：「我是浪子，也該找找我的家／希臘喲，我僅僅住了一夕的客棧喲／我必須向你說再會／我必須重歸」（〈我的靈魂〉·一九五七年）

古典抒情，歐式風雨，在自省的年青瘂弦那裡，轉眼化解爲「住了一夕的客棧」；重歸什麼呢？首先是重歸自身生存的這塊土地上所發生的一切，重歸現時空下我們自己的現代感，「追問存在的問題正激蕩著作爲此在的我們」（海德格爾語）——瘂弦的詩歌立場由此基本確立。

從一九五七年至一九六五年，瘂弦進入他稱之爲「成年」的，「建設我們的成熟」（〈現代詩短札〉）的創造期。由「野荸薺」而「鹽」，由海而淵，由活的掙扎而死的默然，由質疑而沉寂，由外而內，由「斷柱」而「側面」而「徒然」而再「從感覺出發」——迴聲之後必是寂然，詩性生命終成一潭「深淵」——「對於僅僅一首詩，我常常作著它原本無法承載的容量；要說出生存期間的一切，世界終極學，愛與死，追求與幻滅，生命的全部悸動、焦慮、空洞和悲哀！總之，要鯨吞一切感覺的錯綜性和複雜性。如此貪多，如此無法集中一個焦點。這企圖便成爲〈深淵〉。」①

這段處於創作巔峰期的詩人自白，向我們顯示了詩人的詩思向存在開放之後，其視野的宏闊與深沉。瘂弦的「企圖」不可謂不大，而他實現了——由此展開的九年之卓然獨步的嚴肅寫作，以不足七十首（按收入《瘂弦詩集》一九八八年洪範版卷一至卷七計）精品力作，卻幾乎承載了那個時代的「一切」——從戰時的淒慘場景到政治高壓下的市俗生活，從「海洋感覺」到「一般之歌」，從「京城」到「庭院」到「土地祠」、「殯儀館」，從「中國街上」到世界都會，從元首、省長、教授、上校到水夫、修女、瘋婦、坤伶、馬戲小丑以及乞丐——從生存到死亡，從現實背景到精神特徵——以憂鬱的目光、以反諷的口吻、以流浪者的思維、以智者的言說，體驗、經歷、洞穿，把所有的在帶入發光的詩的顯示中，通過對個人生存窘態和公衆生存危機的獨特審視，揭示時代和民族的憂患並最終抵達生命最深刻的精神內容。

應該看到，這樣的一種詩之視野，在瘂弦同時代的不少傑出詩人中都不同程度地存在著，也是他這一代詩人共同的詩歌精神。關鍵在於瘂弦在對存在的開放之中，其視覺的角度和落點的特異不凡，從而獲得了獨具的詩歌品質。

㈠態度

消解而非反抗的態勢，是瘂弦面對存在不同於別人的首要特性——

「而你不是什麼；／不是把手杖擊斷在時代的臉上，／不是把曙光纏在頭上跳舞的人。」（重點號爲引者所加，以下皆同）這裡的「手杖」顯然與「抗爭」同構，而「曙光」乃是所謂「理想」的代碼。宣佈理想的幻滅與抗爭的無意義之後，「我們再也懶於知道，我們是誰。／工作，散步，向壞人致敬，微笑和不朽。」（〈深淵〉一九五九年）

由此我們發現，瘂弦對存在的承載是一種負面的承載。這是冷靜而超越性的。面對巨大的生存黑暗，消解是比抗爭更爲直接也更有意義的態度。在原本黑暗之極的處境中呼喚虛擬的光明，只會延緩黑暗的滯留，而持「看你能黑到怎樣」之消解態，反促進黑暗的消亡。作爲時代的良知和唯一清醒著的詩人知道：「在他們的頭下／一開始便枕著／一個巨大的崩潰」（〈獻給馬蒂斯〉・一九六一年）而當「每顆頭顱分別忘記著一些事情」（〈下午〉・一九六四年）的時候，那「崩潰」豈不來得更快更徹底？

消解與解構，是屬於後現代主義的命題，在瘂弦的創作時代，它顯然不是理論導引下的突入而係詩人詩之思本源特性的開啓。正是在這一點上，顯示了詩人超越時代局限的內力，而使他以《深淵》爲主的一批代表作品，直到三十多年後的今天，仍閃耀著精神內質的深度之光。

(二)角度

傳統抒情詩以靈魂爲中心，不僅造成靈與肉的對立，且造成主體與客觀實在的背離。然而正是外部各種的事和物，構成了這個世界的主要存在。走出情與夢鎖閉的現代詩，必須同它對話，將它看作是可言說的世界的一部份。

瘂弦對此深得體悟，且切入的角度更獨到、更深入。從凡人小事中抽生命的苦味，在流動的生活場景中探尋其隱藏的精神背景，在空間裡傾聽時間的嘆息，在時間中注意空間的變異。注目於事件，落視於物，且特別抓住其中的細節，予以放大、突顯和著意刻畫，產生出人意料的、戲劇性的藝術效果。這簡直成了瘂弦的絕招，在他那些成功的作品中，我們時時感受到這樣的驚奇：「他的腿訣別於一九四三年」（〈上校〉・一九六〇年）「旗袍叉從某種小腿間擺蕩；且渴望去讀她」（〈深淵〉·一九五九年）「……一顆星／斜向頭垢廣告而另一顆始終停在那裡」（〈非策劃性的夜曲〉·一九六四年），「零時三刻一個淹死人的衣服自海裡飄回」（〈下午〉·一九六四年）「在毀壞了的／紫檀木的椅子上／我母親底硬的微笑不斷上升遂成爲一種紀念」（〈戰時〉·一九六二年）「鍾鳴七句時他的前額和崇高突然宣告崩潰」（〈故某省長〉·一九六〇年）這是實在的細節。還有詩人隨詩思的運行而虛擬的細節：「中國海穿著光的袍子，／在鞋底的右邊等我。」（〈佛羅稜斯〉·一九五八年）「宣統那年的風吹著／吹著那串紅玉米」（〈紅玉米〉·一九五七年）等等。這些經詩人獨到之眼抓拍的細節，即或不加潤色，本身也就是詩的，具有撼人的力量。

從這樣的角度出發，瘂弦詩的視覺深入到存在的方方面面，詩行中充滿了煙火味、汗味、血味、鹽味、腥味乃至臭味，看似漫不經心，隨手拈來，骨子裡卻持有冷峻的選擇。由此使我們想到波德萊爾，正如瓦雷里所言：「……在波德萊爾最好的詩句中，有一種靈與肉的配合，一種莊嚴，熱烈的苦味，永恒和親切的混和，一種意志和和諧的極罕有的聯結，這些都使他的詩句和浪漫派的詩句判然有別。」②

瓦雷里在這裡特別提到「意志」，是有其深意的。當一位詩人代表著整個一個時代和人類的一部份在那裡嘔吐著存在中所有的「贓物」以使人們清醒使世界爽淨時，該具有怎樣的意志！

(三)方式

在對存在的開放中，瘂弦一開始便形成了他自己的感覺方式。客觀、冷凝、超然「情」外，同現實保持理智與情感的距離，將指涉欲望控制在一個恰當的、欲說還休的狀態下，以此把握生命眞正的脈膊和存在深處的悸動。同時兼取主、客觀交叉換位的手法，形成事物、行爲和心理的有機合成，以求在不動聲色、原汁原味的陳述之中，沉澱對生命意義本眞而凝重的感悟。這裡顯然揉合了西方理性觀照與東方感性體味的雙重文化特性，而這，正是瘂弦所追尋的：不玄、不虛、不矯、不滯，靈動而沉著，冷峻而機智，使人常常聯想到英國著名詩人奧頓的風格。

像在〈遠洋感覺〉（一九五七年）一詩中，當暈眩的感覺達到高漲以至：「腦漿的流動、顚倒／攪動一些雙腳接觸泥土時代的殘憶／殘憶，殘憶的流動和顚倒」時，詩思突然由主觀轉爲客觀，冷冷地提示：「通風圓窗裡海的直徑傾斜著／又是飲咖啡的時候了」而後結束全詩。

最能集中體現這種瘂弦式感覺方式的，是其題爲《從感覺出發》的卷之七的一組詩。這眞是一個全新的「出發」——「我們已經開了船。在黃銅色的／朽或不朽的太陽下，／在根本沒有所謂天使的風中，／海，藍給它自己看。」（《出發》．一九五九年）何等冷凝的目光！在對物的還原中，也便還原了本眞的自我。在對虛妄的幻想與神話的訣別中，重新審視自身生命的孱弱和疲乏而獲得另一種意義上的達觀。於是「他們是／如此恰切地承受了／這個悲劇。／這使我歡愉。／我站在左舷，把領帶交給風並且微笑。」

在隨後的〈如歌的行板〉（一九六四年）中，詩人以「廣而告之」的形式和自我嘲諷的口吻，一氣道出作爲普泛生存狀態下個體生命存活的十八個「之必要」，隨之在結尾處順勢插兩個客觀物象：「觀音在遠遠的山上／罌粟在罌粟的田裡，」互補互映之下，生命的無奈狀令人不寒而慄！

寫於同期的〈下午〉更震懾人心：「這麼著就下午了／輝煌不起來的我等笑著發愁／在電桿木下死著／昨天的一些／未完工的死」在這種被放逐出家園、被拋棄於異鄉的現實的死中，詩人戲劇性地插入那一句長長的、代表著故土死而未死的奇念而又在現實的我等之回憶中扭曲了的「奴」的聲音：「（在簾子的後面奴想你奴想你在青石舖路的城裡）」從而使「我等」天天進行著的「未完工的死」顯得格外驚心動魄——結尾處更來一句冷森森的發問：「——墓中的牙齒能回答這些嗎／星期一，星期二，星期三，所有的日子？」

這質問是一聲輕輕的冷寂，卻讓生命無法承受。得去問存在，而存在依然如故：「燈火總會被繼承下去的／基督的馬躺在地下室裡／你是在你自己的城裡／在好一陣咳嗽之後所謂的第二日來臨」（〈非策劃性的夜曲·一九六四年〉）

如此對生存的拷問到了〈一般之歌〉（一九六五年）中幾近絕望和寂滅：「死人們從不東張西望／而主要的是／那邊露臺上／一個男孩在吃著桃子／五月已至／不管永恒在誰家樑上做巢／安安靜靜接受這些不許吵鬧」

而這寂滅是生的開始。因爲詩人在此之前，已以他獨特的感覺方式和代一代被放逐者「

嘔吐」的意志，將那個荒謬的歷史創傷口撕裂爲一個巨大的「深淵」，給歲月的顏面留下一個世紀的印記，給後來的生命之旅以恒久深沉的驚示。

㈣民族性與世界性。

在以上對瘂弦作品的引述評論中，筆者有意識地消隱去詩人當時的創作背景：諸如離開大陸、南渡臺灣、文化隔絕、政治高壓、意識形態暴力與商業文化困擾等等。儘管這些無疑都是激活詩人詩思的基本因素，且在文章中也時隱時現地透露出對這些具體事件的指涉。

實則這背景是一開始就被詩人超越了的。它體現了瘂弦詩歌精神的民族性與世界性。需要特別指出的是，這裡的「民族性」是指「作爲民族的」而非狹義之「爲民族的」；這裡的「世界性」也是「作爲世界的」而非狹義之「爲世界的」。一種觀照而非目的。換句話說，在瘂弦的詩歌視覺的「聚焦」過程中，總是將所攝取的「對象」置於民族的、世界的座標系中，從中透視出超現實、跨時空的本質意義。這種「透視」在其文章中具體分解爲以下幾個主要觀點：

⑴生存焦慮／生命萎頓

這是《瘂弦詩集》中最集中的，占核心位置的一個視點。在卷之二「戰時」、卷之三「無譜之歌」、卷之五「側面」、卷之六「徒然草」和卷之七「從感覺出發」中均有較大份量的表現。這其中，除「戰時」諸作品是對在非常時期下生存險惡的揭示外，其餘均著力於在普泛的、庸常的、表面沉默而內心失衡的生存狀態下生命（個體的和族類的）的個性萎頓的意義消解。這其中包括通過事件所構成的歷史片斷和通過行爲所塑造的人物塑像，且均經由本土空間和世界空間的交叉觀照，使之凝混爲人類總體的心理危機。這一危機，在〈深淵〉一詩中，推到極致：

> 去看，去假裝發愁，去聞時間的腐味／我們再也懶於知道，我們是誰。／工作，散步，向壞人致敬，微笑和不朽。／他們是握緊格言的人！／這是日子的顏面；所有的瘡口呻吟，裙子下藏滿病菌。／都會，天秤，紙的月亮，電桿木的言語，／（今天的告示貼在昨天的告示上）／冷血的太陽不時發著顫／在兩個夜夾著的／蒼白的深淵之間。

在這種「接吻掛在嘴上，宗教印在臉上」，「爲生存而生存，爲看雲而看雲，／厚著臉皮佔地球的一部份……」的生存狀態中，詩人特別將視點投射到性——「一種桃色的肉之翻譯」之中；這一投射在許多詩中都有探照，而以《深淵》爲徹底洞深。尼采說：醉感，在性的體驗中最爲強烈。在「我眞發愁靈魂究竟交給誰才好」（〈瘋婦〉·一九五九年）的心理危機中，放縱肉體／官能遂成爲主宰，成爲以銷魂來反抗蝕魂、以洩欲來消解迫抑、以死求生、以醉求醒的唯一通道，實則已將生命推向絕境。這一深刻喻象，在捷克小說家米蘭·昆德拉的作品中，成爲主要的支點，可見是一個世界性的「肉之翻譯。」

(2)文化困境／文明危機

這一視點集中於卷四「斷柱集」。「斷柱」之命名，便是一個凝重的喻象，喻指古典的消亡、傳統的失落和人類文化進入現代後的崩坍與破碎——這是百年中國最根本的危機，也是世界的隱憂。而作爲被文化放逐的詩人等群落，對此尤感深切。

在這一充份顯示詩人天才的，可稱之爲虛擬性文化巡禮中，瘂弦的選點別有深意。第一落點自是中國，已同西方現代工業文明相攪拌了的中國（當時的臺灣／今日的大陸）「公用電話接不到女媧那裡去／思想走著甲骨文的路」而「曲阜縣的紫柏要作鐵路枕木」（《在中國街上》一九五八年）；接著是回大文明古國的巴比倫：「所有的哭泣要等明天再說」（《巴比倫》·一九五七年）；是誕生一千零一夜之傳奇的阿拉伯：「或薔薇花踩入陋巷的泥濘／或流矢們擊滅神燈的小火焰」（〈阿拉伯〉·一九五七年）；在宗教聖地耶路撒冷：「以撒騎驢到田間去／去哭泣一個星夜……」「聖西門背著沉重的十字架／去洗那帶釘痕的手……」（〈耶路撒冷〉·一九五七年）；在希臘、在羅馬，只是「斷柱上多了一些青苔」，「而金鈴子唱一面擊裂的雕盾／不爲什麼的唱著／鼴鼠在嗅古代公主的趾香／不爲什麼的嗅著」（《羅馬》·一九五七年）；還有世界之都、性與現代藝術的天堂之巴黎，正進入「一個猥瑣的屬於牀笫的年代……」「在絕望與巴黎之間／唯鐵塔支持天堂」（〈巴黎〉·一九五八年）；還有資本帝國之象徵的倫敦：「……再也抓不緊別的東西／除了你茶色的雙乳」，而「乞丐在廊下，星星在天外／菊在窗口，劍在古代」（〈倫敦〉·一九五八年）；更有現代工業文明之標詩的芝加哥：「……用按鈕戀愛，乘機器鳥踏青／自廣告牌上採雛菊，在鐵路橋下／舖設淒涼的文化」而「……所有的美麗被電解」（〈芝加哥〉，一九五八年）；以及爲戰爭所累的那不勒斯，度著「鋼筋水泥比晚禱詞還重要的年代」（〈那不勒斯〉，一九五九年）；以及有過文藝復興之輝煌的佛羅稜斯：「在藍緞子的風中／甚至悲哀也是借來的」（〈佛羅稜斯〉，一九五八年）；以及西班牙、以及印度……以上種種，難免有詩人自己心象的投射與渲染，但作爲基本的喻示，是確切而深遠的！

(3)主體飄泊／家園幻滅

這是二十世紀人類一大文化遺產，現代哲學與文學藝術的一大主要命題。在臺灣，常被一些淺層面的詩人們演繹爲狹義的「鄉愁」，而如瘂弦等一批優秀詩人們，則最終抵達了這一命題的底蘊。去家離國，孤懸海外，歷史嬗變所造成的主體漂泊，使臺灣詩人們整體跨前一步進入了一個失鄉的時代，而成爲整個現代中國文化的一個巨大的隱喻。

也許瘂弦抵達得更深——通過他的詩，他不僅以戲謔的口吻宣佈了那些遠大的航行和目標的通通消失，不再相信那些歷史性的偉大主題和英雄主角，且最終連那種一廂情願式的「鄉愁」也漸消解摒棄，認同一種文化流浪者的思維（前文已有提及）。流浪者四海爲家而永遠不在家，對他而言，無家存在——於是他將思與詩的視點落於此；當「家園」的內涵有待作新的界定而失鄉的時代無從結束（作爲民族的和世界的）時，所謂「回歸」常常只是一種倒退。

這種帶有後現代因子的訣絕態勢，使瘂弦徹底超越了他所寫作的那個時代，使他的詩在抵達今天時代的人心時，仍振顫著鮮活的感應和現實的驚策。

由此我們理解到，何以在瘂弦的大部份作品中，敘述主體總是以第三者的身份，以存在之見證人的形像和流浪者的口吻出現。水手、退伍上校、棄婦、「斷柱」、「側石」、「徒然」、「無譜之歌」，這些典型形像和喻象在瘂弦的詩中均別有深意——「在那浩大的，終歸沉沒的泥土的船上」（故土？家園？孤島？）／他們喧呶，用失去推理的眼睛的聲音／他們握緊自己苧麻質的神經系統，而忘記了剪刀……」（〈出發〉．一九五九年）而「活著是一件事情眞理是一件事情」（《所以一到了晚上》．一九六三年）「沒有什麼現在正在死去／今天的雲抄襲昨天的雲」（〈深淵〉．一九五九年）於是就這樣「想著，生活著，偶而也微笑著／既不快活也不不快活／有一些什麼在你頭上飛翔／或許／從沒有一些什麼」（〈給橋〉．一九六三年）

這便是《深淵》——一個東方式的「荒原」喻象。「深淵」是一種時空裂隙（心理的與物質的時空）一種寂滅與萌生的零度場，一個「不歸路的時代」（irreversible time）之深陷的眸子。還有「鹽」（瘂弦曾以此作他另一選本的集名）。與人類伴生的晶體，血與汗的原素，在西方，是眞理的代碼，在中國，與生命共存。「鹽」的喻象是生存的喻象，一種本眞生命的焦渴與言說，歷史記憶之苦澀的結晶。

這便是瘂弦——一位帶有後現代主義基因的，徹底的現代主義詩人。他在爲揭示一個族群的文化放逐中，同時昭示了一個民族乃至整個人類的文化放逐；他在爲一個個失鄉的個體生命做精神塑像時，也同時塑造了一個失鄉時代的影像；他在爲昨天的歷史定義時，也定義了今天的現實！

你是去年冬天
最後的異端
又是最初的異端
在今年春天

——〈給超現實主義者〉·一九五八年

下篇

詩人的精神向度和語言向度，有如一枚銀幣的兩面，應是和諧共生的。詩的言說（語言）如果同存在（體驗）相背離，詩人的體驗則將被扭曲而失眞。爲此，一切眞正有大作爲的詩人，無不以建構與自身天性和生命體驗相契合的話語方式爲己任。

在這個一切都走向「不歸路的時代」，語言上升爲中心問題：於現代哲學（尤其在後現代哲學中）如此，於現代詩學亦然。現代漢詩的危機來自現代漢語的危機。以信息傳遞爲主要功能的現代漢語，在本質之形成對詩之思的一種考驗。而現代的詩人們也不可能轉過身去復陷古漢語的泥沼。由此，如何在新的語言困境中確定新的語言立場，遂成爲一種挑戰。

瘂弦是一位從一開始就確立了自己語言立場的到位的詩人：「對於建立中國現代詩的語言新傳統，筆者一直相信準確和簡潔是創造語言的不二法門」③

這裡的「準確」，我理解爲其一：要與詩人的語感天性相契合；每位詩人的氣質、修養、心性等精神內存，都先天性地決定著詩人對語言的潛意識選擇和取向。亦即詩人照他的本性說話。其二：要與詩人對存在的感覺方式相契合，使之處於一種直接而適切的關係中，可訴諸此時此地的語境，自然而有所控制。

例如：「戰爭和它的和平」。很平常的一句話，一加「它的」，再置於詩中特定的語境，頓時妙趣橫生。但非生造，乃性情所致，以瘂弦之心性方有此語言構成。

再如：「他們呼吸著／你剩下的良夜／燈火／以及告別」——字幾無一字生澀，無一處斧痕，隨口迸出而擲地有聲。於大家熟悉的詞中敲打出鮮活、陌生的意象，在普泛的話語裡爆裂沉甸甸的生命體味。

「簡潔」一說，能理解爲反修辭，追求語境透明，拔繁去冗而致中肯練達，且內含不減。在臺灣現代詩運中，瘂弦應算較早實驗反修辭而至化境的詩人，並由此產生很大的影響。

隨便舉一例：「春天走過樹枝成爲／另一種樣子」——怎樣的簡約、明快而又沉著、深切！不加修飾的短短一句勝過無數對春的描繪和抒情。

像〈憂鬱〉（一九五七年）一詩的開頭一節：「蕨薇生在修道院裡／像修女們一樣，在春天／好像沒有什麼憂鬱／其實，也有」；中間小節：「四瓣接吻的唇／夾著憂鬱／像花朵／夾著／整個春天」。以至整首詩中，全是由明淨而平實的敘述性語言構成，但那份憂鬱已遠遠超過了用各種要命的修辭所渲染過了的憂鬱更憂鬱、更到位、更深入讀者的內心。

「準確」和「簡潔」是瘂弦對創造現代詩語言的一個品質取向，他達到了——在他那個時代，能把現代漢詩語言「玩」到如此層次和境界的，大概不多；你必須承認，僅就語言素質來說，他眞是個天生寫詩的人——實際上，作爲讀者也作爲論者，瘂弦詩歌首先深深觸動我的，正是他對現代詩之語言獨到的、質的創生。

現在要深入研究的是：詩人是如何進入這「不二法門」，在取得他的詩歌的意義價值的同時，又那樣輕鬆自如地取得了他詩歌的審美價值亦即語言價值的呢？

一、對口語的運用與對敘述性語言的再造

在瘂弦的詩歌語言中，口語的成份佔了相當比例。這是一個明智的選擇。

語言的問題首先在於語言傳統，即由語言的給定性而致的語言的遮蔽性。詩人要創造他自己的語言，必須經由對語言的去蔽而致敞亮，而後去探尋和建構新的語場。所謂去蔽，即消解前人在語言中塡充的諸多「硬物」亦即「語言結石」（由各種理念、概念、觀念、約定俗成之念等等所沉積）和敘述範式（定義、定形、定勢）。面對語言，我們無不爲前人影響之焦慮而犯窘。即或是新詩話語，歷經幾十年之打磨充塡，也多生積蔽。

去蔽之法，因人而宜，每一位優秀詩人對語言的創造都有他自己的切入口。但有三點是基本超近的：其一其二即上文所說的要與個人的語感天性和對存在的感覺方式（其詩歌的精神向度）相契合，其三則是尋找語言中遮蔽性較小的部份予以重鑄和創新，同時注意吸納新生話語。

僅就詩歌尤其是現代漢詩來講，顯然，口語和敘述性話語正屬於這樣的部份——它們一直爲現代詩人們所忽略。尤其對那些唯修辭和意象是問的詩人們來說，這簡直就是塊蠻荒之地。實則正是在這片生地上，方生發出現代漢詩之嶄新的語言之境。

口語粗礪但鮮活、靈動、變化大、能動性強，且直接來自生活。比起書面語言（古典的和現代的）它較少前人影響和理性所指，可稱之爲「活話語」。敘述性話語則屬於「結構性話語」，本身沒有明確屬性，易於解構、去蔽而後重鑄。由此我們方理解T．S．艾略特的那些論斷：「詩界的每一場革命都趨向於回到——有時是它自己宣稱——普遍語言上去」④「不論詩在音樂之雕琢到什麼程度，我們必須相信，有一天它會被喚回到口語上來」⑤

對此，瘂弦有明確的理論認知：「至於語言的鍛鍊，首重活用傳統的語言。我們聽鄉村的地方戲、老祖母的談話、平劇的對白，那種語言的形象，豐富而跳脫，眞是足資采風。因此我們不但要復活傳統文學的語言（當然是選擇性的），也要活用民衆的語言；從口語的基調上，把粗礪的日常口語提鍊爲具有表現力的文學語言，這比從文學出發要更鮮活。目前我們語言的歐化和語言的創新是自然的演變，只要不脫離自己語言的根，應該大量吸收外國的語言、鄉土的語言，來豐富生動文學的語言。」⑥

當然，這認知是詩人在結束其創作後回過頭來所得出的理論總結，實際的創造則是在詩人的寫作的展開中自然生成的。在瘂弦的詩中，對口語以及歌謠等民間語彙的巧妙運用和對敘述性話語之詩性資源的發掘與重鑄，達到了得心應手的地步。

如在〈乞丐〉（一九五七年）一詩中，詩人將敘述者（詩人）的語感（文學性的、書面化的）和被敘述者（乞丐）的語氣（口語和歌謠）揉雜融通爲一體，產生了若作僅僅是客觀陳述還是僅僅主觀抒懷都無法達到的藝術感染和生命觀照。細讀這樣的詩段：「依舊是關帝廟／依舊是洗了的襪子曬在偃月刀上／依舊是小調兒那個唱，蓮花兒那個落／酸棗樹，酸棗樹／大家的太陽照著，照著／酸棗那個樹」「而主要的是／一個子兒也沒有／與乎死蝨般破碎的回憶／與乎被大街磨穿了的芒鞋／與乎藏在牙齒的城堞中的那些／那些殺戮的欲望」——文白互參，主客互動，極盡凄涼、無奈中又殘留那一份樂天知命式的調侃，反讓人不敢向深處著想了！

像這樣的詩句：「到六月他的白色硬領仍將繼續支撐他的古典」（〈C教授〉，一九六〇年）「到晚上他把他想心事的頭／垂在甲板上有月光的地方」（〈水夫〉，一九六〇年）純屬敘述性語言，但因了瘂弦式的變構——注意實詞的運用（用名詞、動詞作形容詞等），在日常話語中敲打出生疏的力量以及對敘述對象物理、事理、心理（紋理、肌理之理而非道理）的細微把握與準確刻劃（應該說「命名」）——常使這種平實無奇的敘述語言反生異彩，出人意料且顯得更硬朗、更直接、更具經久不忘的詩性。

這裡必須指出，瘂弦對口語只是運用於該用想用之處而非口語化。在敘述性話語中也留了相當的空間於意象，同時主要服從於他「使用一些戲劇的觀點和短篇小說的技巧」⑦於現代詩的藝術追求。顯然，這是一種有保留的運用和再造。徹底的口語詩的實驗和對敘述性話語的更深創新，要到八十年代中期，在大陸第三代代表詩人的寫作中才得以全面實現（在反修辭之後反意象、拒絕隱喻等等）。二者之間誰更有益於整個現代漢詩語言的創新和發展以至確立（？），尚是個有待深入研究的課題。

而瘂弦對意象的創造則是最富特色、最能代表他藝術風格的。

二、濃縮意象與重構非意象成份

臺灣詩學，向有唯意象是問之風。由此促進了臺灣詩人對現代漢詩之意向空間的拓展，同時也形成了一定的遮蔽。近年略有改變，但未從根本上有大的轉換，與大陸先鋒詩歌在此方面的理論認知和創作實踐均有質的差異。

僅就個人審美趣味來講，我向來反感密集意象。我承認，我是個簡單的人，平實的人，即使深刻也是那種平實的深刻，一塊石頭沉入水底似的那種深刻。因此，面對密集的、流變的、不斷跳閃和斷續無定的意象群，常感「受不了」。由此，在臺灣成名詩人中，瘂弦對意象的把握，方令我由衷地傾心和嘆服——。

瘂弦的意象是一棵白楊樹孤獨在大平原的意象，是一株槐蒼老在村口的意象，是一串紅玉米閃亮在北方屋檐下的意象，是孤峰之上一塊飛來石的意象，是小鼠眼睛一閃間的意象；是「秋天的金幣自她的乳頭滑落」的意象，是「霓虹燈咳嗽得很厲害」的意象，是「每扇窗反芻它們嵌過的面貌／而一枚鞋釘又不知被誰踩進我腦中」的意象，是「在晚報的那條河中／以眼睛／把死者撈起」的意象，是「我的眉爲古代而皺著／正經地皺著」而「你們再笑我便把大街舉起來」的意象，是「要是碰巧你能在錯誤的夜間／發現眞理在／傷口的那一邊」的意象，是「那杏仁色的雙臂應由宦官來守衛／小小的髻兒啊清朝人爲他心碎」的意象，是「中國海穿著光的袍子／在鞋的右邊等我」的意象，是「乞丐在廊下，星星在天外／菊在窗口，劍在古代」的意象；也有「棧道因進香者的驢蹄而低吟」、「鋼琴哀麗地旋出一把黑傘」的意象，更是「落下柿子自那柿子樹／落下蘋果自那蘋果樹」的意象——這是瘂弦營造意象的原則，自生命體驗之樹上自然地「落下」，不虛不飄，實實在在，沒有一個是飛起來沒有著落的。如成熟的果實，渾圓而凝重，且水靈靈、脆生生，鮮活生動；又如溫玉，冷凝中帶有生命的體溫，在血裡浸過，從心頭滾過——更是鹽，生命的鹽、勞作的鹽、情感和智慧的結晶，生存體驗的自然分泌物。

對了，是晶體——它提示我由對瘂弦意象的印象式分析回到理論認知。晶體意象的命名依據這樣一些基本性質：⑴意象是自我滿足、自我澄明的；⑵張力直接產生於意象塊內在品質的放射中，不依賴於類似拼積木式的結構而產生；⑶這種張力還分延於非意象成份使之詩性化；⑷這種意象在一首詩（比如「紅玉米」之與《紅玉米》）或一段詩中是起統攝和激活作用的。

對瘂弦而言，所謂濃縮意象有兩個目的：一是「濃」，即加大意象的質量和自足性，使之飽滿如實，圓潤如珠，可謂大質量的、富有強度的濃縮性意象，以有別於泛濫於普泛詩人那裡的、單薄、貧弱、缺乏獨立內含的「絮凝性」（借用物理學的一個概念）意象；二是「縮」，即簡約詩中的意象成份，使之不致過於密集而致「氣氛濃烈，令人窒息」（瘂弦語）。瘂弦對此有至深的體味：「意象要有約制，不能揮霍，要精簡、精審地處理……用最少字數表現最大的內涵；以有限表無限。」⑧

瘂弦的努力還不止於此。在反過度滯粘於意象的經營，於核心意象的內涵的負載之下功夫的同時，他還特別關注到作爲一首詩中之主件的意象語與作爲附件的自然語、條件語之間的有機構成，著力於加大非意象成份的詩性化。爲此，瘂弦別具慧眼地引進了戲劇性效應（包括小說技巧），且取得了超凡的建樹。

三、卓然獨步的戲劇效果與張力效應

所謂戲劇性，在瘂弦的詩歌語言藝術中，體現爲兩個方面——

其一，是指詩人的詩之思在向存在開放的過程中，有意識地發掘和提煉那些本身就飽含著戲劇性張力的生存情節／細節，以詩的語言予以客觀陳述（表現上的客觀性與間接性是戲劇性的第一大原則）。

如在一場蕎麥田裡遇見的最大的會戰中，上校的「一條腿訣別於一九四三年」，而這種訣別以一種「自火焰中誕生」的「玫瑰」留在了退伍苟活的上校的記憶中（〈上校〉·一九六〇年）。水夫的「妹子從煙花院裡老遠捎信給他／而他把她的小名連同一朵雛菊刺在臂上／當微雨中風在搖燈塔後面的白楊樹／街坊上有支歌是關於他的」（《水夫》·一九六〇年）。再如《深淵》一詩中「你以夜色洗臉，你同影子決鬥／你吃遺產、吃妝奩、吃死者們小小的吶喊／你從屋子裡走出來，又走進去，搓著手……／你不是什麼」生存的危機感通過生存的細微末節之處滲漏出來，如滲漏的瓦斯，一點就爆，潛在的緊張感咄咄逼人，充滿戲劇性效果。

實則我一直認爲，這也屬於一種意象，客觀的、還原的、無具象之事態性的大意象，或可稱之爲「第二意象」。意象派大師龐德對此有過一段論述：意象可以有兩種。意象可以在大腦中昇起，那麼意象就是「主觀的」。或許外界的因素影響大腦；如果如此，它們被吸收進大腦溶化了，轉化了，又以它們不同的一個意象出現。其次，意象可以是「客觀的」。攫住某些外部場景或行爲的情感，事實上把意象帶進了頭腦；而那個漩渦（中心）又去掉枝葉，只剩下那些本質的、或主要的、或戲劇性的特色，於是意象彷彿像那外部的原物似地出現了。⑨以此去看，瘂弦詩中的非意象成份，實則大都仍是深含有意象效應的，只不過是以另一種形態出現在詩中而已。

其二，是指詩人將詩中的各個語言成份視爲戲劇性因素，在諸如矛盾、對抗、迴旋、反切、插入、錯位等戲劇性調度中，重構敘述語言，使之在新的編碼中生疏化、奇異化、充滿張力效應。說什麼是重要的，怎樣說是更重要的。在簡約意象密度的同時，又能使非意象成份的語言也能緊緊抓住閱讀者，且又完全不同於戲劇與小說語言，這是瘂弦獨具的語言魅力。

關於現代詩中的語言張力，臺灣著名詩論家李英豪在他那篇相當有影響的《論現代詩之張力》一文中作了這樣的歸納：「張力也常可存在於：特殊反語之間；矛盾語法（Oxymoron）之間；既謬且眞的情境（Paradox）之間；複沓與句式的變奏之間；一個濃縮的意象與詩的其他意象之間；一個語字的歧義與假借之間；無數布列的主體和整首詩之間；示現（animation）與顯現（epiphany）之間；詩中事件的連鎖與省略之間；完美的形式與內容組合之間；內心聯想與流動之間……等等等等」。⑩

參照李英豪先生之論，細讀瘂弦這樣的一些詩句：「我和雨傘／和心臟病／和秋天／和沒有什麼歌子可唱」；「蒼白的肉被逼作最初的順從」；「任市聲把我赤裸的雙乳磨圓」；「你詮釋脫下的女衫的芬芳的靜寂／你詮釋乳房內之黑暗」；「目光老去而市場沉睡／房屋的心自有其作爲房屋的悲苦／很多等候在等候」等等。這樣的一種敘述語言，既不同於小說或其他什麼語言，又有別於傳統意義的意象語，卻在不動聲色之中充滿了李英豪先生所說的那些張力。

在對戲劇性的追求中，瘂弦還特別注意利用時空錯位的效果，包括事件時空和心理時空。或將異質的意象和感覺強行鑲嵌在一起，突兀而奇崛；或將完全不同時空下的事件與情節同構於一個特定語境之中，在荒誕中求深切。如此作法，常生奇效，成爲瘂弦語言藝術的又一絕招。

例如在那首著名的〈鹽〉（一九五八年）中：「鹽務大臣的駱隊在七百里以外的海湄走著／二嬤嬤的盲瞳裡一束藻草也沒有過／她只叫著一句話：鹽呀，鹽呀，給我一把鹽呀！／天使們嘻笑著把雪搖給她」。高度濃縮的歷史情節，超現實的視覺構成，於生存的現實性中展示其巨大的荒謬性。詩中還以「二嬤嬤壓根兒也沒見過退斯妥也夫斯基」和「退斯妥也夫斯基壓根兒也沒見過二嬤嬤」作爲開頭句和結尾句，二者何干？卻生扯了過來，形成別有深意的反諷意味，且將一個中國式的悲劇擴展爲一個世界性的悲劇。這種「東（方）拉西「方」扯」和「前（時空）拉後（時空）扯」的手法在瘂弦詩中每每出現，對於大陸讀者，不深研會以爲係作者爲躲避現實中的地區政治檢審而耍的「招」。深研之後則會發現，實是詩人詩歌精神和詩歌語言的世界性的具體表現，和作爲戲劇性效果的一種藝術處理。

又如在〈下午〉（一九六四年）一詩中：「這麼著就下午了／說得定甚麼也沒有發生／每顆頭顱分別忘記著一些事情／（輕輕思量，美麗的咸陽）」——僅僅八個字的突如其來的回憶，一下子將此在之生存置於一個久遠而凄美的歷史大背景中，現實的描寫與超現實的因素相輔相成（是謂瘂弦之「制約的超現實」），由此異質情節和異在時空「摩擦」而生的、那種自生存死灰中迸濺出的記憶之火星，足以燙傷一切眞誠的靈魂！

在步入非主觀抒情的現代詩之新疆域後，瘂弦卓然獨步，一方面借用戲劇性避免直接了當的正面陳述，一方面重構非意象成份使之成爲詩性敘述，從而使現代詩的語言探索在瘂弦的時代裡，得到了有效的深入和建樹。

四、趨近完美的形式感

越是深入研究瘂弦的作品，越會發現，這是一位對現代詩歌藝術修養甚高而又頗爲講究的詩人。除了述三個方面的藝術追求外，詩人對構成詩歌的每一種要素都有自己的實踐要求。由此形成瘂弦詩歌藝術的又一特點，即強烈的、趨近完美的形式感。

而這又是現代詩學中最敏感、最有爭議的一個問題。

瘂弦對此的看法是：「……一開始，新詩便揚棄了舊詩的嚴整格律，在新秩序尚未建立之前，這點相當危險，直到今天，『形式』仍然是現代詩中最被忽視的一環。最理想的方式是具備一種形式感——形式的約束感。」⑪

這種「形式的約束感」之於瘂弦，則完全是順乎天性（語感）、發乎情勢（內容）的，絕無刻意營構造做之弊，眞正是「感」而非「見」。說其「強烈」，是說詩人對現代詩的形式危機一直持有一份明確的認知和強烈的實驗態勢。說其「完美」，則是就作品而言，渾然天成、不著斧痕，幾近「自由遊戲」的狀態。

比如意象，瘂弦向持簡約而求練達，但到了〈深淵〉一詩中，則應內容之需增加了一定的密度，經由豐繁而至深廣。歌謠體的〈斑鳩〉，散文化的〈鹽〉，「斷柱」集的瑰麗明暢，「側面」集的冷凝幽微，以及〈如歌的行板〉之中，那一口氣十八個「之必要」的復調句式等，其表現的形式無一不與其所要表現的內容適切融和。詩人也特別看重對節奏的把握，和聲、對位、復調以及其他詩中有很強的樂感。但其語言的聲音節奏總是與其感覺的節奏達到一種高度的和諧。詩人更注意一首詩在結構的完整各個部份的諧調性，開啓、遞進、幅射、分延、插入、迴應等，使其作品總是如同一件件完整而柔韌的織物，而其中之經緯組織又無不與詩人投入其中的感覺方式絲絲入扣。

這樣的一種形式感，在瘂弦的創作中是貫穿始終的，我們無從找尋什麼發展脈絡。一些基本的風格，是一開始就確定了的。寫於一九五八年的〈紅玉米〉便已至爐火純青之境——

宣統那年的風吹著／吹著那串紅玉米／它就在屋檐下／掛著／好像整個北方／整個北方的憂鬱／都掛在那兒

你們永不懂得／那樣的紅玉米／它掛在那兒的姿態／和它的顏色／我的南方出生的女兒也不懂得／凡爾哈倫也不懂得／猶似現在／我已老邁／在記憶的屋簷下／紅玉米掛著／一九五八年的風吹著／紅玉米掛著

怎樣純正清澈的一種聲音！音樂家據此可以順暢地寫出一部「北方交響曲」；怎樣鮮活明快的一些意象，藝術家們據此該生發多少靈感？！被放逐後的記憶，記憶中的人生、家園、故土以及歷史與文化情結，全被那串火焰般燃燒在記憶之屋檐下的「紅玉米」點亮了，如暗夜中的燭光，如飄泊途中的篝火，一點慰藉，一種依托。而陌生的南方的土地不懂，在這塊土地出生的女兒不懂，猶如異質文化下的凡爾哈崙不懂一樣。家園（廣義的）的失落，傳統的隔斷，文化多愁的鬱結等等，盡在這流失的存在之中，在那串對北方的紅玉米的記憶之中了。

讀這樣的作品，常使我想到一個問題：對於諸如瘂弦這樣的詩人來講，「形式」意味著什麼呢？是自然，是「水到渠成」，是風的律動、樹的呼吸、潮水的起伏，是那串「紅玉米」就那麼平平實實順順溜溜鮮鮮亮亮地掛在「記憶的屋檐下」，然後傾聽「宣統那年的風吹著」……於是我們發現，在真正成熟和優秀的詩人那裡，對經驗的整理和對語感（結構、形式）的呼求是同步完成的，是一種流洩而非操作。一切取決於心態，放鬆、灑脫、沉凝，自如地呼吸，傾聽和述說。這一點在瘂弦身上表現得特別突出。在他幾乎所有的作品背後，都有一種聲音的存在，一種超然、太和、明澈的聲音背景的存在。我覺得，其他所有的形式要素，都是由這聲音導引而出的。既或是處理如〈深淵〉這樣慘烈沉重的經驗事實，那聲音也一如既往地存在著、讓人著迷：「哈里路亞！我仍活著。雙肩抬著頭，／抬著存在與不存在，／抬著一副穿褲子的臉」——「在這裡，我們得到的是赤裸裸的經驗事實，而不是『高等文化』的提貨單：如此敏銳的目光所選定的簡單事實，皆在從這平淡的描敘而展開一種聯想形式的內在的折反意義——在這種即興結構裡，經驗和形式是不可分的，結構寓於經驗本身——或說寓於經驗的表現，詩行不再有什麼規則的或可預見的節奏，而是在其自身措辭中找到這種分離的強度。」⑫

這便是瘂弦——他的聲音，他的靈魂，他對存在的獨自深入和對語言的獨特感受；在他那個時代裡，他處於最佳狀態，很快就成熟了，就徹底深入了，就預先領略、預先品嚐、預先經受了，就紀念碑一般堅實地矗立在那兒了。「這是一個濃縮的、自發的靈魂的完美表達」（D·H·勞倫斯語），一下子就成了〈鹽〉，一直「鹹」在今天的口味中；一下子就成了〈深淵〉，使後來者久久凝目入神……

對瘂弦詩歌藝術的研究，是歷史的，也是現實的。說其深入，是說在瘂弦時代的深入；說其完美，是說在瘂弦時代的完美。而今天的現代漢詩是一種多向度的展開，而今天的詩人亦不再爲所有人而存在。然而我們必須看到，作爲一個比較到位的現代主義詩人，瘂弦詩歌品質中的許多特質，於今天的現代漢詩之實踐，仍是有所裨益和啓悟的——他對存在的質疑，對生命的悲憫，對生存危機的叩問，他叩問中特殊的方式、質疑中獨到的視點、悲憫中本眞的情懷和他那種獨在的聲音，以及在對敘述性語言的再造中仍保留意象的和諧共生等等，在今天新的出發中仍是具開啓意義的。即或是他「金盆洗手」式的終止創作的舉動，也別有意味，使我們想到尼采的名言：「不間斷的創作願望是平庸的，顯示了虛榮、嫉妒、功名欲。倘若一個人是什麼，他就根本不必去做什麼——而仍然大有作爲。在『制作的』人之上，還有一個更高的種族。」⑬

而生命的「鹽」依然缺少，而存在的「深淵」依然存在，而那串「紅玉米」依然懸掛於我們記憶（文化的、歷史的、詩的）之屋檐下——

北方的雪很厚

南方的雨很多

而水晶依然稀有……⑭

【附　註】

① 瘂弦：〈現代詩短札〉．瘂弦著《中國新詩研究》（臺灣洪範書店一九八七年版）第四九頁。

② 瓦雷里．《波德萊爾的位置》轉引自沈奇編選《西方詩論精華》（花城出版社一九九一年版）第四四八頁。

③⑥⑪ 瘂弦．〈現代詩的省思〉．同①第十六頁一二頁。

④⑤ 引自《艾略特文集》（國際文化出版公司一九八九年版）第一八〇頁一八七頁。

⑦ 轉引自劉登翰《瘂弦論》載臺灣《創世紀》詩雜誌總八五．八六合刊第八二頁。

⑧ 《瘂弦談詩》．《文藝天地任遨遊》（鄭明娳．丘秀芷主編）臺灣光復書局一九八八年版。

⑨ 龐德．《關於意象主義》．同②第四二五頁。

⑩ 李英豪．〈論現代詩之張力〉．轉引自楊匡漢．劉福春編《中國現代詩論》（花城出版社一九九一年版）下卷第一八二頁。

⑫　丹尼爾·霍夫曼《詩歌：現代主義之後》·同②第四四七頁。
⑬　尼采·《出自藝術家和作家的靈魂》·同②第四八頁。
⑭　引自沈奇《尋找那隻奇異的鳥》詩句。

一九九四年六月五日——十三日
於西安東郊之酷暑

第四輯　詩論評介

傳薪一脈在筆鋒

——讀瘂弦的《中國新詩研究》

茶陵

一、在臺灣開風氣之先

瘂弦先生以創作和編輯的成就名世，但多年來還致力一項要務，即研究中國的新詩。民國七十年初，他將有關文字結集出版，了卻長期注視此專題如我者的一個心願。

中國新文學史上的第一組詩作，發表於四卷一號的《新青年》雜誌上，作者同時包括胡適、沈尹默和劉半農三位，時爲民國七年一月，與第一篇小說——魯迅的〈狂人日記〉相較，還早四個月問世。但六十多年來，新詩的讀者在人數上似不及小說遠甚，評論新詩的文字相形之下，也就益顯寂寞了。余光中先生的詩集常能再版，但他審度文壇全貌之後，也只能提出新詩「小衆化」的寄望。由此可以想見，瘂弦先生從事此類研究時，難免感到「與世相遺」，尤其在初發表論文的民國五十年代。

好在功不唐捐。《中國新詩研究》的出版，使我想起了佛洛斯特的名句：「林間有兩條路，我選擇了人跡罕至的一條。於是，一切的景色迥異。」瘂弦先生當年走的是人跡罕至的路，而且一路上百廢待舉，經過他辛勤整理，如今景色已大別於前。在臺灣他是這條道路的先驅者，將來任何人撰寫中國現代文學批評史，都不能無視本書。

是什麼心情鼓動他獻力於此？本書的自序說得好：「當時我之所以從事這項工作，主要是覺得，由於戰亂，使中國新文學的傳統產生了前所未有的斷層現象；尤其是政府播遷臺灣以後，三、四十年代作家的作品與資料極爲稀少，年輕的一代，對那個時代的詩作幾乎沒有任何的認識，這對我們承繼、發揚與創新文學傳統的使命而言，並不是件有利的事。」

由此或可說明，瘂弦先生和葉維廉先生等一樣，不贊成斬斷與三十年代的血緣，至少在詩作方面是如此。事實上，三、四十年代的佳作對他們早期的詩風都頗有影響，而且不無受益之感。自序接著表示：「因此我以爲有把自己多年的珍藏公諸同好的必要；而對於淪陷在大陸的作家，也希望能藉這番鉤沉的工作，彰顯他們的文學業績，並兼致我的懷念與同情。」

瘂弦先生早年卒業於軍校，又服務於軍旅，這樣的出身不免被視爲保守。其實不然，我們可從他的這段話，看到一顆通達寬廣的心：「何況，在這些作家中，除了少數與中共沆瀣一氣外，其他的可以說都與政治沒有什麼關係；在文學上以人廢言尚期期不可，遑論『以地廢言』？若以作家身處大陸，而有意抹煞他們的一切，無論拿甚麼尺度來衡量，都是說不通的。」

此言甚善，值得我們處理有關問題時參考。但共產黨看到這段話且莫高興，在以人廢言，以地廢言方面，共產黨是一個大巫。「身處臺灣」的作家如梁實秋先生，因爲反對強調文學的階級性，就被毛澤東及其手下狠毒辱罵了幾十年，他們推崇魯迅，卻忘了魯迅說過的那句話：「辱罵和恐嚇不是戰鬥。」由此我們也更需警惕，讓「以政治廢文學」的作風獨歸共產黨，吾不取焉。

「我進行這項工作的那個年代，幾乎所有來自大陸的東西都成爲禁忌，某些人囿限於偏狹觀點與對民國以來的詩壇缺乏通盤的了解，並沒有瞭解到這項工作的意義。近年來，由於中共權力結構的改變，大陸眞相逐漸透露，作家的生活與受迫害的情形，也爲世人所知悉；而我早在十五年前從事的工作，如今也於無形中獲得了大家的瞭解。」瘂弦先生這段回顧與感想，抒發了柳暗花明後的欣慰。積十五年辛苦寫一本書，兩百五十頁的字裏行間，充分透見作者向古人與來者交代了良心，表現了客觀執中的精神。大陸的新文學史家讀到本書，誰能不覺汗顏？

一、現代詩的省思

本書共分三輯，包括詩論、早期詩人論和史料。「詩論」中有兩篇文章，一爲〈現代詩的省思〉，爲作者主編《當代中國新文學大系》「詩選」的導言，對於一甲子的新詩運動，予以深入的回顧與評析。

新文學運動改革的重點，誠如他指出，是詩與戲劇。當時對舊戲批判最力的，是傅斯年等先生。在「戲劇改良各面觀」中，傅先生認爲中國戲劇的觀念，是和現代生活根本矛盾的，使得受其感化的社會，無法適應現代生活：中國戲劇既然這樣「下等」，所以改革自爲必要。類此「離經叛道」的言論，出現在論詩時更多，說明了「五四」人物不論後來政治立場如何，當時都對國事和文事愛深責切。

新詩則被瘂弦先生視爲「五四」運動的尖兵，形成文學革命裏成就最大的環節。假如我們將文學革命的期限，界定在胡適與梅光迪、陳獨秀論詩以後，中經五四運動，直到創造社轉向以前，則此說不致引起太大的爭議。小說的全面勃興，應屬後來居上。本書作者惋惜，新詩起步尚穩、正待發展之際，左風吹入了中國，造成吶喊上昇，詩藝退落，以及詩人心力的巨大浪費。我們由此感到，臺灣的青年詩人們其生也晚，避免身歷此一悲劇，能以冷靜的眼光看這段文學史，寧非幸運的事？

〈現代詩的省思〉中，對近三十年的臺灣詩壇著墨較多。作者以「輝煌燦爛」四字，形容中國新詩的臺灣時期，認爲這種純詩的作風，隱然與二十年代初期的穩健文學思想遙相呼應，中國新詩的命脈，得以在東海之濱保存而發展。「沒有了臺灣詩壇三十年的建設，整個中華民族廿世紀的詩眞會陷入無底無涯的深淵」——《深淵》的作者如是說。

詩論中的另一篇文章，是〈現代詩短札〉，可謂本書中一個異數，它是作者二十多歲時讀詩與思考的記錄，其時現代主義風行，不少詩人沐於歐風美雨，對中國新詩的創作方向不免矯枉過正，本書作者現在也有「少作過時」的自謙，但他仍然保留此文，以存其眞。

短札裏談論中國新詩運動的文字不多，但涉及的部分則與全書的題旨相合。作者認爲詩究竟不是一面戰旗，所以視徐志摩等人匯成的詩流爲純正，視「左聯」成立後的政治狂熱爲邪道。事實上，徐志摩生前就深爲當時文壇的紛亂弊偏而憂。民國十七年三月《新月》雜誌創刊時，他發表了〈新月的態度〉一文，指出當時一切價值標準顛倒，思想市場上行業繁多，令人感到無政府的淩亂，此和「健康與尊嚴」的原則不符，也不是一個活力磅礴的文化社會之正象。他相信純正思想是人生改造的首需，因此呼籲「創造的理想主義」時代來臨。

其時「左聯」尚未成立，但左翼作家們以爲徐志摩存心揭短，於是群起圍攻，徐志摩幾乎和梁實秋先生一樣，長期受到共產黨的醜化，直到最近幾年，他在大陸上的評價才稍得好轉。若以朱自清所獲「民主戰士」的封號相比，兩者差別之大，實出自由世界的意料。至於梁實秋先生，因曾和魯迅直接論辯，所以「罪大惡極」，就被永遠抹黑了。共產黨對作家的評價，悉按本身的政治利益來決定，此爲其所不諱言。

三、廢名、何其芳、臧克家

本書的第二部分「早期詩人論」，實爲構成全書的主力。作者在此論述了十一位詩家：廢名、朱湘、王獨清、孫大雨、辛笛、綠原、李金髮、劉半農、戴望舒、劉大白、康白情。

作者搜集各家原作甚勤，我們套句日本明治維新時的術語，可稱「求資料於世界」。天涯訪書的結果，他已編出《朱湘文選》、《戴望舒卷》、《劉半農卷》、《劉半農文選》等，本書的讀者可以覆按。此處十一篇討論文字，是照作者撰稿的時序排列，將來本書再版，似宜改照各家發表詩作的先後排列，並儘可能予以增寫，俾便讀者了解早期詩人的全貌。此外，每篇文字之後，若能附錄各家的代表作若干首，以利讀者參閱，則更是再版前值得考慮的事。

作者在介紹〈禪趣詩人廢名〉時，舉其和何其芳、卞之琳、李廣田四人，爲三十年代重要詩人的代表。廢名原名馮文炳，一九〇一年生於湖北黃梅，北大英文系畢業，出版過詩選《水邊》。周作人曾說：「廢名在北大讀莎士比亞，讀哈代，轉過來讀本國的杜甫、李商隱、詩經、論語、老子、莊子，漸及佛經。」

廢名雅好道佛，使得作品「空山靈雨」起來，有些像許地山：瘂弦先生以「禪趣詩人」謂之，允稱貼切。其詩的另一特色是運用口語，〈理髮店〉中一些句子，本書作者形容爲「俗得可愛」，我現找出此詩供讀者欣賞：

理髮匠的胰子沫
同宇宙不相干
又好似魚相忘於江湖。
匠人手下的剃刀
想起人類的理解
劃得許多痕跡。

牆上下等的無線電開了，
是靈魂之吐沫。

作者在本文中推崇另三家：「何其芳的雋美深致，卞之琳的淺淡淳厚，李廣田的樸實親切，各擁有獨特風格而名重當時。」此三人正爲北大同學，曾經合出一本《漢園集》，何其芳的部分題爲《燕泥集》，寫一個落寞的少年，「心靈的眼睛向著天空，向著愛情，向著人間或者夢中的美完全張開地注視，彷彿拾得了一些溫柔的白色的小花朵，一些珍珠，一些不假人工的寶石」。凡此描述，果然雋美。我們現在欣賞他的〈風沙日〉最後一段，看看鄭愁予先生的詩是否得其神韻：

黃昏，我輕輕開了
我的燈，開了我的書，
開了我的記憶像錦匣。

抗戰爆發前後，何其芳的詩風隨著思想而改變，期望自已「從遼遠的溫柔的東西」，轉到「大地的眞實」。他在四十年代出版了詩集《夜歌》，辛笛這樣評論該書：「文字是一洗他昔日所矜持的繁麗的嚴妝，然而在樸素平直裏依舊有他獨特的風華。調子儘管爽朗激越，卻仍舊有透明體似的柔和。」

四十年代以前的何其芳頗邀令譽，大陸變色後的何其芳卻如何？我們只消看他在「打倒四人幫，身心獲解放」以後，直到去世前後發表的新舊詩，即可見一斑。各詩的篇名如左：

㈠〈獻給偉大的領袖毛主席〉。

㈡〈北京的早晨〉。

㈢〈我想起您，我們的司令員——懷念賀龍同志〉。

㈣〈憶昔——紀念『在延安文藝座談會上的講話』發表三十三週年〉。

何其芳晚年爲當權派寫政治詩，淪入「歌德派」，令人惋惜不已，但該惋惜者所在多有，臧克家是另一例。本書作者在同文中說得很對：「時間畢竟是最公正的裁判者，當年顯赫一時的詩人如臧克家「著有《運河》等詩集」之流，在我們『晚輩』的眼中已逐漸失去了敬意，當星移物換灰塵落定，決定一個作家眞正價値的將永遠是作品的本身。」

臧克家現仍活著。他曾經「以生命去傾注的態度」寫詩，但三十多年來成爲口號詩人，四人幫被打倒以後，他就寫了一首〈華主席題詞到會場〉，歌頌華國鋒的「巨手」，並且說：

我把題詞寫在日記本上，
筆下有驚雷，眼前放紅光，
洶洶偉力千鈞重響……

偉大題詞照耀得天地寬廣，
偉大題詞把前景照亮，
我們心海起大浪，熱血滿胸膛，
我已經七十三歲，也要聽號召，任驅遣，筆作槍！

這樣的句子，使人想起郭沫若的類似名詩：「感謝華主席！感謝黨中央！」臧克家最近答覆海外人士詢問時，也承認自己「因爲年邁，未能深入生活，詩創作上，受到很大的限制」。假如他有機會重讀自己早年在〈新詩片語〉裏的這段話，或許更會怵目驚心：「詩裏容不得虛假，一點浮矯的情感，一個生硬的事實（沒深切透視過的）羼雜其中，明眼人會立刻給你個致命的挑剔。」我們認爲，即使無人挑剔，臧克家長夜沉思，能不爲虛假、浮矯、生硬的「老作」而自哀嗎？

四、朱湘、王獨清、孫大雨

前幾年，我在臺北商務印書館買到朱湘編譯的《番石榴集》，頗感書名的別致。朱湘是短命詩人，民國二十二年底投江自殺時，年僅而立。民國十四年二月，他曾寫了一首「葬我」，日後觀之，有些像是讖語：

葬我在荷花池內，
耳邊有水蚓拖聲，
在綠荷葉的燈上
螢火蟲時暗時明——
葬我在馬纓花下，
永作著芬芳的夢——
葬我在泰山之巔，
風聲嗚咽過孤松——
不然，就燒我成灰，
投入氾濫的春江，
與落花一同漂去
無人知道的地方。

論者常把朱湘的詩和新月派並論，瘂弦先生則認爲，朱湘獨創的那種「印象」風格，自描式的手法，少見於新月派的詩中，而流行於稍後的現代派裏；他更推許朱湘在開拓新詩的形式上，或是五四以來試驗最力的一人。落落寡合的朱湘假若有靈，必當感知音於數十年後。

王獨清曾爲創造社的中堅人物，後與同伴們分袂，引起左翼作家的不滿。民國十九年五月，「左聯」展開慶祝勞動節的活動，出版了一本特刊，裏面就有文章叫做〈五一紀念中兩隻『狗的跳舞』——王獨清與梁實秋〉，對其侮辱，一至於此。

王獨清寫詩時，曾把語句分開，用不齊的韻腳來表達「醉後斷續的，起伏的思想」。本書作者提到一首〈我從Caf'e中出來〉，此詩的描述類似郁達夫的小說〈沉淪〉，不過更表現出人物的無力感，是浪漫與頹廢的交織品，詩的後半部是：

我從Caf'e中出來，
在帶著醉，
無言地
獨走，
我底心內，
感著一種，要失了故國的
浪人底哀愁……
啊，冷靜的街衢，
黃昏，細雨。

孫大雨身後寂寞，瘂弦先生在本書中不詳其年歲等，但極推崇其長詩〈自己的寫照〉，認為即徐志摩也無法抗衡。據海外資料透露，孫大雨出生於一九○五年，清華大學畢業，民國十五年留美，返國後在武漢、北大等校任教。他的短詩受到英詩的影響，下面這首十四行的〈老話〉，溫婉有情，一氣呵成：

自從我披了一襲青雲，憑靠在
渺茫間，頭戴一頂光華的軒冕，
四下裏拜伏著千峯默默的層巒，
不知經過了多少年，你們這下界，
才開始在我腳下盤旋往來，——
自從那時候，我便在這地角天邊，
蘸著日夜的頹波，襟角當花箋，
起草造化的典墳，生命的記載，
(登記你們萬眾人童年底破曉，
少壯底有為直到成功而歌舞；
也登記失望怎樣推出了陰雲，
痛苦便下一陣秋霖來嘲弄，)到今朝

其餘的記載已經逐漸模糊，
只剩星斗滿天還記著戀愛的光明

五、辛笛、綠原、李金髮

去年底，辛笛出席了在香港舉行的「中國現代文學研討會」，並發表〈從三十年代談四十年代、上海新詩風貌〉的論文；余光中先生也在會中發表〈試爲辛笛看手相〉一文，賞析他的《手掌集》，辛笛之名因此又外溢了。

余光中認爲，這本詩集頗能綜合西洋詩和中國詩的精神，有些作品讀來像詞或絕句，意象獨創，但辛笛早年的詩不免晦澀，後期又太直露，未能調和，有些可惜。這樣的批評，可謂「執兩而用中」，嚴謹中不失平和。我們可從〈熊山一日遊〉的後半部，讀出辛笛詩的優點：

野棠花落無人問
時間在松針上棲止
白雲隨意舒卷
我但願長有這一刻的餘閑

可是給憂患叫破了的心
今已不能 今已不能

三十年來，辛笛在大陸上顯然飽經憂患，痖弦先生在本書中就曾擔心過他的生命。前兩年他劫後餘生，寫過一首〈九月，田野的風〉，顯現對毛澤東的厭棄。詩中說：

九月，田野的風，
吹走了救世主頭上的七彩神光
我們如今過的蜜甜的日子
本來不就是人民創造出來的天堂？

北詩把大陸人民和毛澤東之間劃一界限，表現出讀書人的骨氣，令我想起他早年的《夜讀書記》自序：「世亂民貧，革命砍頭，書生彷彿百無一用，但若眞能守缺抱殘，耐得住人間寂寞的情懷，仍自須有一種堅朗的信念，即是對於宇宙間新理想新事物和不變的永恆常存一種飢渴的嚮往。人類的進步，完全倚仗一盞眞理的燈光指引：我們耽愛讀書的人也正在同一的燈光下誦讀我們的書。」但願辛笛能夠永遠循著眞理的燈光，爲自己和讀者們立命。

緣原和辛笛不約而同，歷劫歸來之後，前兩年發表了一首〈重讀『聖經』〉，本詩的副題寫明：「牛棚」詩抄第幾篇。他以回顧的心情，比喻毛澤東像所羅門一樣，一可惜到頭來難免老年癡呆症」，並指出被共產黨打入牛棚者的精神寄托所在：

今天，耶穌不止釘一回十字架，
今天，彼拉多決不會爲耶穌講情，
今天，馬麗婭·馬格黛蓮注定永遠蒙羞
今天，猶大決不會想到自盡。
這時「牛棚」萬籟俱寂，
四周起伏著難友們的鼾聲。
桌上是寫不完的檢查和交代，
明天是搞不完的批判和鬥爭。
「到了這裏一切希望都要放棄。」
無論如何，人貴有一點精神。
我始終信奉無神論：
對我開恩的上帝——只能是人民。

五十年代，大陸爆發胡風事件，緣原成爲「胡風反革命集團的骨幹之一」，被中共逮捕迫害，直到二十多年後，我們才聽到他未死的消息。綠原出版過詩集《童話》，楊喚受其影響很深，瘂弦先生表示：「每一個人都有自己的師承，世界從未出現一個沒有臍帶的嬰兒！」此語頗具雄辯的力量。我很同意他這樣的意見：如果楊喚不英年殞命，我們不妨試想一下，三十五歲或四十五歲的楊喚作品中，會不會還有綠原的影子？有人說大詩人的條件之一是長壽─至少不早夭，良有以也。讓我們重溫幾句綠原的〈童話〉：

小時候
我不認識字
媽媽就是圖書館
我讀著媽媽─
……

李金髮前幾年在美國病逝，我曾讀過他的散文集《飄零閒筆》，是在臺北出版的。李是中國新詩壇第一位象徵主義者，詩和名字都頗怪特，瘂弦先生認為其作品枯澀、貧瘠、形式簡陋，但對現代派有催生的作用，可以肯定他在藝術上的前衛性。下面這首〈棄婦〉的後半部，讀來倒不難理解，或許可視爲例外吧：

棄婦之隱憂堆積在動作上，
夕陽之火不能把時間之煩悶
化成灰燼，從煙突裏飛去，
長染在遊鴉之羽，
將同棲止於海嘯之石上，
靜聽舟子之歌。
衰老的裙裾發出哀吟，
徜徉在邱墓之側，
永無熱淚
點滴在草地
爲世界之裝飾。

六、劉半農、戴望舒、劉大白、康白情

劉半農以「教我如何不想他」的歌詞聞名全國，這說明了詩詞譜曲所產生的力量。他的第一首詩是〈相隔一層紙〉：

屋子裏攏著爐火，
老爺吩咐開窗買水果，
說「天氣不冷火太熱，
別任它烤壞了我。」
屋子外躺著一個叫化子，
咬緊了牙齒對著北風喊「要死」！
可憐屋外與屋內，
相隔只有一層薄紙！

本詩是杜甫「朱門酒肉臭，路有凍死骨」的現代版。類此，劉大白的〈賣布謠〉指出苛吏擾民：「沒錢完捐，奪布充公。奪布猶可，押人太凶。」徐志摩的「叫化活該」，也以反諷之筆爲貧民一吐辛酸，說明了早期的新詩人不論出身，無不關懷當時民生之多艱。

黃南翔先生認爲，本詩較胡適、沈尹默同時發表的詩作爲佳，在形式上擺脫了舊詩詞的影響，純然以白話入詩，所以他和艾青一樣，選其爲中國新文學史上的第一首新詩。這種論斷，自與寫作的時序無關，因本詩寫於民國六年十月，而胡適的〈嘗試〉作品始於民國五年七月。瘂弦先生則指出，本詩病在過於簡單透明，也就是周作人所說的缺乏「餘香與迴味」，所以是一首次等之作，「不過它誕生的時間實在太早，不宜用太嚴格的尺度來衡量它」。這種不同的評價，只能說是見仁見智了。

戴望舒早年以〈雨巷〉等詩傾倒一時，他認爲詩是以眞實爲本，再經過想像而產生的，「不單是眞實，也不單是想像」，又說：「詩是一種吞吞吐吐的東西，動機在表現自己跟隱藏自己之間。」法國象徵詩派的節奏表現手法，使他感到詩的韻律不在字句，而在情緒的抑揚頓挫上。〈雨巷〉寫成之後，他就對詩的「音樂成分」加以否定了。

民國三十年間，戴望舒在香港被日軍逮捕，寫了〈獄中題壁〉等詩，風格迥異於前，後來結集爲《災難的歲月》。瘂弦先生譽此詩集包含了「戴望舒一生中最成熟最有價値的作品」，這是否說明，許多抗戰文學的藝術價値不低，値得我們重新認識、評估呢？〈我用殘損的手掌〉一詩，該是此集裏的代表作：

我用殘損的手掌
摸索這廣大的土地：
這一角已變成灰燼，
那一角只是血和泥；
那一片湖該是我的家鄉
（春天，堤上繁花如錦障，
嫩柳枝折斷有奇異的芬芳，）

我觸到荇藻和水的微涼；
這長白山的雪峯冷到徹骨，
這黃河的水夾泥沙在指間滑出；
江南的水田，你當年新生的禾草，
是那麼細，那麼軟……現在只有蓬蒿；
嶺南的荔枝花寂寞地憔悴，
盡那邊，我蘸著南海沒有漁船的苦水……
無形的手掌掠過無限的江山
手指沾了血和灰，手掌黏了陰暗
只有那遼遠的一角依然完整，
溫暖，明朗，堅固而蓬勃生春。
在那上面，我用殘損的手掌輕撫，
像戀人的柔髮，嬰孩手中乳。
我把全部的力量運在手掌，
貼在上面，寄與愛和一切希望，
因爲只有那裏是太陽，是春，
將驅逐陰暗，帶來甦生，

因爲只有那裏我們不像牲口一樣活
螻蟻一樣死，……那裏，永恆的中國！

戴望舒是杭州人，本詩中提到當時中國的半壁江山，從東北、華北、江南到華南，皆陷敵手，只有那遼遠的一角依然完整，代表了永恆的中國，誠如瘂弦先生指出，這是他遙念戰鬥重慶的感受，一九五七年大陸出版的《戴望舒詩選》，想未選載此詩，除非共產黨像歪曲抗戰史一樣，曲解了詩人愛國的原意。

劉大白融舊詩音節入白話，在中國新詩的過渡時期有其貢獻，但他對自己未能從舊詩詞中解放出來，則引以爲憾，瘂弦先生也以「蛹與蝶之間」形容他，並認爲其創作成就無法與劉半農等相比。雖然如此，他在取材、表達方面，卻有些像劉半農，〈割麥過荒〉一詩所述，就與〈相隔一層紙〉類似。劉大白批評自己寫詩「用筆太重，愛說盡，少含蓄」，這也與瘂弦先生對劉半農詩的評價相近。

我們細讀劉大白後期的詩，可知他不盡在舊詩詞的形式中掙扎，情詩〈我願〉即其一例：

我願把金剛石也似的心兒，
琢成一百單八粒念珠，
用柔韌得精金也似的情絲串著，

掛帶你雪白的頸上，
垂到你火熱的胸前，
我知道你將用你底右手掐著。
當你一心念我的時候，
念一聲「我愛」，
掐一粒念珠；
纏綿不絕地念著，
循環不斷地掐著，
我知道你將往生於我心裏的淨土。

康白情早年的朝氣與理想，表現在〈別少年中國〉等詩中，該詩曾傳誦一時。待其留美歸來，不久卻投效四川軍閥劉湘，並嗜抽鴨片，結果消沉一生，瘂弦先生即以「芙蓉癖的怪客」形容他。

康白情也寫舊詩，但其新詩頗口語化，擺脫了舊詩詞的束縛，胡適先生說他的〈江南〉一詩，長處在於表現顏色，自由的實寫外景。該詩的片斷如下：

只是雪不大了，

顏色還染得鮮豔。
赭白的山，
油碧的水，
佛頭青的胡豆土。
橋兒擔著；
驢兒趕著；
藍襖兒穿著；
板橋兒給他們過著。

胡適先生自己的文字「一清如水」，所以對這樣的寫景已頗感滿意了。不過，康白情在理論上，倒是強調汰蕪存精才是藝術。民國九年他曾寫〈新詩底我見〉一文，認爲情濃方有好詩，而要培養感情，首須在大自然中活動，大自然不僅是催詩的妙藥，並且是詩料的製造廠。這種理論與實踐，使得有人說他以描寫自然的風物取勝。

瘂弦先生則大致和梁實秋先生一樣，對康白情詩集《草兒》中的諸多冗句等缺點，不表苟同。但是同樣評論《草兒》，瘂弦先生的文章寫在半世紀後，較能以文學發展史眼光視之：

要知道，康白情的詩固然簡陋，但是千萬不可忘了，那個時代的整個詩壇都是簡陋的。如果沒有早期詩人的盲目摸索。勇於接受失敗的嘗試，中國新詩便不會從草創到壯大。沒有康白情，可能就沒有較後的「新月派」，就是有，也要遲上許多年。我們絕不可要求在康白情的時代出現徐志摩，也絕不可要求在徐志摩的時代出現卞之琳和王辛笛；沒有三十年代的卞之琳和四十年代的王辛笛，五十年代的鄭愁予便會姍姍來遲了。這就是我所謂的歷史感。

這段話，頗能印證本書扉頁對作者的形容：「筆鋒更帶傳薪一脈之感情，月旦褒貶，無不溫柔敦厚。」然而，梁實秋先生早在民國十一年，以嚴肅的態度強調演說詞不是詩，小說不是詩、記事文不是詩、格言不是詩等，以及再度肯定「汝果欲學詩，工夫在詩外」等觀念，現也仍然值得我們重視。畢竟，梁先生對《草兒》作者「情感太薄弱，想像太膚淺」的評論，正是康白情本人在理論上所見略同之處。如何使創作符合自己的理想，實待詩人以至所有作家們盡心努力。

七、中國新詩年表

本書的第三部分是「史料」。瘂弦先生對民國三十八年前的中國新詩書目，做了詳細的整理，將來可能會出專書，其中一部分成績，就是此處的「中國新詩年表」。年表指出，民國三十二年九月，重慶的商務印書館出版了羅家倫先生的詩集《疾風》，這是《新人生觀》的讀書們多未知悉的。

這份年表將主要事項、文學關係重要事項、政治社會上的重要事項等，分門別類，上下並列，使讀者一目瞭然，且可收互相印證的總體印象。舉民國九年為例，「主要事項」列有：

㈠二月，周無（太玄）發表〈詩的將來〉。

㈡二月，宗白華發表〈新詩略談〉。

㈢郭沫若與《學燈》之編輯宗白華通信論詩。

㈣三月，新文學第一本詩集，胡適的《嘗試集》由亞東圖書館出版。（增訂四版，由該書店於十一年十月出版）

㈤三月，康白情發表〈新詩的我見〉。

㈥八月，許德鄰編《分類白話詩選》，崇文書局出版。

㈦十二月，俞平伯發表〈做詩的一點經驗〉。

「文學關係重要事項」列有：

㈠一月，北京大學附設平民夜校。

㈡二月，教育部通知全國學校採用「新式標點符號」。

㈢四月，胡適、李大釗等於北京大學設立工讀互助團，實際由王光祈主持。

㈣十一、十二月，新文學第一篇戲劇，田漢的〈環珴璘與薔薇〉刊於《少年中國》。

㈤十二月，劉復、錢玄同、沈兼士等組織「歌謠研究會」。

㈥十二月，「文學研究會」成立（發起人：周作人、朱希祖、耿濟之、鄭振鐸、瞿世英、王統照、沈雁冰、蔣百里、葉紹鈞、孫伏園、許地山）。

㈦易順鼎（一八五八—）歿。

「政治、社會上之重要事項」列有：

㈠一月，國際聯盟成立。

㈡四月，日本出兵西伯利亞。

㈢十二月，愛爾蘭共和國成立。

由此可知，與中國新詩有關的重要事項，不但提到出版詩集，而且列出單篇詩論，資料可謂詳盡。政治、社會上的重要事項則較簡，或因此書是《中國新詩研究》吧。此處文學關係重要事項中提及，田漢的〈環珴璘與薔薇〉是新文學的「第一篇戲劇」，或易引起讀者懷疑，不過瘂弦先生在年表稍前指出，民國八年三月，胡適先生的〈終身大事〉發表於《新青年》，是新文學的「第一篇獨幕劇」。「獨幕劇」、與「劇戲」，在此有別。

最後，我以挑剔的態度，試對本表做一些校對與補充，就教於瘂弦先生：

㈠民國七年自殺的梁漱溟先生之父，本表排爲梁巨以，似應爲梁巨川。

㈡民國十一年似還有一事，即朱自清、周作人、俞平伯、徐玉諾、郭紹虞、葉紹鈞、劉延陵、鄭振鐸等，出版了新詩《雪朝》合集，出版者是上海商務印書館。

㈢民國二十五年似還有一事，即上海仿古書店出版了《現代新詩選》。

㈣民國三十一年五月，有一事無法不記，即毛澤東在延安文藝座談會上講話，強調文藝爲工農兵服務，其實是爲共產黨服務。這次講話和連接的文藝整風，對左翼作家影響甚大，包括詩人在內。

(五)大陸變色後來臺的作家中，不少早已出版過新詩集，除本書提及的路易士（紀弦）外，王平陵先生民國二十年在上海出版過《獅子吼》；曾今可先生民國二十年出版過《愛的三部曲》，民國二十二年出版過《兩顆星》，另出版過《小鳥集》，出版者都是上海的「新時代」；葛賢寧先生民國二十二年出版過《海》，民國二十三年出版過《荒村》，出版者都是北平的「北新」。此外，張我軍先生在大陸期間，出版過《亂都之戀》，出版者是上海的「新文化」。

凡此種種，都值得一記。

——原刊「中國論壇」月刊十三卷十、十一期，民國七十一年二、三月出版

既尊重傳統又反叛傳統

——評痖弦的《中國新詩研究》

古遠清

詩人研究詩歌理論和評論詩人詩作，是一種很値得提倡的做法。因爲詩人有直接的創作經驗，研究起理論問題容易和創作實踐掛鉤，不容易產生玄學的傾向。另方面，詩人的藝術感覺比一般人敏銳，評品起詩人詩作來容易搔到癢處，不容易出現「隔」的情況。大家知道，詩人從事詩歌理論批評也有其困難之處。因爲搞理論批評要有一定的理論修養，不能光憑靈感寫作。它是一種冷靜的、充滿理性的活動，需要的是科學而不是大膽的想像和誇張，但這一點，並難不倒有理論準備和功底紮實的詩人。近些年來，不少臺灣詩人在從事新詩理論批評方面做出了突出的成績，著名詩人痖弦著的《中國新詩研究》（一九八一年洪範書店），就是這方面的代表。

《中國新詩研究》共分三卷：第一卷爲詩論，有《現代詩的省思——當代中國新文學大系導言》、《現代詩短札》。第二卷爲早期詩人論，評論對象有廢名、朱湘、王獨清、孫大雨、辛笛、綠原、李金髮、劉半農、戴望舒、劉大白、康白情。第三卷爲史料：《中國新詩年表（一八九四—一九四九）》。乍看起來，各卷互不相關，其實仍有內在的聯繫，即著者力圖從縱橫交織的動態體系中來考察新詩的歷史進程。比起同類書來，這本書的主要特色在於考察中國新詩數十年行程時，不是按新詩創作的時間和內容類別平面地羅列和評析，而是一九四九年後臺灣新詩發展發生了前所未有的斷層現象的實際出發，從大量的青年詩人對五四以來的詩壇知之甚少乃至一無所知的具體情況出發，對一些重要詩人進行新的評價和定位，並以一個貼近臺灣新詩發展實際的尺度，選擇有介紹和研究價値的對象予以剴切的分析，從而描繪出五四以來的新詩在特定歷史條件下的走向，探討這些詩人詩作產生的歷史原因，對現當代某些複雜的新詩理論問題提出自己的看法，並試圖通過史料的搜集供給將來研究中國新詩的史學家們參考，也讓廣大詩愛者和詩人分享著者對新詩不渝的情感。

瘂弦不僅是詩人，而且是有豐富辦報經驗的編輯家。他不在高等院校任教，不可能像學院派的理論家、文學史家對新詩發展過程作全面的描述。選擇對臺灣當代詩壇有重要意義的若干理論問題和新詩人進行比較深入的探論，是瘂弦區別於別的評論家的不同視角，從「承繼、發揚與創新文學傳統的使命」的出發點來研究新詩，並尋找臺灣現代詩與大陸新詩的聯繫點，這本身就反映了作者對臺灣現代詩歸屬問題的總體評價。當時的詩壇實際是，由於臺灣孤懸海外，與大陸不相往來，造成二、三十年代詩人詩作的資料奇缺，年輕的一代不知道有廢名，就是知道廢名也只是認爲他是一個小說家；也很少有人知道臺灣青年詩人楊喚深受大陸詩人綠原的影響，或知道綠原的名字不知道他有哪些代表作；那些能用圓熟的象徵技巧寫現代詩的詩人，雖然也知道李金髮，但鑑於李金髮詩作內容的枯澀、貧瘠與形式的簡陋，均羞於承認李金髮是他們的「祖師爺」……應該說，瘂弦將綠原、李金髮、廢名等詩人一個個介紹給臺灣的詩人和廣大讀者，是抓住了臺灣現代詩發展的症結，對維護中國詩壇的統一起了一定的作用。

《中國新詩研究》評價詩人詩作的另一特點是做到了「入乎其內」與「出乎其外」。這裡講的「入」，是對新詩人作品的欣賞、理解和感覺，是著者進入詩人締造的藝術世界，沉浸和陶醉其中；「出」是指瘂弦沒有被評論對象牽著鼻子走，而是在充分理解的基礎上對作品作出冷靜的審視和超越性的評價。比如瘂弦是那樣理解李金髮，認爲李氏作品沒有尋常的章法，分解開來可以看懂，合起來卻沒有意思。本來，李氏要表現的本不是「意思」，而是感受和情感，好似大大小小紅紅綠綠一串珠子，他卻藏起那串兒，你得自己穿著瞧。瘂弦又那樣推崇李氏在現代文學史上的地位和影響：「如果沒有李金髮率先在作品上實踐了象徵主義的藝術觀點和表現手法」，就可能沒有後來戴望舒所倡導的現代派。但瘂弦並沒有停留在對李氏的贊頌上，而是認爲「純粹以文章的角度看，李金髮顯然不是一個好的文章家」：語病頗多，音節上詰屈聱牙，艱澀難讀。對康白情這位五四運動的弄潮者，瘂弦亦十分贊賞他年輕時的激情和才華，對他中年時期的追求與迷失充滿同情和惋惜，對其晚年自甘墮落的短處絕不偏袒。對康白情複雜怪誕、極富戲劇性一生的評述，瘂弦爲我們塑造了一個浮雕般的詩人精神形象。這是深刻的詩人生活道路的研究和性格研究。對於像康白情這樣一位極盡周折的詩人來說，這種描述和研究是十分必要的。對劉半農的作品，瘂弦也有清醒的理性把握，並顯得思路縱橫，把目光投向了更廣闊的現代詩史的天地。

總之，瘂弦有幸站在二十世紀七十年代的高處，這使他可能比前輩詩人有更寬廣的視野。他不單把劉半農一類詩人及其創作作為文學現象，而且作為歷史現象去研究和考察。瘂弦歷來認為：「接觸一首詩，首先要知道這首詩出現在哪一個年代，作者當時的文學環境是怎樣的，跟他同時的作家在寫作上的表現又是怎樣，以這種必要的條件作基礎來討論」「才是公正的」（《芙蓉癖的怪客》）。正因為著者堅信時代造就和影響了詩人，所以他的評論能找出一個詩人的價值所在，能給予應有的地位和盡可能的評價。可惜的是，這種評價由於意識形態的偏見（如對左翼作家粗暴地否定），使這部書的學術價值受了一定的影響。著者在「自序」中說：「若以作家身處大陸，而有意抹煞他們的一切，無論拿什麼尺度來衡量，都是說不通的。」瘂弦先生這種不僅不以人廢言，而且不「以地廢言」的觀點，十分令人感動。可惜他未能貫穿到底，如有的地方認為一九四九年後大陸詩壇一片荒蕪，就不符合大陸實際。這種觀點，作者後來也許有所改變，我猜想，他所以沒作修改，是為了貫徹「不改少作」的原則，以存歷史的真面目。

除了作個別詩人的評論與研究外，瘂弦還從事了一九一七年到一九四九年這個階段的中國新詩書目的整理工作。這項工程浩大，當時海峽兩岸均很少有人做這項工作。這項工作成果後來雖然沒有變為書，但其中一部分成績，已體現在《中國新詩研究》中的《中國新詩年表》。這個年表曾參考過日本學者今村與志雄的《中國現代文學選集》第十九冊中的《中國詩年表》，但許多地方還是瘂弦自己天涯訪書所搜集的成果。它給海外地區的學者研究新詩提供了巨大的方便。這個「年表」（還有《現代詩的省思》中對海外華文詩壇資料的整理）表明：瘂弦不僅有創作才能和理論才能，而且具有文學史家所具有素質。對一個不是在書齋裡成長起來的新詩史研究工作者，在時間和資料均極端欠缺的情況下做出這樣突出的成績，尤其令人感佩。

屠格涅夫曾說過：「重要的是自己的聲音。重要的是生動的、特殊的自己個人所有的音調。」《中國新詩研究》的另一可貴之處是在重大理論問題上有自己的聲音。如對於現代與傳統的省思，作者是這樣認爲的：「現代中國詩無法自外於世界詩潮而閉關自守，全盤西化也根本行不通，唯一因應之道是在歷史精神上做縱的繼承，在技巧上（有時也可以在精神上）做橫的移植。兩者形成一個十字架，然後重新出發。」這比他自己在五十年代後期主張徹底反叛傳統要來得辯證，且深得我心。但瘂弦並不是一個折衷主義者。他不贊成新詩從零出發，徹底「打倒」前輩詩人，但又不贊成株守傳統，不思革新。他曾有一句大膽的話：「眞正的傳統，就是反傳統。傳統精神是不斷的求新、創造過去沒有的東西。」這說得何等痛快，又何等一針見血。後期的瘂弦正是一位既尊重傳統又反叛傳統的詩人。提到中國古典詩歌傳統，他能對答如流。所不同的是，他對傳統沒有生搬硬套，而是在學習過程中消化它、轉化它，讓自己的作品活在傳統的精神裡（而不是軀殼裡），因而才受到海內外讀者的歡迎。

相對經院式評論家來，有人也許會認爲瘂弦拙於思辨。卷一的兩篇長文表明，瘂弦的思辨能力並不低於某些評論家。和某些評論家所不同的是，瘂弦在思辨時輔之於形象，在有些地方故意淡化敘述與論辯色彩，從而形成其文字生動，可讀性強的特色。這個特色不僅在長文《現代詩短札》有動人的表現，而且在評論詩人詩作時也常用文學家筆調評述，使人讀來感到親切有味。可惜的是這種文字混雜有作爲意識形態宣傳者的嚴峻——一種夾雜著生硬枯燥的嚴峻，讀了之後使讀者在心理上也覺得是一種負擔。這或許是作者「工作的那個年代，幾乎所有來自大陸的東西都成爲禁忌」所打下的時代烙印，這是不足爲怪的，但也是筆者無法苟同的。

——原載《南都詩刊》一九九一年第一期

——選自《海峽兩岸詩論新潮》，古遠清著，廣州花城出版社，一九九二年二月出版

瘂弦：縱橫交匯成大江

鄒建軍

瘂弦是臺灣現代派的大將之一，是著名的詩人和詩論家。他本名王慶麟，一九三二年生於河南南陽。一九四九年在動亂中去臺。一九五四年底和洛夫、張默創辦《創世紀》詩刊。一九六六年赴美，在愛荷華國際文藝創作班研究兩年。現任臺灣聯合報社副總編輯兼副刊主編。

瘂弦著有詩集《瘂弦詩集》、《瘂弦詩抄》、《深淵》等。其詩以節奏甜美，極富戲劇性的效果見長。他曾以《瘂弦詩抄》和《深淵》兩本詩集以少勝多，獲臺灣現代派十大詩人之一的桂冠，并名列前茅。他還與張默、洛夫主編過《六十年代詩選》、《中國現代詩選》、《七十年代詩選》等詩選多種，在詩壇產生了廣泛的影響。

瘂弦還積極從事詩歌理論研究和詩史的整理，出版有《中國新詩研究》、《朱湘文選》、《劉半農文選》、《戴望舒卷》，《劉半農卷》等專集，並與張默、洛夫合編過《中國現代詩論選》。瘂弦的詩學成就主要體現在詩歌理論的研究，詩歌歷史的統整和詩作的實際批評等有機聯繫的三個方面。對其詩，研究者頗多，也很有些專論發表，但對其詩觀和詩歌批評，尚不見專文論述。而研究其所獨具的詩觀，對於研究一個取得了巨大成果的詩人來說，我認爲是首要的工作。本文旨在就其詩理論、詩史論和詩批評三方面，就其詩學觀作一個遠非全面系統的綜合透視。

這位現代派的大將究竟具有怎樣的詩學觀呢？其詩觀的獨創性體現在哪裡呢？

一、傳統與現代：河川的上游與下游

五、六十年代的臺灣詩壇，在對待中國詩傳統問題上，以現代派領導者紀弦爲代表而提出的六大信條，主張非縱的繼承，而要做橫的移植。紀弦明確地說：「我們認爲新詩乃是橫的移植，而非縱的繼承。這是一個總的看法，一個基本的出發點，無論是理論的建立或創作的實踐。」①可以說這代表了對中國詩傳統的全盤否定的虛無主義態度。瘂弦，這位臺灣詩壇西化最烈的《創世紀》詩刊的三駕馬車之一，對此卻有自己的見解。如果說紀弦此觀過於簡單，瘂弦的看法卻比較複雜，充滿辯證法，具有合理內核。

首先，他反對僵化地固守傳統。我們知道，無論是五四新文化運動時期，還是五六十年代的臺灣詩壇，確有那麼一批保守之士，頑固地堅守「國粹主義」的立場，不願隨時代的變化而修正自己的詩歌觀念，自認爲最正確，如章士釗、蘇雪林等學者。瘂弦作爲現代派的大將，對這些人是持批判態度的。他指出：「其實他們最大的悲劇在於本時代的肩膀上頂著一個上一代的頭顱，他們滿足於陳年的鼻煙和書齋的樟腦味，他們只承認那些既已承認的。」②瘂弦反對固守傳統，即反對陳腐的舊觀念、舊思想，是現代詩人應取的正確態度。舊的雜草不除，新的樹苗不長。五四前後，如果胡適、陳獨秀、魯迅們不對章士釗、林紓等保守派人士施以批判，中國新詩可能就會被扼殺在萌芽階段，現在的中國詩壇也可能還是舊詩的一統天下。五六十年代，如果沒有覃子豪、紀弦、余光中、洛夫等與蘇雪林、邱言曦們進行激烈的論爭，那臺灣的現代新詩也很可能是另一種面貌，更不會像今天這樣爲廣大知識階層所認同。

其次，瘂弦主張尊重傳統，認識傳統。「每一個人都有自己的師承，世界從未出現過沒有臍帶的嬰兒！」③可見他認爲全盤割斷傳統是不可能的，也是很可笑的。他進一步闡釋：「或者從未產生過一個沒有臍帶的作家。在里爾克那裡你會找出羅丹的斧痕；在龐德身上會發現但丁的投影；紀德跟布萊克、退思陀也夫斯基也有著微妙的姻親關係；近代的某位作家可能與另一古代的作家患著極強的同性單戀。」意即傳統是無所不在的，它就像流水一樣，常常滲透於泥土，雖然有時不能明見。瘂弦的結論是：「血系，任何人都有著他的血系」④。既然如此，割斷傳統，猶如用刀割斷手足的動脈血管，那是要自取滅亡的。瘂弦的這個見解十分大膽。在五、六十年代的臺灣詩壇上，如果說反對固守傳統，不會遭到太多人的譏諷，那反對全盤西化則相當危險。因爲當時的絕大部分詩人只准談現代，不准談傳統。一講傳統即目爲保守，遭到多頭炮彈的進攻。

第三，那麼傳統與現代是怎樣一種關係呢？「傳統與現代，一如河川的上游與下游，是生生不息的傳承與呼應，文學就在這樣的綿延裡不斷地演化、發展；因此，每一時代的文學，相對前一個時代是新，相對後一個時代便爲舊，形式容或變化，本質與精神依然有相通或一致之處。」因此，詩人「唯有根植在舊有廣袤的泥土裡，吸取傳統的精華，再對現階段有所自覺與體認，才有可能從而創造出新而現代的作品。」⑤黃維樑也說：「傳統的長河是不歇的水源，沒有這條河，則浪花根本無從激起。」⑥將傳統視爲活的水源，可謂英雄所見略同。瘂弦深深感到，如果沒有李金發、戴望舒、王獨清的先期倡導，可能就不會有一九三二年上海現代派之水到渠成；如果沒有現代派爲中國新詩純粹化啓蒙和奠基，那抗戰以後的詩可能變成千篇一律的政治喊叫；如果不是紀弦把當年上海現代派的火種帶到臺灣（加上覃子豪的提倡），臺灣的新詩的現代化，恐怕要遲上五十年，或者根本是另一種面貌也未可知。可見沒有傳統的發展，就沒有現代的成果。正因爲如此，瘂弦從一九六九年開始在《創世紀》選注廢名、朱湘、王獨清、孫大雨以下多位三、四十年代的詩人的代表作，以引起年輕一代詩人的對傳統的重認，古繼堂說這「在臺灣傳承中國新詩的香火，很有幫助。」

第四，瘂弦並不主張「繼承」「傳統」，而主張「吸收」傳統，發展傳統。他說：「傳統並不單單靠『繼承』，它必須經過『反芻』的階段，必須花心血來尋求它底眞髓；說得大膽些，眞正的傳統精神即是反傳統。」瘂弦所談極是。因爲傳統精神是不斷地求新求變，創造過去沒有的東西。如果我們一成不變地維繫傳統，不敢批評與變化，甚至「文必秦漢，詩必盛唐」的一味泥古，抄襲傳統，就不可能建成現代化的新詩。美國的文化藝術爲什麼發展迅速？「美國的可愛處是她永遠不逃避任何新的風暴，她甚至驚喜雀躍地『陶醉』於舊有一切的敗北感和被『掃蕩』的歡快之中！」美國的傳統文化負荷較小，而我們有雄厚的文化遺產值得向全世界自豪。但我們也在這龐大的積累中發現某些阻止前進的因素。如果盲目自大，不敢於承認落後，正視現實，突破這些因素，那無異於自縛。必須打破傳統的沉重負擔，將傳統的精華消化，才能創造新的傳統。「眞正的傳統精神就是反傳統」，這閃爍膽氣與眞理之光的話，催人警醒，令人嘆服。

第五，如何推動中國現代詩向前發展，中國新詩應該怎樣走？瘂弦認爲，現代中國詩無法自處於世界詩潮而閉關自守，全盤西化也根本行不通，唯一因應之道是「在歷史精神上做縱的繼承，在技巧上（有時也可以在精神上）做橫的移植，兩者形成一個十字架，然後重新出發。」即是借他人已成的技巧爲我所用。照他看來，內容方面，運用並且透過現代人的世界觀去認識生活，尋找新的素材，把現代中國人情感的、思維的、生活的、哲學的、道德的方式傳達出來，並向博大的題材挑戰。從抒情到詠史，形式上輔之以精確的語言，動人的節奏，「現代中國詩於焉而在。」他強調指出，中國新詩要走向繁榮，我們的關鍵是，「在歷史的縱方向線上，首先要擺脫本位積習的禁錮，並從舊有的城府中大步地走出來，承認事實並接受它的挑戰，而在國際的橫斷面上，我們希望有更多現代文學藝術的朝香人，走向西方而回歸東方。」⑦如果我們把這當成瘂弦關於中國新詩發展道路的結論，並將它與大陸幾次討論的結果相比，就會發現它有極大的可行性：⑴開放詩的外部環境，讓中國新詩處於世界詩潮之中；⑵歷史精神的縱的吸收加表現技巧的大十字架；⑶中西交融，走向西方而回歸東方。這些主張，與李元洛的主張具有精神上的一致，李也多次主張中西詩學的聯姻發展。中國文化和西方文化中都有精華和糟粕之分，我們是文化傳統中處於動態時代發展中的一環，對之不能抹殺，也不能全盤生吞活剝地繼承，而應加以吸收消化，用以充實、豐富中國現代詩。

傳統與現代，的確是中國新詩發展史上的大問題，也是中國詩論史上最引起爭議的問題，我研討的這幾位詩論家幾乎都有所論述，他們有何異同？只好請讀者自讀而比並。

二、詩的社會性：詩的重要品質之一，但不是唯一的品質

詩有無社會性，詩應不應該講究社會價值，這在現在似乎有了共識。但在五、六十年代的臺灣詩壇上，現代派不少詩人作出的回答是否定的。作爲現代派的大將，瘂弦當時也認爲，「所謂大衆化云云只是一個膚淺的方程式，詩人在此一問題上納悶是多餘的。不必對讀者存在太多的顧慮，你盡量向前跑，他們會追得上你，今天追不上，明天會追得上。」⑧即是說詩人寫詩不必考慮讀者的接受程度，也不要去追求所謂「大衆化」。當有人指責某些現代詩「晦澀」、「難懂」，瘂弦解釋說，晦澀並不是因作者在處理意象時的委縮、疏懶與忸怩，也不是在感覺上混亂或半眠睡時表現上的生吞活剝，也不是在某種勉強情況下急就成章。「晦澀乃是一種不得已。或者說，晦澀乃是基於作者力求達到某種強烈藝術效果時之表現上的必須。」⑨眞的全部如此嗎？詩的晦澀是由多種原因造成的，有的確實是由於胡亂編造，由

此而造成的不知所云應堅決反對。眞正爲求某種強烈藝術效果而安排的，可以理解。

瘂弦爲「晦澀」辯解，主要是鑑於當時的詩論壇形勢，是爲集中力量反對保守之士之必要。其實他並不就主張「晦澀」。因爲他又補充說：「或者應該這樣插下一根標簽：存在於創作者與鑑賞者之間的最低關係，應該是感覺之被還原爲感覺，夢之被還原爲夢，茫然之被還原爲茫然。」即是說，寫詩起碼還是要讀者能理解詩人的創作意圖。不論明朗也好，晦澀也好，最少詩中的感覺要爲讀者所感覺。其實，我認爲晦澀與明朗之間，應以含蓄爲界，過左則太明白，過右則太艱深，而這兩者都是眞詩的敵人。

詩講不講究社會性？瘂弦不像有的現代派詩人和批評家那樣完全忽視詩的社會價值，而有較爲精要的論斷：「社會意識是文學的重要品質之一，但卻不是唯一的品質；社會意義是批評文學作品的重要標準之一，但卻不是唯一的標準。」⑩這種觀念在臺灣詩壇是了不起的，因爲有些人對詩的社會性十分反感，一聽說詩要反映社會現實，講究社會價值，就火冒三丈，怒而大加抨擊。瘂弦不僅承認社會意義是文學作品的品質之一，而且是重要品質之一；不僅承認社會意義是評價文學作品的標準之一，而且是重要標準之一。誠如古繼堂所說：「一個現代派的大將能作此宏論，實在是難能可貴的。」⑪

是不是一定要寫重大的題材才有社會價值呢？瘂弦作了否定的回答。不能認爲甲寫了千軍萬馬，就是大詩人，乙寫了一朵小花，就是小詩人。他在一個座談會上說：「提到社會性，我覺得博大的題材，固然有其社會性，比較個人的題材也有其社會性，只不過前者是直接的社會性，後者是間接的社會性。中國過去有很多詩人詞人寫的東西雖是個人的，但吾人讀了以後仍能得到情感的淨化和提升。」⑫由此，他反對任意要求詩人只能寫什麼和不能寫什麼，而必須在自由的前提下，任隨詩人以一己之才性、氣質，去寫他自己的眞誠感受、對人生奧秘的認識。也唯有在這種情況下產生的作品，社會屬性才有它眞摯的情感與意義。如果今天要求寫政策，明天要求寫中心，那寫出的根本上非詩，也就談不上發揮詩的社會性。當然，詩人也應有社會責任感與歷史感。「社會責任感、歷史感，都應該在作家的感性生活裡慢慢培養出來，猶如風吹水流的自然，不必勉強。」⑬這既是強調不能離開美學基礎專講社會性，也是要求詩人自覺地負起責任。瘂弦覺得，我們這個苦難的民族，應期待博大詩人的產生，要比期待純粹詩人來得迫切。

瘂弦前期雖然反對詩的大衆化，但與一般現代詩人也有所不同。衆所周知，余光中曾專門和讀者作對，把詩人看成是高人一等的貴族，說寫詩決不能遷就讀者，詩寫出後，讀者看不懂，其過在讀者。瘂弦說：「當詩人所寫的詩連自己的同行都無法欣賞了解的時候，那應當檢討的是詩人本身，而非讀者。」經過長期的考察，他對此又有了進一步的認識。近年他在談到詩的大衆傳播時代指出，現代詩的大衆化、功用化，會不會干擾詩人的寫作，影響詩的純度呢？「傳播的改變應屬形式而非精神，也並非有了新形式，舊有的就該淘汰，印刷傳播，永遠是詩最重要的形式。現代詩走向街頭的思考，毋寧說是詩向社會大衆扎根的一種運動，一種脫胎換骨的運動，運動雖然並不一定等於創作，但卻可刺激創作，宏揚創作。」⑭

在此他肯定了詩的大衆化社會化不會影響詩的純度，現代詩走向街頭，也就是走向大衆，可以推動創作。此時他已更加深信，詩要走向大衆之中，詩的社會作用才能更有效地發揮。

現代詩如何才能走向大衆？要追求詩的生活化。他認爲，詩的生活化原來就是中國人文化生活的傳統，自五四新文學運動以來逐漸衰微，現代詩也疏離於大衆生活之外，而傳統詩則成爲孤芳自賞的貴族文學。爲了彌補現代詩與群體生活的脫節，除了把握現代資訊的時空特質，運用科技媒體的新條件之外，「現代詩更應該走進現代生活，通過視覺、吟唱、映象等多元文藝形式的交匯共溶，創造詩文學視聽的新領域，探索美感的新經驗。」⑮現代詩走進現代生活，並運用科技媒體的手段涉及大衆，創造廣播詩、電視詩等，可以說是目前詩走向大衆的重要途徑。

爲了讓詩走進現代生活，瘂弦主張以口語爲基礎提煉藝術語言。七〇年代初，他對臺灣一些現代派詩人和《創世紀》自身語言上的弊端嚴肅地作了批評。說他們「以徒然的修辭上的拗句僞裝深刻，用閃爍的模稜兩可的語言故示神秘，用詞彙的偶然安排意外效果。只是一種空架的花拳繡腿，一種感性的偷工減料，一種詩意的墮落。」⑯如以口語爲基礎提煉詩語，以反映日常生活，現代詩自然更能與大衆走在一起，生長在一起。

瘂弦關於詩的社會性的論述是全面的，多層次的，並且沒有走向絕對化。這是他創作實踐經驗的理論升華，他的不少詩就具有很強的社會批判性，如〈鹽〉，有的還具有濃厚的悲劇精神如〈上校〉等。

三、詩：人生的複雜性．生命的悲哀

作爲現代詩人，應怎樣寫出既有獨立價值又具有社會性的博大或純粹的詩？瘂弦以他幾十年的創作經驗與研究體會作了回答。

首先，現代詩無論如何現代，總要以感性的眞的生活、眞的人生爲基礎。「如果沒有眞實，感性的眞實，我們便無法來品評現代作品。」⑰而無法品評的作品等於空有。所謂眞詩，就是以生活中的直觀感性爲起始點而創造的。不從人生生活出發的詩，即是僞詩的標本，而詩的作僞現象自始即是一種爲文字而文字的飽食病。「假冒品的製造者每每在詞彙的排列與刻意地打破語意間之合理關係中喬裝了自己，鍍飾了自己，欺騙了自己，最後是污辱了自己。」⑱眞實是感性與知性眞實的結合，它是詩的生命。而作僞的文字，無論如何美麗，也令人惡心。

其次，詩表現的領域雖然十分寬廣，但首要的對象是人。他說：「我們不應忘了詩人也是人，是血管中喧囂著欲望的人；他追求，他迷失，他疲憊，他憤怒」。⑲所以詩人在生活中要盡可能感覺他可能感到的生活，感覺豐富多彩的、風雲變幻的人生情感。把握了人的複雜性，寫出的人生自有多層次感，詩作也自然豐厚無比。瘂弦自己也就這麼追求著盡可能豐富的內涵。他曾說：「對於僅僅一首詩，我常常作著它本身原來無法承載容量；要說出生存期間的一切，世界終極學，愛與死，追求與幻滅，生命的全部悸動、焦慮、空洞和悲哀！總之，要鯨吞一切感覺的錯綜性與複雜性。」⑳詩集《深淵》與《瘂弦詩抄》即這般寫成，幾十年來，成為許多專門研究家挖掘不盡的臺灣現代詩的寶庫之一。這非常能說明問題，如果對人生只有一種簡單的感受，一種單純的思考，那詩作必定淺薄見底，少有價值。

再次，人生的悲哀值得抒寫，悲劇精神對詩十分重要。詩是不是只能抒寫快樂之情？這在大陸五六十年代的詩壇，是沒有疑問的。像郭小川的〈望星空〉，〈一個和八個〉，何其芳的〈回答〉等詩，調子低沉一點，就遭到了嚴厲的批判。照我看來，豪情可以寫，柔情也可以寫；高興可以唱，痛苦也可以吟。這也就是瘂弦所主張的表現人生的複雜性。但瘂弦比較偏向於寫人生的悲哀和不幸。他說：「詩，有時比生活美好，有時則比生活更為不幸。在我，大半的情形屬於後者。而詩人的全部工作似乎就在於『搜集不幸』的努力上。」㉑瘂弦這種強調，實則是接觸到了詩的悲劇美感問題。悲劇是將人生有價值的東西毀滅給人看。悲劇詩則是將人生中的不幸、心靈的創傷、情感的受損抒寫出來，引起人們的共鳴進而淨化人的靈魂。悲劇詩或者詩的悲劇美，長期以來沒有得到倡導，這在大陸更甚。其實這是詩的必然本質之一。一個民族失去了這種詩，那應是極大的損失。瘂弦不僅明確地倡導，自己在創作中也努力追求詩的悲劇美，如其抒情短詩〈上校〉、〈乞丐〉，〈坤伶〉等，即寫中下層小人物和最普通勞動者的不幸遭遇，具有濃厚的悲劇的美感，讀後令人淒然，也令人深思。當然，這種悲劇精神也可以說是臺灣現代詩的共性，如洛夫《石室之死亡》，覃子豪〈追求〉等，皆有此種蒼涼的格調。但瘂弦的這種詩觀，卻極富美學價值。

瘂弦的詩歌理論相當豐富，除以上所談之外，舉凡詩的鑑賞、詩的表現、現代史詩、大衆傳播時代的詩，都有獨到的研究。瘂弦的詩觀是屬於臺灣現代派中比較溫和穩健的一支，但「溫和」並非沒有銳氣，「穩健」並非沒有稜角。瘂弦，其弦不啞，雖久已封筆不寫詩，詩論卻還是繼續寫的。即使不再寫了，也會傳之久遠的。就其詩論家的地位，在臺灣可以與洛夫、白萩、張默、蕭蕭齊坐，在大陸可以和孫紹振、何其芳、呂進共飲。

【附註】

① 轉引自古繼堂《臺灣新詩發展史》第九四頁，人民文學出版社一九八九年五月版。
② 瘂弦《中國新詩研究》第四五頁，臺灣洪範書店一九八一年版。
③④ 瘂弦《中國新詩研究》第九六頁，臺灣洪範書店一九八一年版。
⑤ 瘂弦《中國新詩研究》第九頁，臺灣洪範書店一九八一年版。
⑥ 黃維樑《怎樣讀新詩·自序》，香港學津書店一九八四年版。
⑦ 瘂弦《中國新詩研究》第五三頁，臺灣洪範書店一九八一年版。
⑧⑨ 瘂弦《中國新詩研究》六二—六三頁，臺灣洪範書店一九八一年版。
⑩ 瘂弦《瘂弦自選集》第二四三頁，轉引自古繼堂《臺灣新詩發展史》第二四二頁，人民文學出版社一九八九年五月版。
⑪ 古繼堂《臺灣新詩發展史》第二四三頁。

⑫ 見洛夫《詩的邊緣》第八二頁，臺北漢光文化事業公司一九八六年版。

⑬ 瘂弦《中國新詩研究》第二七頁，臺灣洪範書店一九八一年版。

⑭⑮ 瘂弦《大衆傳播時代的詩——杜十三〈地球筆記〉的聯想》，《地球筆記》，臺灣時報文化公司一九九〇年版。

⑯ 瘂弦《瘂弦自選集》第二四四頁，轉引自古繼堂《臺灣新詩發展史》第二四三頁，人民文學出版社一九八九年五月版。

⑰⑱⑲ 瘂弦《中國新詩研究》第四七，六一，五二頁，臺灣洪範書店一九八一年版。

⑳㉑ 瘂弦《中國新詩研究》第四九頁，臺灣洪範書店一九八一年版。

——選自《臺港現代詩論十二家》，鄒建軍著，武漢長江文藝出版社，一九九一年四月出版。

附錄一　瘂弦作品評論索引

蕭蕭輯

評論者	論文題目	書刊名稱	發表日期
覃子豪	評介新詩得獎佳作六篇（瘂弦及其〈印度〉）	《論現代詩》	46.
覃子豪	三詩人作品評介（瘂弦的歌謠風格和現代趣味）	《論現代詩》	47.
覃子豪	三詩人評介（黃用瘂弦、羅門）	《幼獅月刊》	48.8.3
張　默	季紅和瘂弦	《創世紀》11期	48.4.
夏　菁	一首好詩	《藍星》10期	48.9.10
季　紅	詩人書簡	《創世紀》12期	48.10.
張學玄	釋瘂弦的一首現代詩〈巴黎〉	《創世紀》16期	50.1.
余光中	詩話瘂弦	《左手的繆思》	52.
劉偉勳	青年詩人—瘂弦	《新文藝》93期	52.12.
張肇祺	詩的藝術—兼論瘂弦的詩	《青年雜誌》56期	53.8.1
劉偉勳	揚名國際詩壇的瘂弦	《寫作》6期	53.11.20
劉偉勳	今日詩壇最亮的一顆星—瘂弦	《中國一周》	53.12.28

劉偉勳	青年楷模文壇彗星	《復興崗》	54.2.13
魏子雲	小論瘂弦的詩	《幼獅文藝》	54.2.15
劉偉勳	訪詩人瘂弦談新詩寫作	《中國一周》	54.6.14
徐　謙	現代旗幟下的尖兵—訪現代詩人瘂弦	《空中雜誌》	54.8.1
楊　蔚	不落言詮的答覆—談瘂弦的〈巴黎〉	《聯合報》影藝版	54.12.4
阮文斌	傑出青年·詩壇彗星	《復興崗》	54.12.8
趙天儀	從「瘂弦詩抄」說起—論瘂弦的詩	《中國一周》	55.1.
幼　獅	七對佳偶—瘂弦與橋橋	《幼獅文藝》	55.1.
李英豪	奧秘的眞境—談瘂弦的「下午」	《批評的視覺》	55.1.
張　默	瘂弦及其〈非策劃性的夜曲〉	《創世紀》23期	55.1.
盧陳昆	名震國際的「詩人」	《復興崗》	57.11.30
王夢鷗	寫在瘂弦詩稿後面	《深淵》	57.12.
葉　珊	「深淵」後記	《深淵》	57.12.
笠詩社	笠下影—瘂弦	《笠》29期	58.2.
張　默	論瘂弦的〈深淵〉	《新文藝》	58.11.1
蘇其康	評瘂弦的《深淵》	《現代文學》40期	59.3.
周伯乃	現代詩的廣度和深度—談瘂弦的〈芝加哥〉	《現代詩的欣賞》	59.4.

周伯乃	從〈深淵〉中躍出來的瘂弦	《自由青年》	59.3.1
劉　菲	現代與傳統—瘂弦專訪	《花之聲》	59.5.
林煥彰	新詩欣賞—從《瘂弦詩抄》到《深淵》	《臺塑月刊》	60.1.31
范良琦	有那麼一個人	《臺大青年》4期	60.12.
水　星	瘂弦作品回顧特展	《水星》第7號	61.1.
周　寧	試釋瘂弦〈如歌的行板〉	《幼獅月刊》	61.2.1
陳瓊葉	訪現代詩人王慶麟	《華夏報導》	61.12.24
陳希眞 張芬馥	訪作家瘂弦	《文化一周》	63.4.15
馬　祖	新詩前途無限好—瘂弦談新詩的發展與技巧	《馬祖日報》	63.6.5
姚一葦	試論瘂弦的〈坤伶〉	《中外文學》25期	63.6.1
梁書業	也談瘂弦的〈坤伶〉	《中外文學》27期	63.8.1
汪宏圃	中高詩人瘂弦與出山奧寶島喜相逢	《中原文獻》	63.6.25
宋毓英	和唱組曲—訪詩人瘂弦、張橋橋伉儷	《婦女世界》33期	63.11.25
羅　青	理論與態度—瘂弦論上篇	《書評書目》26期	64.6.1
公　良	羅青的瘂弦論讀後	《書評書目》27期	64.7.1
中　華	活在詩中的人—瘂弦側影	《中華文藝》56期	64.10.1

西　西	瘂弦小輯（西西．片斷瘂弦詩）	《大拇指週報》	64.10.24
中　華	瘂弦批評集錦	《中華文藝》59期	65.1.1
羅　青	瘂弦研究資料初編	《書評書目》33期	65.1.1
張　默	〈瘂弦研究資料初編〉補遺	《書評書目》34期	65.2.1
陳　琪	和瘂弦談新詩	《空中雜誌》	65.4.1
劉紹銘	瘂弦「貓臉的歲月」	《中華日報》	66.3.18
蕭　蕭	瘂弦的情感世界	《中外文學》88期	66.9.1
陳義芝	論瘂弦詩集《深淵》	《創世紀》46期	66.11.
黃慶萱	《深淵》測試	《中國文學鑑賞舉隅》	68.4.
蕭　蕭	既被目爲一條河，總得繼續流下去	《現代名詩品賞集》	68.5.20
張漢良	導讀瘂弦的〈坤伶〉和〈一般之歌〉	《現代詩導讀》	68.11.
余翠娟	成人世界的「童話詩」	《中華日報》	69.3.27
楊子澗	揉和戲劇性與嘲諷味的行吟者	《中學白話詩選》	69.4.15
蕭　蕭	瘂弦詩選注	《創世紀》52	69.6.
游社媛	瘂弦〈如歌的行板〉與國王的新衣	香港《抖擻》40期	69.9.
林　廣	評瘂弦的〈鹽〉	《陽光小集》	70.7.20
茶　陵	傳新一脈在筆鋒	《中國論壇》	71.2.

也　斯	瘂弦小輯	《香港快報》	
程榕寧	瘂弦泛論新詩	《學海論叢》	
王　幻	瘂弦詩讀後	《澎湖》半月刊	
田新彬	與詩人瘂弦談戲劇	《中國語文》	
西　西	〈鹽〉	《香港學生周報》	
羅　葉	中國現代詩壇的一座熄火山	《建中青年》78期	72.6.11
趙天儀	瘂弦的〈放氣球〉	《兒童詩欣賞》	73.4.11
何志恒	試論瘂弦無譜之歌	《創世紀》67期	74.12.
鍾　玲	瘂弦筆下的三個人物	《現代文學》復22期	
白少帆	瘂弦的詩	《現代臺灣文學史》	76.
陳義芝	瘂弦的三組詩	《古今文選》	76.6.27
蕭　蕭	感覺之必要—談瘂弦	《自由青年》	76.7.1
古繼堂	瘂弦詩歌的特色	香港《文學世界》	76.12.20
殷　戀	又豈在朝朝暮暮—作家停筆心情	《自由時報》	77.2.29
辛　鬱	瘂弦的〈一般之歌〉	《臺灣新聞報》	77.8.25
古遠清	〈傘〉、〈山神〉、〈上校〉、〈坤伶〉、〈如歌的行板〉	《臺港朦朧詩賞析》	78.5.
古繼堂	瘂弦	《臺灣新詩發展史》	78.7.

黃維樑	瘂弦的〈上校〉	《藍星》21期	78.10.
李元洛	清純而雋永的歌	《朔方》5期	78.
馬德俊	走向西方，回歸東方	《當代詩歌藝術》	78.
劉階耳	〈船中之鼠〉等14首詩	《臺灣新詩鑑賞辭典》	
李元洛	童話詩的幻想世界—讀瘂弦的〈一九八〇年〉	《創世紀》78期	79.3.
鄒建軍	瘂弦：縱橫交匯成大江	《臺港現代詩論十二家》	80.4.
李元洛	〈土地祠〉〈山神〉	《新詩鑑賞辭典》	80.11.
古遠清	既尊重傳統又反叛傳統	《海峽兩岸詩論新潮》	81.2.
王一桃	瘂弦及其代表作《深淵》	香港《文匯報》	82.11.22
熊國華	論瘂弦的詩		82.6.
易　水	「而地球是圓的」—讀瘂弦的〈水夫〉	《創世紀》90期	81.10.
葛乃福	瘂弦印象	《文訊》94期	82.8.
無名氏	〈荒原〉與〈深淵〉	《國魂》	83.2.
章亞昕	深淵裡的存在者	《創世紀》97期	83.3.
白　靈	鋪在菩提樹下的袍影—〈印度〉賞析	《青年世紀》	83.6.
劉登翰	瘂弦	《中國當代新詩史》	82.5.
吳開晉	瘂弦的〈秋歌〉賞析	《當代詩歌名篇賞析》	

葉維廉　在記憶離散的文化空間裡歌唱　北京《詩探索》　83.4.

沈　奇　對存在的開放和對語言的再造　83.6.

附錄二

瘂弦年表

張力、王開平、楊蔚齡編

民國二十一年（西元一九三二年）

農曆八月二十九日生於河南省南陽縣東莊。取名明庭。

民國二十七年

六歲，入楊莊營小學。

民國三十年

九歲，開始使用學名「慶麟」，入陸官營村陸營中心國民小學。

十三歲，入南陽南都中學就讀。

民國三十八年

十七歲，入國立豫衡聯合中學就讀。

八月，在湖南零陵從軍，隨軍至廣州坐惠民輪來臺。編入陸軍第八十軍三四〇師一〇二〇團通信連任上等兵。

民國四十二年

十月，參加「中華文藝函授學校」爲學員，時校長爲李辰冬先生，指導老師爲覃子豪先生。

於「現代詩」雜誌發表「我是一勺靜美的小花朵」，爲公開發表之第一首詩作。

民國四十三年

九月，畢業於政工幹校影劇系第二期。分發至海軍陸戰隊服務，結識洛夫、張默，加入創世紀詩社。

民國四十四年

二月，參加「創世紀」詩刊編務工作。

參加軍中文藝獎金徵稿，獲詩歌組優勝獎，得獎作品「火把，火把喲」。

民國四十五年

五月，以「冬天的憤怒」一詩獲中華文藝獎金長詩組第二獎。

十一月，獲國軍詩歌大競賽官佐組優勝獎。

民國四十六年

五月，以三千行長詩「血花曲」獲國防部文藝創作獎金徵文第一獎。

六月，以「印度」一詩，獲本年詩人節新詩獎，同時獲獎者有羅門、向明等人。

七月，參加中國詩人聯誼會。

民國四十七年

「巴黎」一詩獲頒「藍星詩獎」。

九月，參加「中國文藝協會」爲委員。

民國四十八年

十月，詩集「苦苓林的一夜」（後改名「瘂弦詩抄」）由香港國際圖書公司出版。

民國四十九年

二月及五月，於「創世紀」十四、十五期發表「詩人手札」（後更名「現代詩短札」，編入「中國新詩研究」一書）。

民國五十年

元月，與張默合編「六十年代詩選」，高雄大業書店出版。

元月，詩作入選英譯「中國新詩選」（New Chinese Poetry），由余光中英譯，臺北美國新聞處出版。

十二月，調回幹校服務，任晨光廣播電臺臺長，並擔任影劇系教職，講授「中國戲劇史」、「藝術概論」等課程。

民國五十一年

十月，詩作入選「中國當代新詩選」（La Poesie Chinoise Contemporaine）法文本，法國Seghers Paris出版。

民國五十二年

八月，「下午」一詩，獲香港一九六三年度現代文學美術協會新詩獎。

民國五十三年

五月，以「一九三六詩抄」一詩，獲香港「好望角文學創作獎」，同時獲獎者有管管、陳映眞。

民國五十四年

二月，榮獲「中華民國第一屆青年文藝獎金」詩歌獎，同時獲獎者有司馬中原（小說）、許達然（

散文）、張永祥（劇本）。

四月，與張橋橋女士結婚。

五月，應幼獅文化事業公司之聘，擔任「幼獅文藝」編輯委員。

九月，參加全國各界紀念國父百年誕辰話劇「國父傳」（李曼瑰編劇），飾演國父。

十二月，榮獲臺北話劇欣賞委員會所舉辦之第二屆話劇金鼎獎（最佳男演員）。

十二月，當選十大傑出青年，榮獲國際青年商會中華民國總會頒贈金手獎，同時當選者有許常惠、李翰祥、郭榮趙等。

民國五十五年

元月，以軍中服務「忠誠勤敏卓著勳勞」，獲「中勤勳章」一座。

元月，於「創世紀」詩刊開闢「中國新詩史料掇英」專欄，陸續介紹中國三〇年代詩人廢名、朱湘、王獨清、孫大雨等（後編入「中國新詩研究」一書）。

九月，應邀赴美，入愛荷華大學（University of Iowa）「作家工作室」研究兩年。

民國五十六年

二月，與張默合編「中國現代詩選」，由創世紀詩社出版。

九月，與洛夫、張默合編「七十年代詩選」，由高雄大業書店出版。

民國五十七年

元月，爲「幼獅文藝」策畫「新年專號」，邀約美國、印度、伊朗、菲律賓、阿根廷、巴拿馬、柬埔寨、日本九國十五位作家撰稿。並於「幼獅文藝」推出「特約訪問」專欄，陸續訪問聶華苓、安格爾及日本詩人田村隆一等作家。

五月，英文詩集「鹽」（Salt）由美國愛荷華大學出版。

六月，結束愛荷華大學研究工作，移住華盛頓，在美國國會圖書館蒐集中國早期新詩史料。歸途赴歐遊歷愛爾蘭、英國、義大利、希臘、印度、泰國、香港等地。

十月，詩集「深淵」由臺北衆人出版社出版。

十一月，亞洲雜誌（The Asian Magazine）刊載瘂弦詩作「遠洋感覺」（High Sea）之英譯。

民國五十八年

元月，擔任「中國青年寫作協會」總幹事。

二月，應國立藝術專科學校之聘，擔任廣播電視科教職，講授「藝術概論」、「廣播寫作」等課程。

三月，與張默、洛夫合編「中國現代詩論選」，高雄大業書店出版。

三月，任「幼獅文藝」主編。

七月，擔任耕莘文教院暑期寫作研習會詩組講座。

民國五十九年

七月，長女王平洛（乳名小米）出生。

九月，應晨鐘出版社董事長白先勇之聘，擔任該出版社編輯顧問。

十一月，詩作入選「笠」詩社策畫編譯的日文本「華麗島詩集」（中國現代詩選），東京若樹書房出版。

十一月，詩作入選葉維廉編譯的「中國現代詩選」（Modern Chinese Poetry）英文本，美國愛荷華大學出版。

民國六十年

四月，「深淵」增訂本由臺北晨鐘出版社出版。

七月，與朱西甯、葉維廉、余光中、洛夫、白萩、梅新、張曉風等，應邀擔任「中國現代文學大系」編委。

九月，與姚一葦、葉維廉、洛夫、白萩、羅門、尉天驄等，應邀擔任第一屆「詩宗獎」評審委員。

九月，應西湖高級工商職業學校之聘，擔任該校國文教學顧問。

十一月，奉准退伍，時官階爲少校。

十二月，兼任政治作戰學校影劇系教職。

十二月，應葉維廉之邀，爲其詩集「醒之邊緣」錄製朗誦唱片，由臺北環宇出版社出版。

民國六十一年

三月，應世界新聞專科學校之聘，兼任廣播電視科教職。

六月，召開「創世紀」詩刊復刊會議，決議由蘇武雄任發行人，瘂弦任社長。

六月，詩作入選許世旭編譯「中國詩選」韓文本。

八月，應中國文化學院之聘，兼任中國文學系文藝組教職，講授「新詩概論」等課程。

民國六十二年

十月，「大西洋」雜誌（The Atlantic）刊載瘂弦詩作「蛇衣」（Snake Clothes）等詩之英譯。

十一月，參加於臺北圓山飯店召開之第二屆「世界詩人大會」。

民國六十三年

元月，兼任華欣文化事業中心總編輯及「中華文藝」總編輯。

七月，應邀擔任國軍文藝金像獎評審委員。

十二月，參加中華民國文藝界東南亞訪問團，訪問菲律賓（馬尼拉）、越南（西貢）、新加坡、泰國（曼谷）及香港，分別拜望吳望堯、銀髮、施穎洲、王潤華、淡瑩、徐訏、余光中、蔡炎培、也斯、吳煦斌、小克等海外詩人。

十二月，泰國「國家日報」報導瘂弦文藝創作情況。

民國六十四年

二月，擔任幼獅文化公司總編輯，除「幼獅文藝」外，並負責「幼獅月刊」、「幼獅學誌」等編務。

八月，應邀擔任國軍文藝金像獎評審委員。

八月，應華欣文化事業公司之聘，擔任編審委員會委員。

八月，應國家文藝基金管理委員會之聘，擔任新詩類評審委員。

九月，應東吳大學之聘，兼任該校中文系教職，講授「新文藝批評」等課程。

十二月，赴維也納參加國際筆會，同行者有彭歌、王藍、殷張蘭熙、朱立民等。會議結束後，順道訪問德國、丹麥、比利時、法國等國家文藝界。

詩作「一九八〇年」等十首入選「中國現代文學選集」（An Anthology of Contemporary Chinese Literature）英文本，臺北國立編譯館出版。

民國六十五年

四月，出席在臺北召開之「亞洲作家會議」，並擔任大會籌備及接待工作。
六月，與洛夫、張默等人合編之「八十年代詩選」，由濂美出版社出版。
八月，應邀擔任國軍文藝金像獎評審委員。
九月，去美國威斯康辛大學東亞研究所深造。
十月，與梅新合編「詩學」第一、二輯，臺北成文出版公司出版。

民國六十六年

五月，主編「朱湘文選」，臺北洪範書店出版。
八月，主編「戴望舒卷」，洪範書店出版。
八月，詩作入選張默、張漢良主編之「中國當代十大詩人選集」，臺北源成文化圖書供應社出版。
十月，美國威斯康辛大學東亞研究所畢業，獲碩士學位。
十月，應聯合報之聘，出任聯合副刊主編一職。
十月，「瘂弦自選集」由臺北黎明文化公司出版。
十二月，主編「劉半農卷」，洪範書店出版。

民國六十七年

二月，主編「聯副六十六年小說選」上下兩冊，由臺北聯經出版公司出版。
三月，主編「劉半農文選」，洪範書店出版。
七月，擔任「復興文藝營」主任，於淡水工商專科學校舉行。
七月，策畫聯副「文壇風向球」專欄（鄭樹森主持），介紹西洋文壇動態。

八月，會晤來華訪問之韓國詩人徐廷柱。

十月，策畫聯副「光復前臺灣文化座談會——傳下這把香火」。

民國六十八年

一月，參加「創世紀」詩刊於臺北新公園舉辦之「露天朗誦大會」。

四月，接待來華訪問之美國現代詩人韋斯（Theodore Weiss）。

九月，聯合報社慶獲「特別貢獻獎」。

十一月，策畫聯副「新人月」活動。

民國六十九年

一月，升任聯合報副總編輯。

四月，主編「當代中國新文學大系．詩卷」，臺北天視文化公司出版。

四月，與梅新合編「詩學」第三輯，成文出版公司出版。

六月，參加「詩與民歌之歌」朗誦演唱活動，於臺北新公園露天舉行。

七月，獲二女景縈（乳名小豆）。

十月，策畫聯副「世界文壇大師作品掇英」、「寶刀集」等專欄。

民國七十年

一月，詩論集「中國新詩研究」由洪範書店出版。

二月，在聯副發表專文「三十年蔚蓄成林——中華民國文壇現況與省視」。

二月，與白先勇赴新加坡，參加第一屆「世界華文文學討論會」。

三月，於臺南成功大學演講「詩的語言」。

四月，參加中央大學舉辦第五屆「比較文學會議」，並發表演講。

四月，「瘂弦詩集」由洪範書店出版。

九月，擔任國軍文藝金像獎評審。

九月，擔任自立晚報主辦「吳三連文藝獎」評審。

十二月，詩作入選日本東京出版之「亞洲現代詩集」第一集。

民國七十一年

一月，參加由國內「創世紀」、「藍星」、「現代詩」、「笠」、「大地」、「陽光小集」等六詩社主辦之「中日韓現代詩人會議」，與日本詩人秋谷豐、高橋喜久晴及韓國詩人金光林、李炯基、許世旭等晤談。

三月，應邀擔任國家文藝獎評審委員。

三月，任教國立藝專廣電科，主講「口頭傳播學」等課程。

三月，任教中興大學中文系，主講「編譯學」等課程。

三月，會晤來華訪問之法國劇作家尤乃斯科。

五月，「瘋婦」一詩由游昌發譜曲，在實踐堂發表。

六月，策畫主編「聯副三十年文學大系」，聯經出版公司出版。

十二月，「聯副三十年文學大系」獲金鼎獎。

民國七十二年

三月，參加「中華文藝」月刊主編的「菲律賓訪問團」，同行者有尼洛、司馬中原、顏元叔、胡有瑞、程榕寧等。

五月，應寫作協會之邀，作全省巡迴演講。

十月，應邀擔任國軍文藝金像獎評審委員。

十月，應邀擔任國家文藝獎評審委員。

十二月，參加第三屆「中韓作家會議」。

民國七十三年

二月，應邀擔任國家文藝獎評審委員。

二月，應國立藝術學院之聘，任美術系兼任副教授。

九月，與張默、洛夫、辛鬱等人合編「創世紀詩選」，臺北爾雅出版社出版。

十月，應邀擔任國軍文藝金像獎評審委員。

十月，主持中央圖書館舉辦「現代詩三十年座談會」。

十一月，擔任「聯合文學」雜誌社長兼總編輯。

民國七十四年

一月，接見烏拉圭女詩人愛瑪（Alma Vasconcellos）。

二月，應中華電視公司視聽中心之邀，演講「生活的詩與詩的生活」。

八月，擔任「臺灣省巡迴文藝營」營主任。

八月，到香港參加臺灣出版界主辦的書展活動，在大會堂與葉慶炳教授發表演講暨座談，並會晤宋淇、戴天、也斯、黃維樑、林太乙、董橋等香港作家。

民國七十五年

一月，應邀擔任國家文藝獎評審委員。

一月，印度、尼泊爾之旅（爲期三十天），同行者有漢寶德、葉維廉、何懷碩、董陽孜等人。

二月，應邀擔任行政院文化建設委員會文藝委員。

三月，發表「待續的鐘乳石」、「大衆傳播時代的詩」二文，入選「七十五年文學批評選」，陳幸蕙主編，爾雅出版出版。

四月，詩作「所以一到晚上」由潘皇龍譜曲。

五月，應泰國世界日報之邀，赴曼谷參加泰華文壇五四文藝節大節，並演講「副刊文化」。

十一月，應邀擔任中山文藝獎評審委員。

十二月，訪問韓國，在漢城參加「中韓文學會議」。

民國七十六年

三月，趙天福有聲發表會「貧窮詩劇場」朗誦瘂弦詩作「婦人」及「深淵」，以唐鼓及缽伴奏。

民國七十七年

一月，出版有聲書「瘂弦談詩」，臺北喜瑪拉雅唱片公司。

一月，當選臺北副刊聯誼會會長。

四月，應邀在文建會文藝創作班演講「新詩和現代詩」。

七月，主編「女作家的百寶箱」，聯經出版公司出版。

七月，訪戴望舒之女戴詠樹。

七月，應臺北市立美術館之邀，演講「現代詩與現代生活的匯流」。

十月，應邀擔任國軍文藝金像獎評審委員。

民國七十八年

一月，美國舊金山大學陳立鷗教授攜來家書，驚聞父母雙亡，悲慟之至。

三月，主編「聯合報第十屆小說獎作品集」，聯經出版公司出版。

七月，在耕莘文教院青年寫作班主講「中國新詩的回顧與發展」。

八月，主持「幼獅文藝」舉辦之「民歌座談會」。

十月，主持聯副「國際藝術交流座談會」。

民國七十九年

三月，主編「聯合報第十一屆小說獎作品集」，聯經出版公司出版。

六月，主編「一條流動的星河」，聯經出版公司出版。

六月，爲秦賢次編「詩人朱湘懷念集」作序「清除朱湘研究的盲點」，臺北志文出版社出版。

民國八十年

三月，主編「聯合報第十二屆小說獎作品集」，聯經出版公司出版。

九月，擔任聯合報第十三屆小說獎附設新詩獎之決審委員。

民國八十一年

九月，回到睽違四十二年之河南南陽故鄉，爲祖父母、父母掃墓立碑。

一月，在劍潭全國編輯人員研習會主講「青年刊物編輯趨勢」。

三月，訪旅臺俄羅斯學者司格林。

四月，參加中國古典詩研究會主辦之「文學與傳播關係研討會」，爲詩人白靈（莊祖煌）論文「媒介轉換——文學書寫與空間展演」講評。

八月，擔任「臺灣省巡迴文藝營」營主任。

八月，第二次返鄉，回河南南陽故居爲外公外婆、舅父母掃墓立碑。

九月，任教靜宜大學中文系，主講「戲劇導論」、「新聞文學」、「中國現代文學史」等課程。

十月，擔任中華民國筆會會刊Chinese Pen編輯委員。

十月，應香港中文大學之邀，赴港與余光中，李元洛共同參加該校文藝活動，並於大會堂演講「詩與社會——五、六十年代臺灣詩中的社會意識」。

民國八十二年

一月，參加誠品書店「詩的星期五」活動，談「朗誦詩與朗誦」。

二月，應邀擔任教育部文學獎評審。

二月，任教政治大學中文系，主講「現代詩」課程。

六月，主編「八十一年詩選」，現代詩季刊社出版。

七月，應臺灣電視公司「談笑書聲」節目訪問，製作個人小專輯。

八月，薊聯之行（共十日），訪莫斯科、聖彼德堡等地普希金、托爾斯泰、杜斯妥也夫斯基、柴可夫斯基等文學家、音樂家故居。

十月，主持「詩人覃子豪作品討論會」。

十月，與李瑞騰主持「臺灣詩學季刊」舉辦「挑戰詩人座談會」。

十一月，福建之行，與福建作家座談，並遊閩北武夷山、泉州等地。

十二月，聯副與聯合報文化基金會、「聯合文學」共同主辦「四十年來中國文學會議」，與會學者包括臺灣、大陸、香港、海外，近三百名參加。